U0883016

最迷人乡村TOP50

Zui Miren Xiangcun Top50

《旅游圣经》编辑部 著

人民交通出版社
China Communications Press

图书在版编目（C I P）数据

最迷人乡村TOP50 / 《旅游圣经》编辑部著. -- 北京 : 人民交通出版社, 2014.4
（旅游圣经）
ISBN 978-7-114-11208-9

Ⅰ. ①最… Ⅱ. ①旅… Ⅲ. ①乡村－旅游指南－中国
Ⅳ. ①K928.9

中国版本图书馆CIP数据核字(2014)第059916号

书　　名：**最迷人乡村TOP50**
著 作 者：《旅游圣经》编辑部
策划编辑：毛　鹏
责任编辑：毛　鹏　李秀平
出版发行：人民交通出版社
地　　址：（100101）北京市朝阳区小营北路17号
网　　址：http://www.ccpress.com.cn
经销电话：（010）59757615、59757988
总 经 销：人民交通出版社发行部
经　　销：各地新华书店
印　　刷：北京市凯鑫彩色印刷有限公司
开　　本：880×1230 1/32
印　　张：12.25
版　　次：2014年4月 第1版 第1次印刷
书　　号：ISBN 978-7-114-11208-9
定　　价：39.00元
审 图 号：GS（2014）611号
（有印刷、装订质量问题的图书本社负责调换）

本图册中国界线系按中国地图出版社1989年出版的1：400万《中华人民共和国地形图》绘制

前言

PREFACE

这是一个优秀的旅游图书原创团队。《旅游圣经》团队于2005年成立，20余位作者均为资深背包客，主要成员多为硕士以上学历。从那时起，分批委派作者赴全国各地采线，从草长莺飞的江南到冰天雪地的塞北，从风光旖旎的东部海滨到充满神秘的雪域高原。短短几年间，走过了许许多多的城镇、村庄和山川，完成了全国所有重点旅游地区的采线，近年来又不断丰富和完善。至今已在多家出版社出版30余本旅游图书，深受广大驴友好评。

这是一套集大成的特色旅游图书。20余位旅行达人在历经8年时间走遍中国后，为深爱旅游的朋友们奉上了这些凝结了心血的作品。既有关于城市和乡村的《最爱古城镇TOP50》、《最美城市灵魂地TOP50》、《最迷人乡村TOP50》，也有背包客视角的《最神秘探险地TOP50》、《背包客珍藏地TOP50》，还有极具特色的

《小清新旅行地TOP50》、《最美隐居地TOP50》、《最震撼摄影地TOP50》。由于各类地方众多，而读者能去的地方却有限，为此，他们在每类中精心挑选了最好的50个地方。每篇文章不仅文笔优美，充满了作者鲜活的私人体验，而且有精心的视角，对每个地方的交通、美食、住宿做出了星级评判，提供了贴心的小攻略。

这是一本荟萃了《旅游圣经》团队心目中最值得推荐的50个乡村的书。其中，有东西南北不同地域的村庄，有汉族苗族侗族藏族不同民族的村庄，有风景建筑艺术文化不同风格的村庄。这些村庄是乡土中国的浓缩，也是传统文化的载体，保存了往昔的建筑模样，积淀了独特的民间习俗，如同一丛丛美丽的花儿，数百年乃至千年来，在华夏大地上灿烂盛放！

《旅游圣经》编辑部

《最迷人乡村TOP50》主要作者

陈玉贞 <<

自由撰稿人，爱吃爱玩爱聊天，有时安静有时热闹，爱聊天，爱撒野。旅行中爱喝酒，爱交新朋友。著有《老上海新上海》。

梅　梅 <<

网名“叮当”，出生于贵州遵义，在厦门度过青春时代，现居北京。曾就职于高校和科研机构，最终选择了自由职业。著有《一个人旅行，直到世界尽头》、《台北咖啡时光》等书。

王　蘅 <<

王蘅，热爱行走的天秤座女子。走未曾走过的路，看没有看过的风景，遇见不一样的人和世界。喜欢路上的风景，更爱有故事的旅行，著有《恋恋四川》等书。

南子扬 <<

幼时捧三国于祖母炕上，神游于其中神州风物。同学少年时，则行万里路以践青春之狂想。今则耿耿事于建筑、园林。著有《最美徽州》。

韩天雪 <<

十余年自助旅行经历，走出自己内心的海阔天空。喜欢享受行走的自由，感受生活的领悟，用文字记录下成长的印迹。著有《十年旅行》。

关巧巧 <<

一个七十年代出生在广西一个悠远小镇的小女子。远方，永远有一份诱惑，去过之后，总能收获一份淳朴，一份自然，一份感动。这就足够了。著有《西藏——走出来的旅行指南》。

胡海燕 <<

网名金陵娘子，从事过媒体、广告行业，2000年开始“驴行”生涯。性情淡泊、闲散，无甚大志，但求随心所欲，如闲云野鹤一般欢度短暂人生。著有《最美云南》等书。

李霜天 <<

网名梨花香雨。二十多年来，足迹已涉及祖国各地，旅游重心也经历了从久负盛名的名胜古迹，到声名鹊起的自然风景，再到无人问津的乡野之地的转变，如今愈益推崇“美就在身边”的理念。著有《大美山西》。

刘志峰 <<

网名“菩提”，河南电视台记者。一直希望在旅途上找到真正的自由。年轻时尤其迷恋艰苦的旅行，背着大包长距离的徒步，或者乘坐最原始的交通工具在山野间颠簸。著有《最美中原》。

王晓雨 <<

酷爱旅行，喜欢行走。在漫漫长路上走走停停，在路上体味成长，在路上学会宽容。著有《湘西旅游圣经》等书。

罗志英 <<

十几年间遍历了国内各省市和港澳特区，寻访了大量的古城、古镇和和古村落。旅途带回来的不仅仅是照片，还有对传统文化的深入了解和深刻感悟。著有《烟雨江南》。

冯　丹 <<

一路打工旅行，穿过南中国，停在盛夏的藏地，翻过喜马拉雅山麓造访沙漠古堡，走过南亚的雨季和阿拉斯加的冰天雪地；在马尔代夫做旅游代理，在环游世界豪华游轮上做翻译，在南太平洋深处的海岛当导游……心向远方，走走停停。

图例

最迷人乡村 TOP50

L E G E N D

北京市	首都
西安市	省级行政中心　外国首都
青岛市	地级行政中心　外国主要城市
玉树市	州　盟　地区行政中心
朝阳区	县级行政中心
宝山镇	乡镇
大营	村庄
	河流　湖泊
738（米）	山峰及高程
	港口　机场
	世界遗产　国家级风景名胜区
	自然保护区　森林公园
	地质公园　一般景区景点

	已通高速公路
	未通车高速公路
G1 主线　G91 地区环线　GW4 并行线　G1011 联络线	国家高速网编号
312	国道及编号
	省道
隧道　桥梁	县乡道
	铁路
未定	国界
未定	省级界
	特别行政区界
	地区界　军事分界线
	长城

目录

最迷人乡村 TOP50

CONTENTS

一、安徽

→安徽交通旅游图 002

宏 村 005

西 递 013

南 屏 021

呈 坎 029

二、江西

→江西交通旅游图 038

长 溪 041

庆 源 049

思溪延村 055

流 坑 061

三、贵州

→贵州交通旅游图 068

西江千户苗寨 071

郎　德 079
肇兴侗寨 085

四、云南

→云南交通旅游图 094
迪麻洛 097
老姆登村 105
马库村 111
城子古村 119
团山村 125
东莲花村 133

五、福建

→福建交通旅游图 140
培　田 143
下　梅 149
初　溪 155
洪　坑 159
蟳埔渔村 165
蔡氏古民居群 169

六、山西

→山西交通旅游图　176

常家庄园　179

曹家大院　185

乔家大院　193

王家大院　201

郭　峪　207

七、河南

→河南交通旅游图　214

康百万庄园　217

马氏庄园　223

郭亮村　227

八、四川

→四川交通旅游图　234

夕佳山　237

甲居藏寨　243

大邑刘氏庄园　249

九、陕西

→陕西交通旅游图 256
小程村 259
党家村 263
袁家村 269
姜氏庄园 275

十、广东

→广东交通旅游图 282
大旗头 285
鹏城村 289

十一、内蒙古

→内蒙古交通旅游图 296
奇　乾 299
临江屯 305

十二、其他

北红村 313
雪　乡 321
→黑龙江交通旅游图 328

绿江村 331

→辽宁交通旅游图 336

楠溪江村落 339

→浙江交通旅游图 346

德夯苗寨 348

→湖南交通旅游图 354

罗布人村寨 356

→新疆交通旅游图 360

基乌村 363

→西藏交通旅游图 370

彭家寨 373

→湖北交通旅游图 378

宏村

西递

安徽

呈坎

南屏

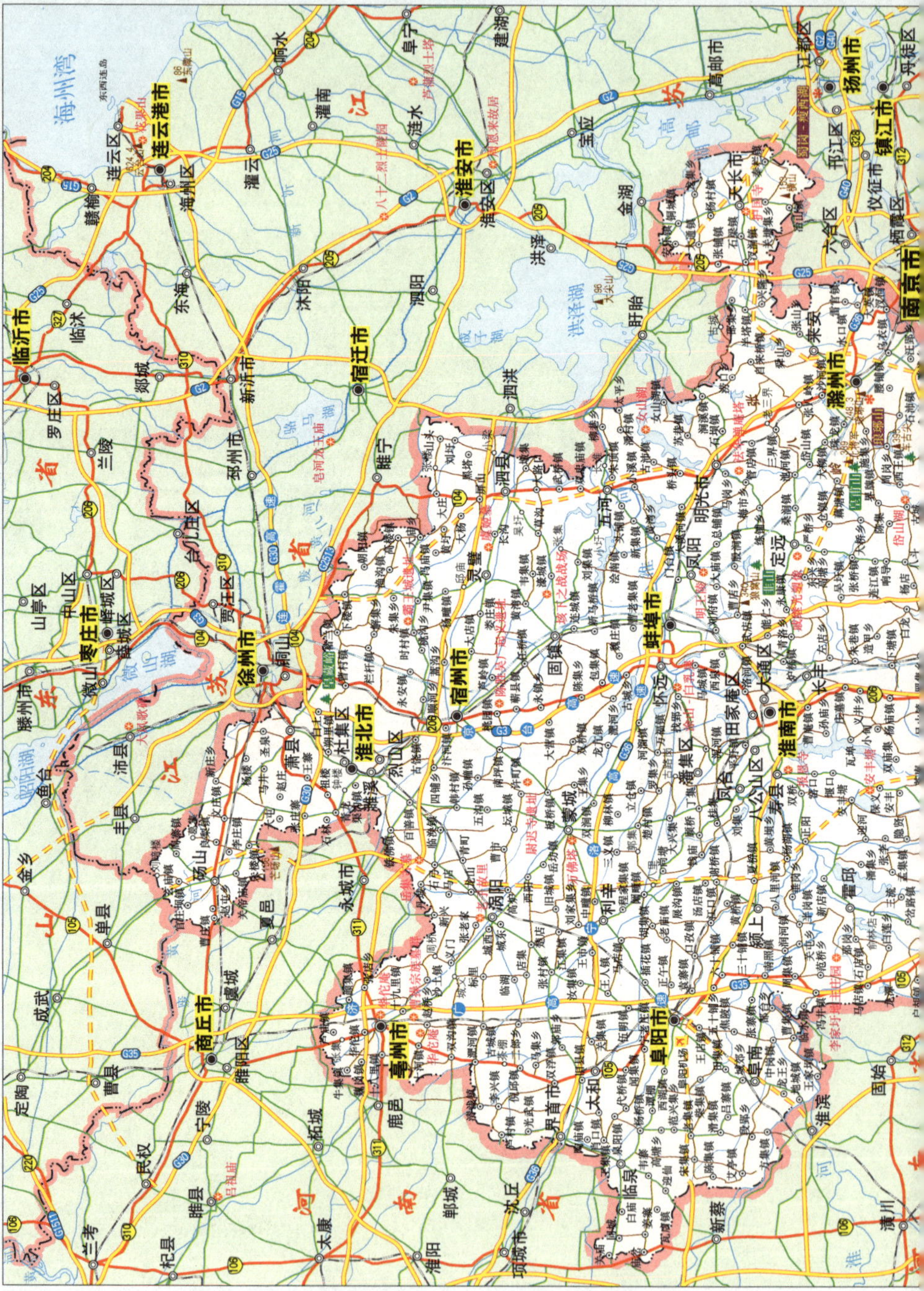

海州湾
连云港市
淮安市
宿迁市
洪泽湖
骆马湖
临沂市
枣庄市
徐州市
微山湖
淮北市
宿州市
蚌埠市
淮南市
滁州市
南京市
扬州市
镇江市
商丘市
亳州市
阜阳市

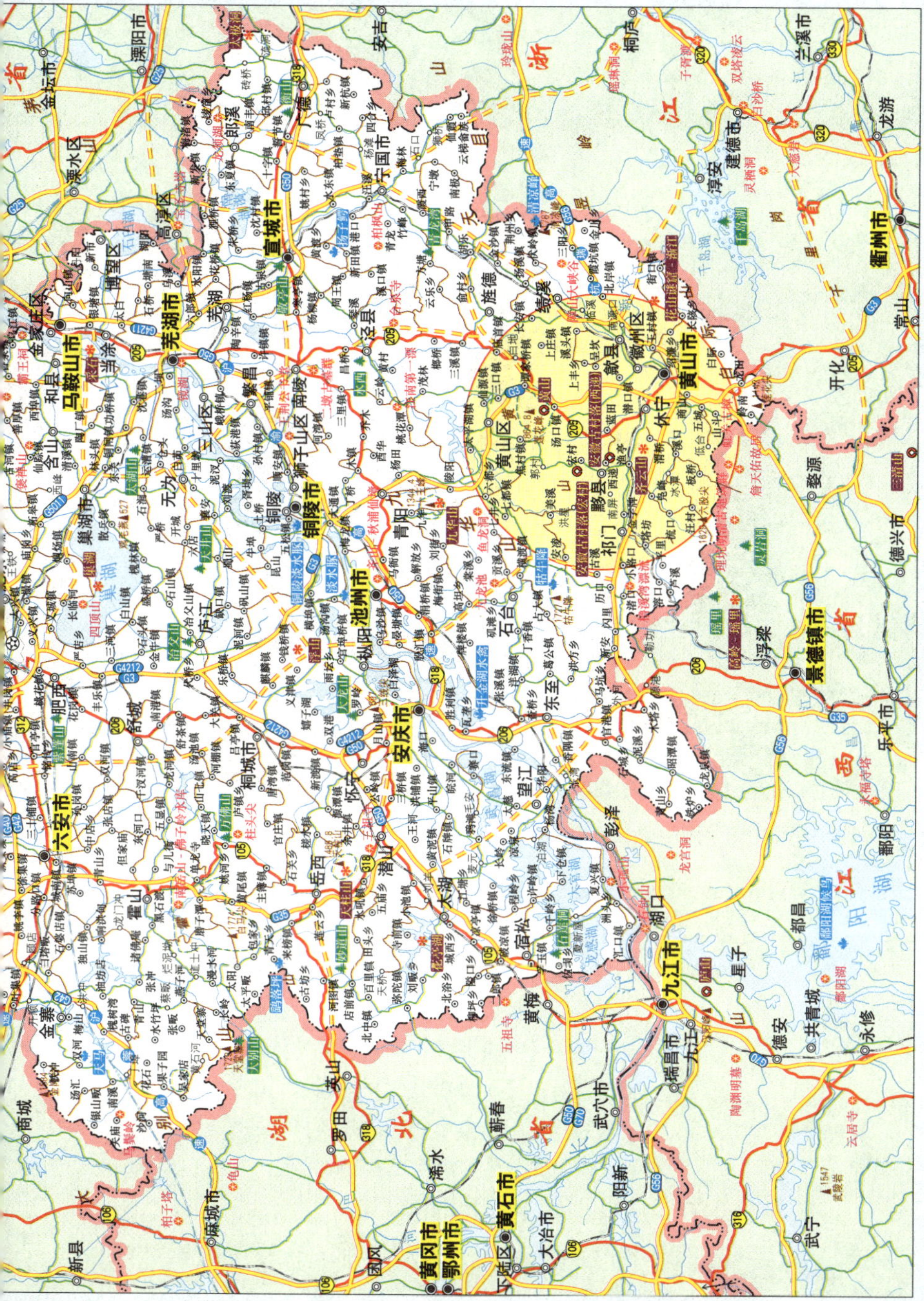
马鞍山市
芜湖市
宣城市
铜陵市
池州市
安庆市
黄山市
六安市
景德镇市
九江市
衢州市
黄石市
黄冈市
鄂州市

地理位置： 安徽省黄山市黟县。

推荐理由： 世界文化遗产。一个800年前按照仿生学“牛形”布局建造的古村落，因一部奥斯卡获奖片《卧虎藏龙》而被世人熟知。到宏村，听的是灵动有趣的村言村语，吃的是喷喷香的徽州美食，睡的是实打实的雕花大床，赏的是含颦带笑的南湖月沼。

特色看点： 古村风情、古民居、徽派建筑。

宏村

推荐指数：▲▲▲▲▲

交通指数：▲▲▲

美食指数：▲▲▲

住宿指数：▲▲▲▲

解读宏村

世界文化遗产。有800年的历史，始建于南宋绍兴年间，在古代一直是徽州赴京通商的必经之路。宏村最出名的地方是整个村子的仿生学“牛形”布局和它的风水灵气，村西的石碣头为牛头，东山龙排道观的旗杆为牛尾，村中大水圳是牛大肠，小水圳是牛小肠，月沼为牛胃，南湖为牛肚（腹），二房碓为牛肺，西溪上的木桥为牛腿。李安执导的奥斯卡获奖影片《卧虎藏龙》就在宏村取了不少经典镜头。

因为各种缘故，和徽州的黄山结了善缘9次，连带着也细细看了一圈徽州的古村落们。但看过一遍仍想第二遍第三遍，提起名字脑海中顿然能有山水映画姿色的古村并不是很多，我得说如今许多古村落已经开发成了同样的模式，甚至于在宣传时用同样的口吻同样的形容词来表达。落在心头的徽州村落，仅有几个，宏村是其一。这些日子又被人说动了一回，既馋徽州毛豆和豆腐干，又馋近千年老宅里的淡泊日子，终是又折腾了数个小时，自上海投奔而来——递票子，拿门票，婉言谢绝旁边等候的导游，熟门熟路地穿桥过巷直奔居善堂而去。

因是下午的缘故，多少也领教过宏村出名后满地跑的游客们，一贯都是要避开的。特别是熙熙攘攘的人群外，还有高音低嗓次第而来的导游解说词，什么千年活村落，什么风水吉祥之地，什么徽商发迹之所，什么牛型村。只来的第一二次还有心听，过了第三次便直接隐去了脑后何处，寻也寻不见了。一心一意寻路而去，在灰白的马头墙间穿梭，在两人宽的小巷里腾挪，跟墙上面前的木雕石雕打个招呼，有时踩上几块活水源上的石块板子，有时堪堪地擦过一下美人靠，鼻子里渐而渐飘进几丝酱油味，眼光落几下小摊上的毛豆腐和料理着毛豆腐的老手一双，脚下不觉着就慢了下来。

每每在这里，在宏村，时光总会有无尽错乱的那一刻。许是白墙黑瓦的对比太过强烈，也可能街巷间的迭连太曲折狭窄，又或者古宅子里里外外都显露了明显斑驳颓败的旧意，这脚步越慢，就越能闻着白墙木梁透出的霉味儿，我便有了活在数百年前的一份真真切切。

住的屋子邻着天井，是期盼这一回还能下一场雨。上一回落雨时，势不大不小，搬了板凳坐在堂屋的天井旁，看那天降甘霖如何一滴滴地坠下来，打在房檐，落在柱壁，在天井外头的大小石板上聚了起来，整齐划一地奔着中央而去。聚水成池，聚财也如聚水，也靠点滴之功，长久之效。水多了，中间就有了一个四方形的天空，先暗后明，再是白云飘来飘去，惹点尘埃。我记得那日身旁还坐着剥毛豆的主人家，我们没说话，她顾着她的，我静坐我的，不知不觉就是小半功夫晃了过去。

主人家吃的菜，和提供给我们的伙食基本一样。宏村旁也有新鲜蔬果买卖，也有自家菜园里拔下的当季菜。因村民自己也吃，故而十分放心，抓本书看了会便摸着肚子寻香出屋。吃饭要去大厅的，看人多人少布菜，米饭大碗管饱。继而找主人家偷了一小杯自酿的果酒，回屋耐着性子等，终是等到了六点前后。把屋子关好，把那不偏爱夜景的照相机扔在屋里，揣上手机，兴致勃勃地出门了。

出门，就是月沼，是被一大排民居围绕住的池塘。风轻云淡，池上不显风波，没有上次雨过天晴后红彤彤的彩云染出的那种热闹。今日的月沼显得分外

门傍绿柳四时春

有宁静致远的气节，等在它身边的那一溜“高射炮”和“迫击炮”也只能拍点它小家碧玉的闺秀照了。晚上作画的也少，想来也都是摸摸肚皮去祭奠五脏庙了。游人们撤退得差不多，留下来的那些正赶上饭点，大约也都在各自休整不提。

在月沼附近站了片刻，耳边的声音渐渐地有了些生气。水声，悠悠的淙淙着，应是水栅下头的活水正在奔走；朦胧的叫声，非近非远，应是从哪儿家民居里传来的孩童打闹；锅铲声，互相亲昵在一块儿的明证，再将阵阵香气都编织轻软了一路儿扔上了屋扔出了窗；新闻联播的声音，像是在全村大合唱一般，看来不止10家在看；又还有一两声鸟叫，渐渐地也偃旗息鼓。这时的小巷子，才算被马头墙下的灯笼染到了红色。夜静，村庄也静。月沼里的月色明了起来，水，偶尔会打湿一点斑驳的石岸，心跳缓了缓，自己是知道的，又一次被这里的月色迷去了魂魄。对面的祠堂，于我而言永远关着，问不到，敲不开。月下看它，多了几分沉默。水边的石栏上就这样坐了好些时候，等那抽烟的阿公全都不见了，等那经过聊天的阿婆也全都不见了，等那高低错落的墙头

写生

彻底藏进了深密的夜色里，终是也轮到我入梦。定了闹钟，第二日早晨要在5点起身，就为了等一座刚醒的宏村。

○ 秋实

期盼是四下无人，唯我独尊，出了门便知这等想法好比白日做梦。一出门，门外守候的人数已可用人群来形容，那表示没有十来个人可不算热闹。心虚地撇了撇嘴，奔南湖而去，却谁知南湖旁侧等的人也多，还有一幅幅画架子同样守候着。定了心神，好歹也算抢到了一块地盘，调光圈，试拍。此时的南湖蓝意更重，似被周围的青山碧树直接圈定了颜色一般。可惜不是深秋时节，晕不出湖上的那一层层有质感的晨雾。今日有，却不够，不似仙境，也就是对我等辛苦守景的人略表意思。桥身两侧高大的马头墙，越来越显身段，斑驳的印记所记载的尘事半点不入南湖的心里。它只管拥着层叠的黑瓦白墙，不时荡漾，不时翻滚。回头后细看照片，南湖一圈的蓝色随着天方泛白就渐渐地被整幅稀释开，透出黑白，露出青树石桥，还有白鸭群的翩翩而至，更增几分颜色。

拍照的人不及作画的人耐性好，不过7点半该撤的就撤，此时祭五脏庙可去主人家，也可顺着水圳找些早餐。那些做小点心的人家，屋上白色的炊烟总起得早，只需瞧着大约的方向走走，一路上就能碰上两三家小摊。小摊都不大，占不到一半的小巷，且多数都伴着主人家的家门那么一搁，腹中各有千秋，能摆摊的手艺也都算不错。半个饼，一袋豆浆，实在对早餐的要求不高，捧着就走，又近了月沼。彼时，那里的生活气息已经彻底洋溢开了。早起浣衣的村妇，永远用木槌做道具使得衣裳和青石无比贴近，一槌一搓一漂，生生地揉皱

编竹筐

了一池的倒影；还有那洗菜淘米的，却要把身影和碧波连同黑白色映到一块去，没事也留下几根菜叶子于水中，打会飘儿耐不住寂寞般地聚在一处，等着专人快递至该到的去处。

特意绕过月沼奔北走，要去那惦记很久的承志堂。承志堂离村口有点远，几乎到了村的最北边，可却是好找的，来过一遍就不会忘。它就位于宏村上水圳中段，年岁要从清咸丰五年算起，它就恰恰建在徽商们仍兴盛的最后一刻。数百年之间的徽商们发财后都有回乡迎荣耀的时刻，彼时乡里乡亲的眼眼羡慕倒抵得上数万两白银进帐的成就感。作为归乡徽商大手笔之一，承志堂并不例外，也是因大盐商汪定贵撒下的一锭锭白银而就：内院、外院、前堂、后堂、东厢、西厢、书房厅、鱼塘厅、厨房、马厩等，还有搓麻将牌的“排山阁”，吸鸦片烟的“吞云轩”，另有保镖房、男女佣人房。好事者统计下来，这整套木结构屋宅占地约2100平方米，有9个天井，大小房间60间，136根木柱，大小门窗60个，可见当年徽州盐商们的排场相当可观。

言语和数字到底苍白了些，不及亲身造访的印象强烈。且不说宅院大小，也不说楼阁回廊，更不说天井活水，只说136根老木头。它们不随天干而燥，不随湿气而潮，性格温润如玉好似君子。因带了原木色，于幽暗的宅落是格外显眼。老木头上有趣味，有诗书礼仪，有野史正文，有大吉大利，有寿福连绵。一笔一划之间有骨气有沉稳，那勾勒的笔法横直斜勾自有章法，既有人工也有野趣。“渔樵耕读”、“三国演义戏文”、“百子闹元宵”、“郭子仪拜寿”、“唐肃宗宴客图”，桩桩有灵心，件件通匠心。这才叫雕刻，这才叫工艺，这才是令我心心念念想了许久的地方。每每到如此地方，才能解气般地喘口气。此后，再耗上大半日的时光，再阅一遍夜宏村，宏村之行也差不多至此可休了。

小贴士/TIPS

交通： 从黄山市汽车站乘车至黟县县城转班车去宏村，全程约需2小时；也可从黄山风景区出发，南大门有班车直接到宏村，一天有3班。

门票： 140元（含导游费）

作者手记：

1. 宏村提供的住宿并无豪华酒店，多是古建筑改建的，如树人堂、居善堂、松鹤堂等。如果想体验古屋的历史韵味，可以选择住在居善堂；如果想感受南湖晚上的清新，可以选择湖沁楼客栈；如果想品味庭院水榭的别致，可以选择树人堂；如果想混迹于写生的学生之中，可以选择画家会馆。
2. 村内的饭馆不多，集中在村口大榕树周围，一般游客会选择在住宿的人家吃饭，可包食宿也可点菜。宏村的小吃多，徽州菜系的黄山毛豆腐、臭桂鱼、黟县腊八豆腐、宏谭豆腐乳、宏村御饼比较多。倒是不用刻意去找哪一家小吃最好，闻着香味想吃就吃。
3. 有些老宅园不售票，要进去全凭个人的沟通功夫，或者混熟房东，让他带着去就行；
4. 宏村的清晨和傍晚最适合看景，白天的时间多数被游人充斥着，所以宏村的赏景游也挑时间。到了晚上就很安静，隔着门能看见村民各忙各家事，有些做手工艺的人家会敞着大门做点基础手工，别样的风景，
5. 清晨烟雨半起时，约莫5点的光景，南湖的青色配上层叠的黑瓦白墙最入画。

雨巷

西递

解读西递

世界文化遗产。西递建于北宋，距今已有900年的历史，在徽商鼎盛的清朝开始发迹壮大。据载，在乾隆年间全村约有宅院600多幢、祠堂30余座、牌坊13座、寺庙庵堂3座，人口3405人，可以说是远近闻名的富村。现存有明代民居建筑1幢，清代民居建筑122幢。西递村的民居在住房设计、室内装饰、环境美化、资源利用方面都体现了极高的水准，特别是民居中的三雕尤其精美。这些不仅是研究清代民居建筑的实物，又是研究明清以来徽商社会经济形态、建筑史和艺术史的宝贵资料，所以西递也就有了“东方文化的宝库”、“世界上保护最完好的古民居建筑群”等美誉。

地理位置：安徽省黄山市黟县。

推荐理由：世界文化遗产。近千年前北方望族的整族迁住，使得整个西递的底气相当足。耕读的传家之风，重金重银砸下的木窗雕栏，让人顾影自怜的家家古井，涓涓而走的桥下溪水，百亩良田的依次铺陈，如此这般难得的画境还有许多。

特色看点：牌坊、古民居、徽派建筑、田园风光。

推荐指数：▲▲▲▲▲

交通指数：▲▲▲

美食指数：▲▲▲

住宿指数：▲▲▲▲

中国历史上所记载的徽州和徽州人，时而浓墨饱满，时而细描细勾，隐至无形时隔了段时间又光彩奕奕，形象生动至极。然而现在的安徽是没有徽州这个地名了，曾经的图腾成为一个古地名被永远地留存在历史档案里。那一日正在看关于徽商的纪录片，说起起家的艰难——“前世不修，生在徽州，十二三岁，往外一丢”，说起重商重儒的传统——“商而优则士”被融于世世代代的徽商血脉，说起无尽的牌坊——进士及弟，仕官升迁，烈女殉道，贞妇守节，有条件者皆造牌坊，诸如此类。于是心中长草，动身去访了一访古徽州的标志之一，千年西递。

西递在黟县的东南部，算来与著名的“牛形”宏村隶属同一县治，但布局大为不同。宏村的布局是风水大师集10年光阴边改边修的结果，而西递则是秉持宗族繁衍的自然扩张规律，当然无可避免地也存在大量风水说的印痕。

西递的选址，是古往今来风水师眼中安置村落的上佳选择。四面环山，村东村北各有一条溪流顺势而走，在村南的会源桥汇聚。整个村落呈现船型，以一条纵向街道和两条沿溪街道勾勒出船架子，构成东向为主、向南北延伸的村落街巷系统。而村口的巍巍牌坊就如同高船桅杆一般，已成为游人们步行入村所遇见的第一抹西递印象。

老宅中堂里看电视的女孩儿

写生的学生

牌坊通体采用当地的“黟县青”大理石雕筑而成，极具气势。牌坊东西两面分别刻有“荆藩首相”和“胶州刺史”八个大字。整个牌坊嵌满了徽派特色的浮雕、透雕、圆雕图案，每一副图案都有深刻的寓意在内。牌坊的名字，曰胡文光牌坊。胡文光，生于明正德年间，兴文重教，抵御外侵，官拜四品中宪大夫。许是人品过硬，许是政绩军绩双赢的人少，胡文光反被皇帝大人挑中成为敬业之典范。寻常的挑中大部分是赏赐皇家哀荣、金银绸缎、田地仆人，唯独赐给胡家的是一座功绩牌坊，它也是西递历史上的13座牌楼之一（大多旌表孝悌贞节），也是唯一幸存的一座。430余年后的村口，它陪着月湖的柔美，还展示着独有的气势，展望出胡家祖先的一份得意与荣耀。

进村的路没有村口前的那段拘谨，是近些年特意维修后的小石板子路。自远方的一抹青山相应，如身在水墨画中，进村不进村，远观或近赏的区别也就此出现一条明显的界限。天马山上常青的松树和杉树，也渐渐自动消磨身形成为一抹纯色的背景，而刚才扫过几眼的波光粼粼也减了减身段，细瘦些，仍伴在左右，至于良田们的块状明媚已被彻底隐去，眼前耳边身上心内唯一能牵挂的，便是眼前的入画身段。

是身段，村内每一座民宅都有自己的身段。我好把它们都比做淡雅温润的女人们，不着艳妆，不着金粉色，一黑一白一灰后借着身姿的优美显山露水。却又错了，西递的古建筑们也不能比做寻常的温润女子，分明带着点男儿血性。精雕细刻下的门窗干栏软饰各种则好比她们衣衫裙上的精细绣工，细看才有味道；高昂的马头墙们，是她们被定了格的舞姿样貌，英气飒爽；每家每户都开凿的水井们，是她们柔柔媚媚的大眼睛所化，一点柔情半圆水光；正厅正堂上挂的匾额题篆，是她们心中的豪气万千；至于半见天日的天井块块，则是她们身上常见温润的八成原因，却也不说那些房间的梁、枋、斗横、雀替、隔扇们了。

在西递，喜爱老建筑的人一到此地，无疑于猫儿见了整屋子的老鼠，心中痒痒却又并不知挑哪个第一入口才好。于是便有这般行径，贴在某家的砖墙上道一声好，站在某宅的堂下对着匾额佳字道一声妙，辗转至某屋正厅木窗前差半寸就能粘一日的位置道一声不枉此行，再不然就彻底迷晃了精神任思绪千百倍地漂流在千年前百年后，那叫一个诚挚万千。

在西递，喜爱作画的人一到此地，行为更是忙里忙外。叫一口自酿的酒，夹几碟略带辣的风味小菜，扛着画板找个地方一坐，提笔染色就是大半日。天际的颜色会变，落雨不落雨时街巷的颜色会变；虽是水墨色调的白墙，可马头墙伸到哪里又如何个伸法，一只两只溜达还是万马奔腾状？又或者行人的形单影只转为巷角某个手艺人的小摊。西递的点点滴滴就在画师的手中攒起聚积，阅后才知什么是真正的千年传承，什么是真正的西递古村。

在西递，千万别做那类与导游团同进同出的人儿，忙着被指东打西，忙着被埋头购入土特产，忙着数墙上牌楼门窗，忙着走过一条条街巷。那样的人儿太忙，忙得无法定神细观西递的人文，忙得无法体察村落的空间变化，也忙得无法看见西流上飘着的桃花源景象。所以要用安静沉稳的心境来解读，解读投

○ 这个树叶形状的漏窗，反映了徽州人落叶归根的信念

○ 天井院

缘建筑们的横梁雕刻，解读官宅民居的不同，从木雕窗棱甚至门开的区别上窥得一点渊源，再读徽州建筑的儒家精神，重现天人合一的重重期待。

相传，西递祖上是唐昭宗李晔之子，帝皇贵胄遇上兵荒马乱也要隐身避世的明证。他和辅佐的大臣们为何没有重返宗族，无人知晓，看起来自1645年起李氏后代都作姓胡氏，过着脸朝黄土背朝天的日子。在那年代之后，胡氏族人转而经商，其经营范围囊括木材、丝绸、茶叶和盐业，而盐业的好处则使得商人们重视起官家的势力，重视起从儒入官的标准化发展大道。自此徽州族人都是官商同步发展，那些将黄金富贵和权贵势重的气息倒腾入家乡的衣锦还乡者，则成为整体古村落的思想改造者。

重儒家学说，在徽州就如刻入骨髓的物件代代相传。西递的先人们就是官商同步发展的支持者，在村内的“履福堂”，留存着重儒的明证。“履福堂”，建于康熙年间，正厅堂就大开着儒家精神，题为“书诗经世文章，孝悌传为报本”、“读书好营商好效好便好，创业难守成难知难不难”的两副对联。对联和匾额是古代建筑表达主人家观点的最佳取材，如某一座会客厅上写的对联“第一等好事只是读书”。所谓读书最高的想法，莫过于此。除此之外，各种雕刻意象也不断向建筑们渗透，所谓加官进爵、五子登科、福到眼前、平步青云、万年长寿、终身平静等，都赋予宅院官家威严或民家和顺或官家气派。这些被许多古村落已经丢弃了的古老传统，无论精气神或建筑手法，在西递这里仍是被很好地尊重着，继承着，并没有失去其最为根本的灵魂。

敬爱堂的宗族祭祀，追慕堂的胡氏家族，瑞玉庭的“人人皆商”，桃李园的《醉翁亭记》，东西园的徽派园林，膺福堂的官商气派，走马楼的八面来风，是静默着的。无需笔墨解说，无需导游与喇叭的匹配，立于任一座宅院的门前，早听见八百年前的深深浅浅，声短歌长。

夏季即便不下雨，西递都是凉乎乎的。田光水色曲廊间，良辰美景奈何天，偷一句《牡丹亭》里的诗句，说一段天人合一的道庄哲学。入了夜，夏蝉嘶鸣，蛙鸣虫叫，夜间的老宅里住着却染不上半丝暑气。溪水卷起夜凉混着夜

西递村

来香飘入你窗。到了子夜时分，有村民仍奉行着古老的打更方式，喊着“天干物燥，小心火烛；灶前堂屋，不留火种；煤气电源，一律关好”，巡上两遍村庄。124幢连片民居就在巡夜人的脚步中被一晚一晚地丈量着。等着清早醒来，等有风吹过，等远山如黛，等雾气里层层叠叠的近山青绿，等脚边不停的汩汩溪流，等守着日出的画师出现在村落里，等西递的又一日落在画板上，落在眼里，掉进心里，就此记住这座梦一般的庄子。

小贴士/TIPS

交通：从黄山市汽车站搭乘从屯溪到宏村的旅游直通车，在西递景区门口下车即可。

门票：104元（3天有效，含导游费）。

作者手记：

1. 村内风景的看法略似苏州园林，也讲究移步换景皆生妙处，水桥屋院，窗花街巷乃至草木稻田，穿过一处就有一处的风景，也更期盼下一幕的登场。西递的重点，便是一座座错落有致的徽派建筑。从建筑构造到楹联牌匾，都有近千年的传承，单字有说法，花纹有讲法，一字一句也都个把典故隐于其中，总要费点时间守望着过往的。
2. 古村山水齐全，稻田也有春绿秋金的妙处，更有油菜花的块状色彩点缀其间。这幅粉墙黛瓦配田园的风光图，像是穿了一袭印花布衣的温婉女子，一眼就静下了光景。
3. 村里住宿的地方有很多，比较有特色有猪栏酒吧、西递行馆、官厅客栈等。村里饭店至今不算多，一到饭点就人群簇拥起来，吃饭能提前就提前些。

南屏

解读南屏

南屏村距今已经有1100多年的历史。清代时徽商兴旺，全村号称“十万富”之家的便不下20户，其中最著名的当属名震江南的“江南十二家”的李宗。由于有三家大姓，所以互相攀比之风在南屏很盛，村里也就修建了大量的祠堂和豪宅。现在，全村仍拥有纵横交错的72条深巷、36眼井和300多幢明清古民居。南屏有两个美誉，一个为“中国古祠堂博物馆”，村里至今还保留着8座祠堂；还有一个是“中国影视村”，1989年金秋张艺谋和巩俐在南屏村7个月拍摄了《菊豆》，后来该片荣获了法国戛纳电影节最高奖——金熊奖，这之后《风月》、《卧虎藏龙》等很多电影都在此取过景。

地理位置： 安徽省黄山市黟县。

推荐理由： 一个好听的村名，被多位导演看中的“中国影视村”，三大姓共居一村，还完好地保留了8座明清时期的古祠堂堪称罕见。

特色看点： 古祠堂群、古民居、古私塾园林。

推荐指数： ▲▲▲▲

交通指数：▲▲▲

美食指数：▲▲

住宿指数：▲▲

有时旅游不太需要给自己一个什么理由，可能是某日错眼而过的某张照片某个人，可能是待在杂志上无人注意的照片却投了你的缘分，也可能是某些人说过的念过的地名飘过你的耳朵再住进你的心里。反正我是没有给自己成功找到过理由为什么要去安徽的南屏，但因为“心向往之”，也就去了。

南屏如今名声鹊起，堪比宏村、西递，缘自村内宗族繁衍昌盛所搭起的一座座祠堂。只要来南屏，宗祠建筑群必然出现在各大解说词上。这种被代代

程氏孝思楼，又称小洋楼

相传、代代珍视的建筑物们，曾一度是这个村落中宗族人的骄傲。有些人能进祠堂，有些则不能，正如有些人能进家谱，有些人则被无声无息地一笔抹去一样，不带任何犹豫。如此的你进我退，在数百年间的祠堂里被上演了千万遍。人们已然不陌生于祠堂的性质，多数也从电影片断和刻意被渲染出的背景中获知这种古老的权威。电影里的祠堂，多是灰白色调的。人在里头说话的声音，也是嗡嗡的，似声音周转在墙壁间梁柱间但就是没办法脱身而出，一切都像是一段不属于今天的历史。

所以到南屏，是无法略过祠堂的。叶氏为南屏村大姓，此外还有李氏和程氏两家也算大姓，但因叶氏繁衍生息的时间更久，故而隐隐中南屏村的建筑物是以叶氏宗祠“叙秩堂”马首是瞻，余者支祠围着宗祠，家祠绕着支祠，依序排列在一条约200米长的轴线上。

“邑俗旧重宗法，姓各有祠，支分派别，复为支祠。”宗祠是一宗之祠，属全族所有；支祠和家祠，则是因富贵显赫而特别独设的祭祀堂。如曾任山西太原府岚县知县的叶文奎，就有后代惦念祖父之不易而建的叶氏支祠“奎光堂”；如李氏支祠，则为纪念巨富家祖——曾被誉为“江南十二家”之一的李宗煝。

叶氏支祠，电影《大转折》在这里取景

说起李宗煝，曾在当地非常有名，据说是黟县最成功的商人。撇开县志或府志，在罗愿的《新安志》和俞正燮的《葵巳存稿》里也被投射下这个商人的身影。两套著作都是由李嘉捐资刻印，古徽商给当地文化教育所带来的好处就正如胡适先生所言的——“由于长住大城市，我们徽州人在文化上和教育上，每能得到一个时代的风气之先。徽州人的子弟由于能在大城市内受教育，而城市里的学校总比山地里的学校要好得多，所以在教育文化上说，他们的眼界就广阔得多了”。

胡适先生这里说的是古徽州的文气昌盛，南屏也不例外。随意一进奎光堂，明弘治年间的建筑物，三块牌匾高悬着标榜着这个支族的满心骄傲，分别是“钦点翰林”、“钦赐翰林”、“钦取知县”；而进叙秩堂，当年门上也同样高悬类似的三块金字匾额，如今是不见了，但横枋上还悬有“贡元”、“进士”、“经魁”和“松筠操节”、“津逮后生”等功名、褒奖之类的横匾。这些横匾，都是这一支叶氏族人一代代攒下来的荣耀，是为光宗耀祖的明证。

村中人提及这些牌匾，仍是骄傲的。那种脸上的自得，言语中的得意，自乌瓦白墙上来回跳跃，想来是已经深深地刻印进了心里。目前的祠堂，开放参观较多，仅有特定的一些日子会封起来，仅供叶氏族人祭祀祖先。那时素来只开边门的祠堂将打开大门，迎来这一辈的子孙后代。只看见《菊豆》的剧照时，未免觉得颇有惨淡，想来老一辈的祖先牌位们该捶胸顿足吆喝着为何要与这般东西放在一起。但毕竟是张艺谋让南屏出名的，给它带来了名声，为它编织了一幕又一幕的庄严肃穆。许是个人原因，总觉得那些染布、晒布的台架、绞车、染池，还有那块高悬大门的“老杨家染坊”的横匾，不伦不类这四个字恰好可以奉送一番。

不免想起万松桥还略为纯粹一些。清代末年极为有名的学者姚鼐，曾人住南屏村一些时日，走时高高兴兴地给留下了两篇美文，一是《万松桥记》，一是《西园记》。据说姚先生大是喜欢万松桥，“长十二丈，广一丈六尺，高如其广。名之曰万松桥，以在万松桥畔故耳。”村口的这座横卧三孔桥，也由

圆券窗洞

○ 村南的淋沥山

此借着姚先生的诗文名传天下。村民说，最好的时候是清晨微雨时，可惜这两日艳阳高照，也没有遇上个好景。只能借着村民手机上的一张阴雨蒙蒙的照片过个瘾。恰是迷茫晨雾大肆嚣张时，林间桥间都被塞得满满，背后是青山衬着村里最传统的乌瓦白墙，几个村中人挑了点东西经过，身形给隐了一半多，很有水墨意思。“以前那里头还有个南阳书院，”村民说，“还有一口泉，很雅的，现在是没了。雷祖殿还能看看。”

看过一圈，仍是觉得南屏的古民宅还是有点意思的，特别是各家旧时的私塾庭院，又和别处大为不同，较为出名的有“报一书屋”和“半春园”等。“报一书屋”是颇有代表性的建筑物，当年是供族中子弟读书的私塾。房主叫李火眉，也是标准款的事业有成回乡造福族人的类别。其中捐资人还有适才提过的徽商李宗湄。这座私塾有点占了园林的小巧，建筑风格也偏精心雅致的那种。半春园，则更雅些，三间小屋加半月形庭园的组合，当年也是叶家兄弟姊妹的琅琅读书地。

○ 南屏屋舍俨然

小贴士 / TIPS

交通： 乘坐火车或飞机到达黄山市（屯溪区），从屯溪汽车站搭乘班车前往黟县，然后再转乘到西武的汽车，在南屏路口下车。也可乘往西武乡的中巴至南屏村口外，步行1公里即到。

门票： 旺季80元，淡季65元

作者手记：

1．进村可沿着村里中轴线前行，祠堂多分布于两旁。村中最高点是三层高的“孝思楼”，可见全村闲适恬淡的徽派建筑，晨时的风光最好。

2．村中饭馆少，但可随意问问村中居民，有些也提供饭菜，口味还不错。

3．南屏村住宿条件有限，可以选择有来头的旅店提前预订，如当年拍摄电影《菊豆》的场所——菊豆饭店。如住在普通村民家中，房东或许会带你去一些不对外开放的地方看看，如果你感兴趣的话。

丰山上有大面积的茶园

呈坎

推荐指数：▲▲▲

交通指数：▲▲▲

美食指数：▲▲

住宿指数：▲▲

解读呈坎

呈坎村始建于东汉三国时期，距今已有1800多年历史，整个村落按照《易经》“阴（坎）阳（呈）二气统一，天人合一”的八卦风水理论选址布局。村子周围山水环绕、五星朝供、负阴抱阳，构成了“左青龙，右白虎，前朱雀，后玄武”的风水理论，形象地表达了“聚水如聚财，纳四水于村中”的古代传统徽州文化内涵。呈坎有如此好的风水，自然也是人才辈出，其中最有名的是呈坎罗氏第八世祖汝辑之子罗颂和罗愿。兄弟两个一个官居知州，一个荣登进士，事迹进了孔庙的乡贤祠。他们的父亲汝辑早年也是官居侗讲、大理寺丞、吏部尚书。一家父子登进士，两兄弟双称贤，难怪宋代理学家朱熹称呈坎为“呈坎双贤里，江南第一村”了。村里至今保存完好的宋、元、明、清等古建筑有150多处，其中尤以明代建筑最多，所以呈坎也有“明代文化特色村”的称号。

地理位置：安徽省黄山市歙县。

推荐理由：呈坎最大的魅力仍来自于村内近两千年的徽州古建筑群。任凹事百转千回，它仍扮演着自己的角色一刻不休。八卦村型的特别设定，对创始人罗氏兄弟的好奇心，对徽州建筑更为古老的元宋古迹，都成为吸引人们细细拜访的各种原因。

特色看点：八卦布局、宝纶阁、长春社。

那里的街有街路，水有水途，村落在阴阳间流转，悠悠晃晃地过了1800余年。1800余年，说来轻巧，自东汉三国的吕、金、孙三姓定居众川河畔的芦苇滩起算，却布满人间悲欢。如今的呈坎，翻出老族谱来，是能压倒一片群雄的。这片人为的八卦古村，在唐朝末年被江西南昌柏林罗氏文昌及其堂兄看上后，就注定一生不俗。它也有起落，也有峰高谷低的时候，但无尽沙漏所赋予的魅力使得人们不断朝这个安静的村落前行。

所谓山环水绕，所谓五峰拱托，所谓百世不迁之地，那些罗氏兄弟赋予呈坎的千年迷雾并没有引起我太大的兴趣。风水，可谓是古代中国建筑的一项重要操作标准，其他的建筑也未必不循古风水学说而来，只不如呈坎这般满村皆宜，全盘烘托。若有兴趣者，何妨沿着村中小路东折西绕，看看是否能有那份本事在极易迷路的九宫八卦格局中找到正确的出村之路。关于这一点，村民罗氏极有信心，他摇头晃脑吟哦半天，只留了一句："你们可以试试。"之后，他也顾着自己的事情一路忙了走，倒也没功夫搭理我这风水的外行人。

呈坎也算在山中，从进村到如今，村里的雾气虽有消散些的意向，却不见如何大的动作，一切都有点雾中看花的意思。常去古村的人大概心里都知道，这些古物只要沾上天地之灵气，顿时自平常的田园村寨转向水墨意境。彼时，只需一点灵性，一双慧眼，可上知古今之辗转，可知为人之不易。山水分外清润，呼吸之间也顿觉舒畅，润足了喉肺，畅快淋漓许多。

行了10分钟，发现呈坎游人不多，摆摊的小商贩也少，听说前些年更少。如今的司机常常会推荐黄山下来的人跑到呈坎来看古建筑，于他们眼中，这里深藏的一切才更徽州。又分前罗后罗，虽同属罗氏，但彼此各分属不同的罗氏始祖，这源于最早的罗姓初迁时对运营村落地盘的划分：文昌公定居于呈坎盆地的东南部（称上溪东、下溪东），为前罗族始祖；秋隐公定居于盆地的西部（称后岗），为后罗族始祖。当然，明代弘治年间那场因为罗氏族人扩张太甚所进行的一次大规模改造，也使得前后罗氏的界限划分不那么明显，但有心人仍能从古村的前罗家庙、后罗家庙等读出曾经的村落划分，也是相当有趣的一桩事情。

还要提朱熹老人家，他也隐隐地在呈坎落了几笔。公元1167年的朱熹已然是理学大家，长沙的岳麓书院同年就迎来最著名的“朱张会讲”，在如此情形下，动心且实质性地邀请朱熹提笔撰写《罗氏宗谱》，不得不说罗氏对自身家族极为看重。据呈坎《罗氏宗谱》记载，南宋乾道三年（公元1167年），朱熹在杭州与呈坎罗愿相遇。罗愿请朱熹为《罗氏宗谱》作序，朱熹欣然应允。但凡与圣贤相会，总有些文字记录下这些桥段，或文字或传记。就这篇罗氏宗谱，朱熹也是相当耗费精力，但因敬仰罗氏家族之风，仍克尽已身，终成族谱，又在序言署名曰“同里朱熹”，也才有了如今呈坎对外的大招牌——“呈坎双贤里，江南第一村”，全是来源于朱熹的一笔之赞。当然罗氏回报朱熹之学也相当丰厚，全村孝贤几乎都遵朱理学说，正如整个古徽州对其的尊崇，一贯兴文重教，故而私塾、书院、府庠、县庠林立，读书之风盛行。呈坎《罗氏宗谱》有“织读之声不绝于耳”、“三世不读书，归于小人也”之记载。呈坎能撑着1800年的村落，于教育应当拜谢大礼才是。

脚下踩的砂石路，其实并不好走，但很配呈坎，仿佛旧旧的才是最恰当。

众川河上的环秀桥

眼光落处，门上墙上，青色的苔藓在每家都落下了痕迹。有些墙面上有些竖道的灰色，却是多年来落雨的痕迹，顺墙而下，那些苔藓也时隐时现地随着这些痕迹而生。门上也是，准确而言是门下，总有一小块砖头大小的苔藓露头，想说点什么。好多人家里，苔藓都攀到了墙头门楣上，凉凉地看着下面两人逢面就得大侧身的巷子。偶遇一帮拍电视剧的人，精神十足地在某个老门前拍着姑娘家抬脚往外走的场景。姑娘穿着青衣碎花小袄，是热天却着秋装，手心里都替她念着把汗。大油辫子被甩到了胸前，一个甩脸子自门内跨了出来，半进半出之间仍是叫我晃了一点神。

于是开始惦记起村内的500多幢古民居。一共3000人不到的村庄，偏有如此庞大容量的古建筑，果然时光岁月兄对呈坎仍是偏心偏了些。那些老宅虽被归类为保护建筑，大部分仍循旧例，蜘蛛开创了自己的地盘还是依旧守成着，廊下的燕子窝们迎来送往着娇客们，老木头被湿润感催生而出绵绵不绝的霉味一直充盈在周遭。无意碰上秋雨，更显萧瑟，忧郁的雨水斜斜而坠，勾丝连网，

呈坎水口

密密地织就了一幅老宅落雨图。雨小些，转身而出，一眼撞见对面屋檐下的小杂货铺。屋檐下滴的水珠子并未散去，过着水帘看小铺，店主正安安心心地理着货架。何谓安心？举止安详稳妥，不见急躁，不见彷徨，不见犹疑，一举一动清爽无比，可见已是平素打理惯的。落雨天客人少，小店内的货物也简单，灯色也不浓甚至昏暗着，如此偏偏有如此温和的举止，心下顿时也平稳了些，少了些对秋雨不便的诸般腹诽。

来呈坎，还是要去宝纶阁的，大家都这样说，于是便也去了。建于明朝嘉靖年间的宝纶阁，其实是罗东舒祠。祠在村北首，属前罗的祠堂，只为祭祀先祖罗东舒。这个人很有点意思，据前罗族宗谱记载："自少颖异，以才俊称，文章鸣世，长隐居，义不仕元，惟耕读是业，署所居为乐堂，矜式甘心泉石，以一善字持身，其教子孙，欲其家传世守，宝而勿失，修族谱，收族属，凡先世茔墓逐一稽考，后代亲疏续其支派宗族，皆德其仁……有黄鲁直之才，欧阳永叔之贤。元皇庆癸丑（公元1313年）谢廷兰称其与渊明同调，登啸自高，良有以也。"如此大段的文字不过铺垫而已，其死后，罗氏后裔对他如孔子一般敬重，谥为"贞靖"，特建祠推崇其德。

祠堂的建筑格局依照文庙，有棂星门、左右碑亭、仪门、两庑、甬道、左右丹墀、两厢、露台（拜台），加上精刻的青石栏板及后寝十一开间等，均为民间祠堂所罕有。也有一说，其建造也私下了仿了北京太和殿，行此事者，是罗氏后裔罗英贺。他曾官拜监察御史和大理寺丞，告老还乡后被皇帝老儿奉送一个定国公，回乡后花费一亿两白银修造这座"天下之下，舍我其谁"的家祠。这些白银，最显著的耗费地点在于第三进，也就是万历年间扩建的寝殿。罗家当时的荣耀和尊贵，被工匠们清楚地标注在这座祠堂：历经450余年仍色彩鲜艳的梁架彩绘，玲珑剔透的斗拱雀替，排场显赫的青石台阶，同样精美绝伦的雕木雕们，巨型的石柱木柱。

明代董其昌的手书，被高悬在照壁顶处。这个村落最为珍视的祖宗法度，正是这四个大字"彝伦攸叙"。彝，鼎彝之器，不可侵犯，是指祭祖的神器，

呈坎村中以明代建筑居多

帝王用鼎祭江山、社稷，平民用彝器祭列祖列宗；伦，则是指人伦五常，天地君亲师、父子兄弟等伦常关系；攸，意之久长；叙，指延续。封建时期的族权统治充分体现在这个词上，即人伦和社会秩序，在祖宗定的法度面前，人人遵循，代代延续。罗氏对祖先的尊崇，是那样的明显，那样的落于形迹。所成之祠堂，气势雄伟却不示强于人，精致华丽却绝不俗媚，年份古老却无惨败迹象，仍是见威仪三千，掺杂着一丝丝温情。

雨后桂花也染香，那香气兜兜转转，自甬道穿墙而来。400余年的飘香，使得它也不俗起来。猜想着后寝殿那些珍藏的历代皇帝赐予呈坎罗氏的诰命、诏书等恩旨纶音，大约也会庆幸一直有桂香相伴左右，时光中的寂寞也少见了几分。

小贴士 / TIPS

交通：黄山汽车站有屯溪到呈坎的班车。

门票：80元

作者手记：

1. 一座长春社，一座罗会泰宅，是呈坎最令人骄傲的宋元古建筑。
2. 大部分的呈坎建筑都是砖木结构，因此如黄山般禁止烟火，吸烟者可能需要额外注意。
3. 村内住宿选择尚可，以价格不高的便利型农家乐为主，商业气息不是很浓厚.可以尝尝出名的水豆腐和毛豆腐。
4. 每年的正月初七在长春社的社屋大厅有灯会，正月十四则是社稷寿诞，一般会有民俗演出。每年9月16日在长春社还有徽州社戏演出。

长溪

庆源

2 江西

思溪延村

流坑

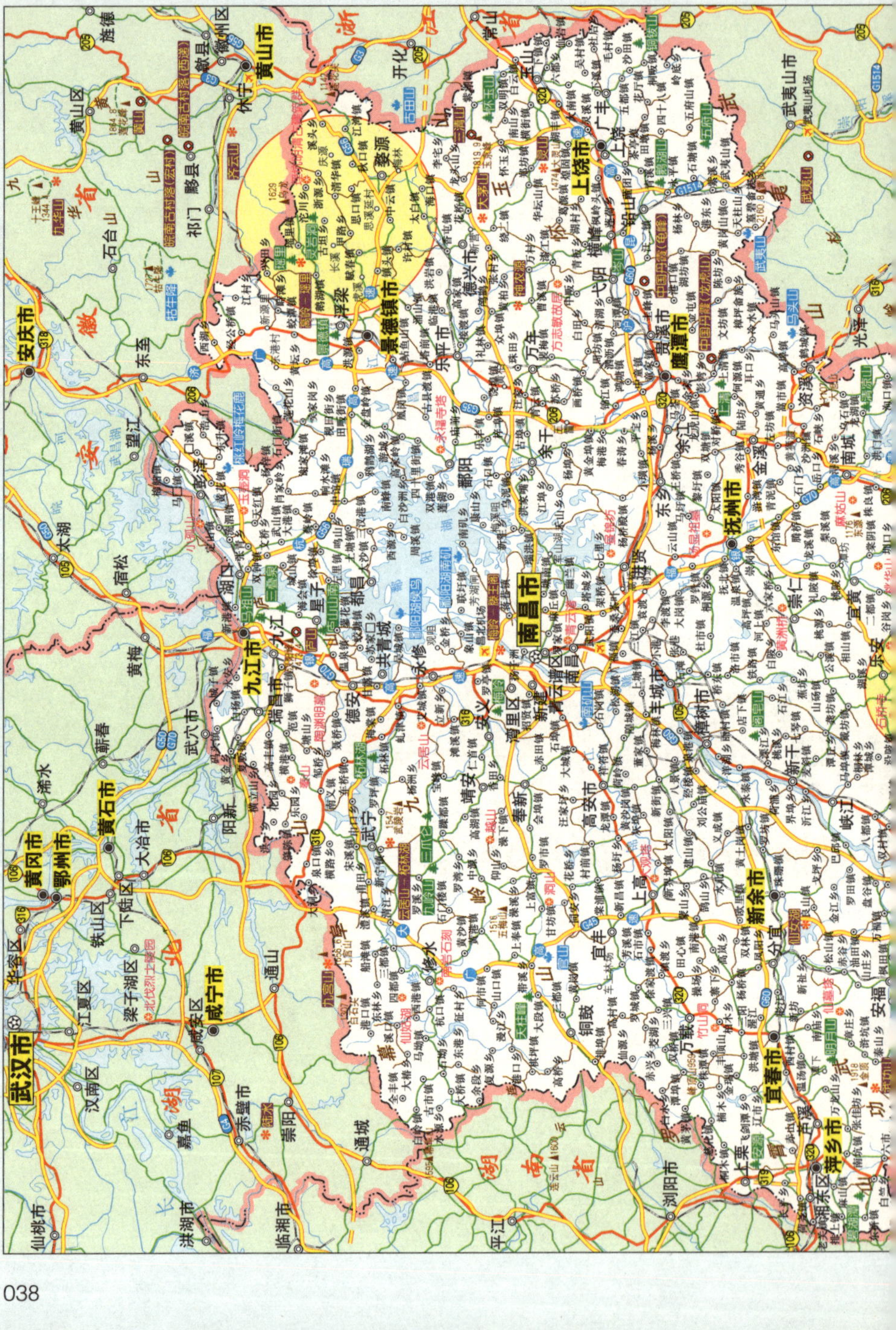
武汉市
鄂州市
黄冈市
黄石市
咸宁市
安庆市
黄山市
九江市
景德镇市
上饶市
鹰潭市
南昌市
抚州市
新余市
宜春市
萍乡市
婺源
武夷山市

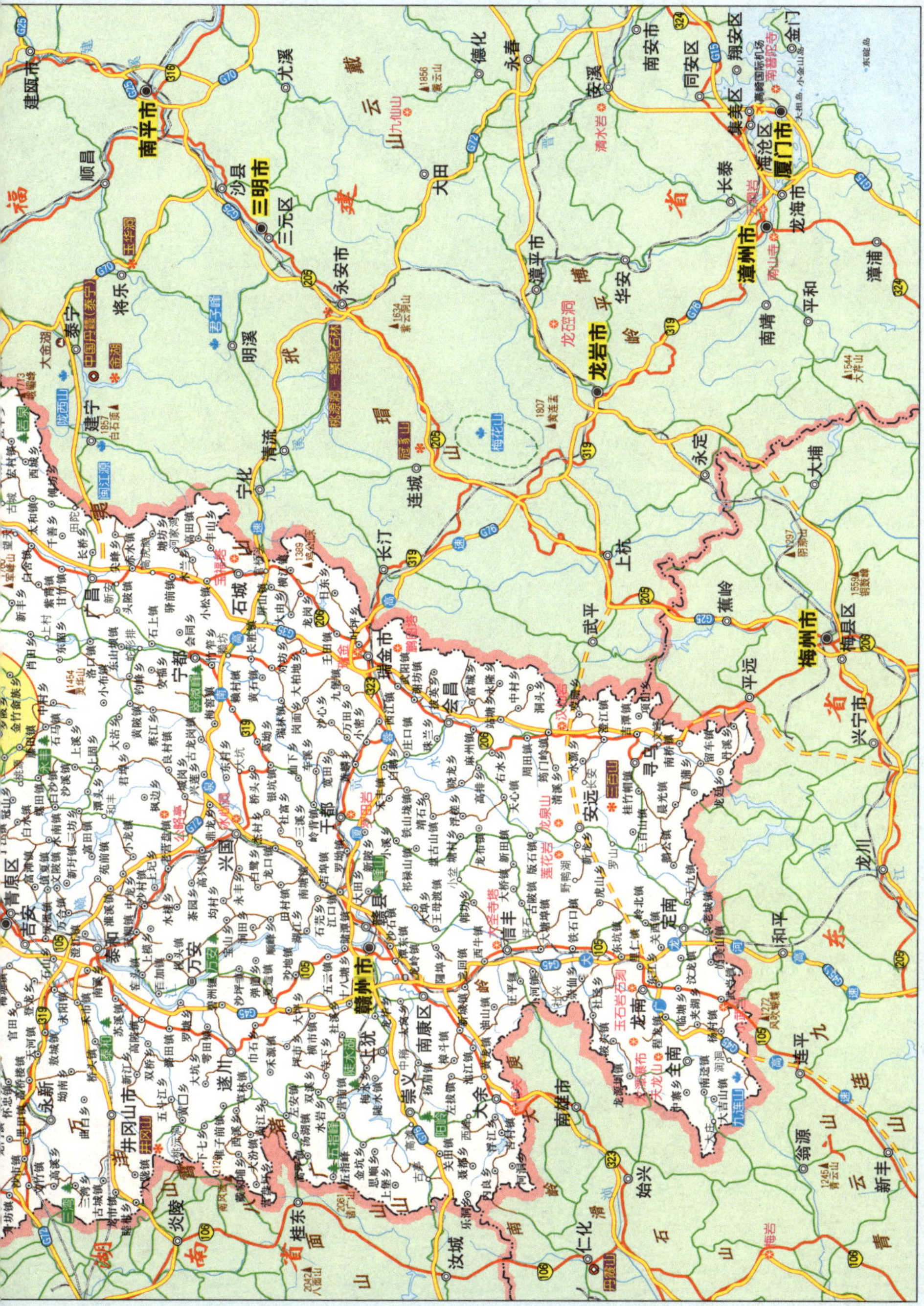
南平市
三明市
龙岩市
漳州市
厦门市
梅州市
赣州市
瑞金市
南康区
井冈山市
兴国
于都
宁都
石城
会昌
寻乌
安远
信丰
龙南
全南
定南
大余
崇义
上犹
遂川
万安
泰和
吉安
永新
炎陵
桂东
汝城
仁化
南雄市
始兴
翁源
新丰
连平
和平
龙川
兴宁市
平远
蕉岭
梅县区
大埔
永定
上杭
武平
长汀
连城
清流
宁化
建宁
泰宁
将乐
明溪
永安市
沙县
三元区
顺昌
建瓯市
尤溪
大田
德化
永春
安溪
南安市
同安区
翔安区
集美区
海沧区
长泰
龙海市
漳浦
平和
南靖
华安
漳平市
广昌
石城
青原区
福
建
省
广
东
省
湖
南
省
武
夷
山
戴
云
山
玳
瑁
山
博
平
岭
九
连
山
青
云
山
罗
霄
山
南
岭
大
庾
岭
诸
广
山

长溪黄昏

长溪

推荐指数：▲▲▲▲

交通指数：▲▲

美食指数：▲▲▲

住宿指数：▲▲

解读长溪

长溪村于宋淳化年间建村，始迁者为婺源戴氏六世祖戴匡德。清康熙年间，村中各种店铺林立，景象繁华，不少村里能人已在广东、上海、江苏等地开店设铺。鼎盛时期，村人达600多户，号称“千烟”。长溪盛产婺源高山绿茶，海拔近千米的茶园经年处于雾气笼罩之中，沾染了山上野生兰花的香气，且不使用化肥和农药，为纯手工制作。

地理位置： 江西省上饶市婺源县赋春镇。

推荐理由： 尚未开发的淳朴村庄，秋季美得犹如童话世界。

特色看点： 春天漫山茶园绿意盎然，秋天200多棵高大的枫树层林尽染。

春天的婺源无处不美，但想寻一处人少的村子却有些难。我因为喝了一个朋友送来的婺源有机绿茶而萌发了去长溪的念头。去过长溪之后，不仅爱上了那里的绿茶，更发现长溪正是我所热爱的宁静朴实的乡村。

长溪是婺源北部山区的一个村子，我早就从爱好摄影的朋友处知道秋天是那里最美的季节，200多棵高大的枫树将山间的村庄环抱，层林尽染中的白墙黛瓦犹如童话世界。其实春天的长溪也非常好，一来安静，可以充分享受这个小山村的悠闲时光，二来4月正是长溪绿茶的采摘季节，可到茶农家体验制茶，也可以品尝到最新鲜的婺源高山绿茶。

在长溪的三天，每日品尝不同人家的绿茶。用长溪的山泉水冲泡新近做出来的茶叶，挑选自己最喜欢的味道，才知道每年的4月是当地茶农最忙的季节。每天早起上山采茶，晚上做茶，忙绿整整1个多月。才知道绿茶虽然清凉，但新茶却会上火，需要存放上1个来月才能散去火气。才知道长溪的茶农自己特别喜欢谷雨这一天采摘的茶叶，还知道了长溪也开始用这绿茶的叶芽去做红茶。可惜这一年的制茶还未开始，否则我定要好好品尝。

在长溪印象最深刻的喝茶有两处，一处在深山间的曹家村。素昧平生的一户茶农家中，受邀一起吃午饭，饭前跟他们共饮自家做的绿茶，用一个土碗盛着的茶汤，想来是当地特色的茶道，边上还有制茶的器皿，可惜当时光线不好没有拍照。另外一处在我们所居住的向阳客栈的院子里，靠在竹躺椅上，看着玻璃杯里的碧绿嫩芽缓缓从水面坠到杯底，舒展开一芽两叶的躯体，轻啜一口，醇厚的香味由唇舌间贯入喉咙，进而弥漫到整个身体，留下浓郁的回甘。

向阳客栈的老板戴向阳是长溪的村长，同时也是摄影发烧友，客栈的墙上

茶园里的女子

○ 长溪村有条美丽的河

贴满他拍摄的一年四季的长溪，很多景致美得让我感到窒息。他自然也是长溪绿茶的积极推广者，于是将那茶叶的好处娓娓道来。长溪的绿茶特别之处有三，并且这三种特别都能亲眼所见。一在长溪地处婺源西北山区，海拔近千米的茶园经年处于雾气笼罩之中，并沾染了山上野生兰花的香气。二在长溪茶园所处均为陡峭山坡，任其自然生长，不使用化肥和农药，也无虫害，是真正的绿色有机茶。三在长溪的绿茶都是纯手工制作，特殊的工艺使得茶叶保存了新茶中的活性香味因子，谓之“活茶”。

长溪也是儿子的乐园。安静的村庄在这个季节少有游人，我们一家在村里闲逛，儿子有时追着母鸡四处跑，有时跟在村里小孩身后当跟屁虫，有时跟妈妈一起琢磨那些老屋的木雕，或者跟爸爸到河边打水漂。对于他来说，这些事情带来的乐趣远远胜过那200棵红似火的枫树，也是城市生活所无法给予的。

长溪到曹家村，儿子的第一次徒步也留在了这里。原本只想到山上茶园看看，随意走走，但小家伙第一次爬山很兴奋，在山路上一路小跑，不愿停下，也不愿回头，于是我们带着他边走边玩。我们沿着一条水渠，不知不觉离村子越来越远，山路两旁的茶园里不时见到忙碌的茶农，双手飞快地采摘着绿芽，也没有耽误了跟我们招呼。有时候路旁换成了高大的阔叶树林，悠长的林荫小径蜿蜒其中，有时候树林渐稀灌木丛生，凌乱的枝叶之后看得见绿意盎然的一潭春水，再后来，我们过了一条小河之上的独木桥，走在了一片开阔的田地当中，身边是整片盛开的紫色小花。这半日徒步得来的收获让我们惊喜不已。

俯瞰长溪

中午时分到达曹家村。曹家村很小，这时辰村民多外出采茶未归，整个村子非常安静。看见一个在柴火垛边磨刀的小女孩儿，那么小小年纪就帮家里干活了。一个油菜花地边上的院子，院子的地上晾晒着当年新鲜的竹

○ 曹家村热情的一家

笋，有切成块的，也有切成片儿的。

我们在一幢老屋的屋檐下歇息，盘算着怎么解决午饭。商量间看见对面山路上奔下来几个身影，人未到笑声先来，不一时就到了我们跟前。听说我们还没吃午饭，其中一位大嫂马上表示，让我们去她家。于是跟在后面进了屋子。

我们在屋子里跟大嫂家两岁多的孩子玩耍，她们几人准备午饭，边跟我聊天。原来平常她们在赋春做生意，这季节便回到曹家村采茶，放不下这山上的茶园，每年都要回来住上一段。她们请我们喝自己做的绿茶，一个土碗盛着泡好的茶汤，充满了劳动的气息。桌子边上放着做茶的工具，白天采茶，晚上便将当天的叶芽制作成茶，第二日上午送到山下出售。

○ 村中的老宅

大嫂一边劝我们多吃菜，一边抱歉地说没什么好菜。其实桌上已经大盘小盘摆满。小男孩跟儿子年纪相仿，却仿佛小大人一般自己拿筷子夹菜吃饭，好不老练。饭后，两个孩子在院子里玩水，争夺一个葫芦水瓢，你舀一勺我舀一瓢，直到儿子困得睁不开眼，才将他抱上背架安顿妥当，跟大嫂一家告别。

回程的路途感觉近了许多，儿子在背架里睡着了，这一天的经历一定让他难忘。

仍然边走边玩，回到长溪已是黄昏，我们在后山的大枫树下休息，儿子坐在堆积的树叶里玩耍，夕阳映照在他红扑扑的脸庞，再没有比他的笑容和快乐更让我开心的事情。

次日清晨，天还未亮我便起床出门，一个人爬上早就打听好的村前山坡之上。雾气霭霭之中太阳一直没有出来，让人心生遗憾。但我见到与前两日不一样的长溪。一条小河蜿蜒在村庄之间，前一日我们曾经过的独木桥安静伫立在河水上面，我记得那桥的对岸有一株碧绿的树木，树下的老屋前老人正在给孩子剃发。清晨的炊烟和烟雾之中，长溪散发着如幻如梦的美。

小贴士/TIPS

交通：长溪目前不通班车，可先从婺源县城乘车到赋春镇，再包车前往。

门票：无

作者手记：

1. 如果想找一个安静的地方住上几日，特别是对于带着孩子的亲子游，春天的长溪非常适合，游人不多，风景秀美，还能喝上新茶。长溪目前住宿的接待能力不是很强，向阳客栈条件最好，客房位于一幢新修的楼房中，都是标间，除此之外还有为数不多的几个家庭旅馆。每年秋天枫树火红的季节是长溪游人最多的时候，住宿一定要尽早提前联系。
2. 如果有时间又有兴趣，跟着茶农劳作一天，便能体会从采摘到制作再到品尝的欣喜。长溪的绿茶物美价廉，是很好的手信选择。
3. 从赋春到长溪的山路大概十来公里，路况不太好，包车须注意安全，也可以选择徒步前往。
4. 长溪附近的石城也以金秋红枫闻名，两地相距大约十公里，很多驴友和摄友青睐这条徒步路线。如果想轻松休闲一点，可以选择长溪到曹家村徒步往返，春天还可顺带参观茶园并直接在茶农家品茶买茶。

○ 古宅客栈

地理位置：江西省上饶市婺源县段莘乡。

推荐理由：婺源最美的村庄之一，历史悠久的徽州古村。

特色看点：小桥流水的村落、山区壮美的梯田油菜花地、油菜花掩映中的马头墙、百年徽派古宅。

庆源

解读庆源

庆源村建于唐代，整个村子为一船形，一条清溪穿村而下，1公里之内有16座石桥，可以说每隔10步就有1座，桥下有水埠供村民浣洗。在村子的中央还有一棵1300多年的古银杏树，高高耸立，仿佛是这船形村落的桅杆。另外村里还有“大夫第”、“资政第”、“福绥堂”、“敬慎堂”等官宅和商宅。村里还种了很多梨树和桃树，春天粉色的桃花、白色的梨花、黄色的油菜花一起盛开，加上四周的青山、村中的流水，此情此景，果真是世外桃源。

推荐指数：▲▲▲▲▲

交通指数：▲▲▲

美食指数：▲▲▲▲

住宿指数：▲▲▲

“空山隐卧好烟霞，水不通舟陆不车，一任中原戎马乱，桃源深处是吾家”，这是庆源村口“别有天”古亭内留下来的古人绝句。一句“桃源深处是吾家”言简意赅地勾勒出这个婺源山区村庄的美好。

我一直认为庆源是婺源最美最值得停留的村子。

庆源村又名小桃源，建村于唐开元年间。这桃源村交通不大便利，但其中的古村、老屋、美食以及淳朴的民风，让我在第一次到达之后就无法忘怀。

那是2002年秋天，当时我们从理坑徒步到虹关再到段莘，第二天乘班车到庆源路口，然后徒步进村子。庆源给我留下的深刻印象，是大山之间淳朴秀美的村庄。快进村子时，村民三三两两迎面走来，有的背着柴火，有的赶着牛，友善地对我们笑。路边有小河，清清浅浅，清澈看得见水底的石头，在秋天午后的阳光下泛着波纹，河的两边开满浅紫色的野花。一见这河我们就爱上了它。一伙人扔下背包，奔到河边，拍水边的蝴蝶和小动物，掬水洗手洗脸，脱了鞋袜慢慢走到水里，以淡紫色的野花和小河为背景留影。着实折腾了好一阵子才离开，恋恋不舍地。

那是我在婺源见到的最美的小河。喜欢水，所以喜欢有河流的村庄，喜欢有清澈河流的村庄。它是整个村子全部生活的水源，河床上搭了木头架子晒黄豆。庆源是个盛产黄豆的村子，到处可见干枯待打的豆荚。河水中有水牛在洗澡，只露出脊背和脑袋，安逸舒适的样子。有好几座石板桥，沟通着河流两岸的村庄。河边开着芙蓉花，长着一丛丛灌木，没有一点灰尘。

村子里有零星的游人，我们往村外走。村口有一座廊桥，石头桥身。长满

村中劳作的老人

青苔，桥上有木板的架子，依然晒着黄豆荚。桥头有一间小小的土地庙，供奉菩萨，也住人。村外的河水又清澈了，以至于我看到两条水蛇，一条绿色，一条褐色，在水里高高地扬起身子。

那一次，我仍然没带相机。那时候固执地以为，相机会让旅行变得不纯粹。如今看来，确实留下了遗憾。10年后，我只能从古宅客栈墙上的水彩画中去寻觅当年村里小河上的那座廊桥。

遗憾的是那一次我只在庆源停留了半日，旅途中偶遇的世外桃源成为当时最美的记忆。这感觉一直维持了10年，直到2012年4月，我再次回到庆源寻找旧梦。

4月的婺源是油菜花的季节，我惦记着10年前最美的庆源，第一站就到了这儿。

我们住在古宅客栈，那是村子里最古老最漂亮的院子。

古宅客栈是庆源最有名气的家庭旅馆。一来客栈是典型的徽式建筑，因为

小桥流水人家

那一幢200多年的老宅而得名；二来客栈老板詹老师一家热情好客，对庆源极其附近的游览路线非常熟悉，知无不答。此外，詹老师做得一手好菜，特色菜品是炖鸡、荷包鱼、红烧鱼、酸菜炒肉以及当季的家常蔬菜和野菜。

午后到达客栈，我们在古色古香的天井里流连。詹氏是庆源村的大姓，200多年的建筑保存完整，墙上的字画彰显出主人的儒雅。阳光从天井顶部洒落，水缸里的鱼儿欢快地扭动尾巴。这老宅是纯木结构的房子，二楼墙壁上挂了庆源各个季节的风景画。最让我欢喜的是临街的美人靠，几个年轻的孩子正歪在那里说话。边上走廊房间门口的地上，放着几双拖鞋，看样子是为了保护木地板而设。

儿子喜欢上楼梯口那扇双开的雕花木门，反复推门走进走出，然后企图自己从陡峭的木楼梯往上爬。这一切对他来说都那么新奇。而每次坐在院中等待开饭的时光也让他非常开心，詹爷爷做的鱼啊鸡啊肉啊，比妈妈的手艺好多了，每顿都吃得肚儿圆圆。饭后到村里的小河边散步，闻闻油菜花儿香，看看洗衣的阿姨姐姐，跟妈妈去寻10年前见过的廊桥。自己走一会儿，走累了就让爸爸用背架背着，神仙日子啊！

○ 红烧鱼

4月是庆源的旅游旺季，我们避开了最热闹的那几日去庆源，但仍然没有订到古宅里的房间，只能住在跟它相连的上世纪80年代建造的另外一幢楼房里。因此我在放着拖鞋的房间门口张望了片刻，想看看雕花大床的样子。一边安慰自己，带着孩子出门，还是住在带有卫生间的房间更方便。同时又下决心，下次来庆源一定要提前预定老宅子。

○ 徒步中遇见的老人

我们房间的好处是，推开窗户便看得见金黄的油菜花，果然如当初詹老师的小儿子所说。我打电话预定房间时，跟小詹打听了婺源当时的交通和景致等情况，重新制定了路线。在庆源的3天也多次得到詹老师父子的帮助，尤其是詹老师推荐的那半日徒步路线，让我仿佛回到10年前的旅行。行走在清新静谧乡村的清晨，成了这一次庆源之行最难忘的时光。

10年过去了，庆源发生了不少变化，但仍然是个让我非常喜欢的地方。那条流淌在村子里的小河，那些小河上的各种小桥，那些河边洗衣的妇人，那些桥边安坐的老人，那些油菜花和桃花掩映中的老屋，还有那些淳朴的人们。

春天的夜晚，我们在村子里随意地走，河边的空地上一群年轻人扯起屏幕放着露天电影，河对岸的一家小店灯火通明，映红了一大片天空，给小小的古村增添了鲜活。

我们正好遇到庆源的一场春雨。第二天清晨，我一个人早起出门，去村外山坡上等待拨云见日。这一天守候的时间长达3小时，我几乎都要放弃了。一个人站在山巅遥望远处的村庄，雾霭里白色的马头墙掩映在金黄的油菜花之中，天色时而阴霾时而明亮，躲藏在厚重云层中的太阳终于露了脸，浓雾散去，只有天际处山峰之上还有些缥缈，点缀得眼前的风景如画。

在庆源如果没有徒步，一定会错过很多。那一日清晨我依然一个人，天色未亮便背包启程，路过梧村之后那一望无垠的油菜花，晨曦中静谧的茶坑偶遇的村民，以及汪槎村的田园风光。那一路景致带来的惊喜，成为庆源给予我的额外礼物。

小贴士/TIPS

交通：从婺源县城到庆源村每天都有往返班车，婺源县城发车时间为上午9:30、中午12:00和下午15:00，庆源返回县城的班车发车时间分别为7:00、8:00、12:00和14:00。

门票：20元。庆源目前不包含在婺源通票范围内，需要另行购买门票。

作者手记：

1. 每年3月到4月油菜花开的季节是庆源的旅游旺季，此时住宿非常紧张，一定要提前预定。建议最好避开清明假期前往，否则住宿交通和就餐费用都比平时贵。
2. 村里目前有多个家庭旅馆，但最有特色的是村口的古宅客栈，一幢纯木结构的徽派建筑已有200多年历史，另一幢建于上世纪80年代的楼房里则设有标间。主人詹老师一家淳朴好客，还做得一手好菜，并很乐意提供周边各种旅游咨询。
3. 拍摄庆源全景的最佳地点在村外一处山坡之上，可跟村民打听具体位置。如果油菜花开的季节又遇到雨后放晴，强烈建议早起上山观景拍照。
4. 春天的庆源非常适合徒步，油菜花、桃花、梨花都盛开，田地里的庄稼正绿，阳光明媚。庆源—梧村—茶坑—汪搓—庆源是非常好的一条徒步路线，建议早起出发，中午即可返回。
5. 在庆源一定要品尝红烧荷包鲤鱼、炖土鸡和当季的山野菜，当地自酿的风味独特的米酒。查记酒坊始建于雍正年间，至今仍然坚持传统村酿，出售的各种果酒可现场品尝，也可作为手信带回。

思溪延村

推荐指数：▲▲▲

交通指数：▲▲▲

美食指数：▲▲▲

住宿指数：▲▲

解读思溪延村

思溪延村是思溪和延村两个村子，相距里许，统称为思溪延景区。据《婺源县地名志》载，延村始建于北宋元丰年间（公元1078年），初为延川，后以期冀子孙绵延百世而名延村；思溪始建于南宋庆元五年（公元1199年），以鱼思念清溪而名。思溪延村曾经是上世纪内地版电视剧《聊斋》的拍摄地，并被评为“中国经典村落景观”。

地理位置： 江西省上饶市婺源县。

推荐理由： 上世纪内地版电视剧《聊斋》的拍摄地，曾被评为“中国经典村落景观”。

特色看点： 通济桥、敬序堂、振源堂、明训书堂、训经堂。

大银杏树下的浪漫

○ 窗

在去婺源清华镇的路上，有一个叫思口的地方，沿着青山下的思溪溯流而上，可进入一处建于宋代的古村落——思溪延村。其实思溪延村是思溪和延村两个村子的统称。

也许你不以为然，认为这不过是徽州千百古村落中普通的一处而已，但思溪延还曾经是电视剧《聊斋》的拍摄地。凭此一点，思溪延应该就能勾起你童年的回忆和探访的冲动吧。而且思溪延村深度的人文容量的确让人惊讶，这大概是她荣膺中国景观村落评选委员会“中国经典村落景观”之衔的原因。

从思口山溪溯溪而上，西行约500米许过延村，再行1公里至思溪。思溪村一带襟山带溪，一片白墙青瓦错落其中，临溪可见浣纱婺女，嬉戏小儿，充满了生活的温度。一座明景泰年间建造的两坡风雨廊桥——通济桥横卧思溪静波之上，500多年来一直都是通行思溪两岸的要道。过桥见村老闲棋桥上，黄狗卧在桥头的阳光里浅眠，溪上青青，一派安然画卷。

沿石板路进村，路过爬满青藤的桂花酒坊，路过静默的残垣断壁，不久便能看见《聊斋》的选景地敬序堂。敬序堂建于清雍正年间，正厅仿官厅形制建造，上下两层一明两暗，中为厅而左右厢房。冬瓜梁上木雕极为精美，题材以名人故事、鱼虫鸟花、四时果蔬为多，可惜的是凡有人物处，皆被削去脸面，教人无从识认，但木雕人物仅留的身段姿态也足以让人遐想万千。这样的文革遗迹在思溪的老宅中到处都是，无可复原，让人空余想象而一声声叹息。在思溪的村巷中游走，从头顶层层叠叠的封火山墙夹峙的一线天际中，能望见村外青山、天上流云，巷中奔跑着少年、黄狗、母鸡。时光就这样静静地在马头墙

○ 溪水环绕的村庄

下流淌。

距通济桥不远还有一处建于清嘉庆年的振源堂，是清嘉庆朝通奉大夫俞士英的祖居，徽派三雕华美亦不输敬序堂。俞大姐特意打开密门，给我看祖上留传下的一套明嘉靖年间龙泉窑烧制的八仙瓷器，据说这套瓷器对气象变化有奇特的预测功能。八仙神情姿态各异，韩湘子横吹玉笛，何仙姑婀娜带笑……八仙通体玉润光滑，晶莹剔透，实属罕见。

再回到通济桥头的时候，又看见那家小小的“酒好喝”酒坊。酒坊内一面蓝印花布的墙上写满了匆匆过客的眷恋。我问酒娘沽来桂花酒一杯又一杯，入喉便是那桂花清香，味道极正。

无法想象，离别思溪的时候，会生出多少不舍与留恋。

延村在思溪村以东的思溪下游北岸。村内至今仍保留有56座清代商宅，其建筑尤为精美，主要老宅建筑遗存有余庆堂、笃经堂、训经堂、聪厅堂、明训书堂、明训书院、留香闺楼等。其中明训书堂为旧时众秀才修文著书之所。从书堂穿堂而过，雨天都不会淋湿衣衫，反映出延村 “群屋一体”的独特布局。而建于清末的训经堂，其门罩下的坐斗与横山榫为木雕，一改砖雕常态；其厅堂设有一道木雕玻璃屏风门，在材料上、形制上都采用了改良手法，可谓文明进步。

小贴士/TIPS

交通： 在婺源城北客运站乘坐开往清华的班车，到思口镇下，再内行1500米到思溪延景区或乘摩的、面包到达景区入口。

门票： 含在婺源通票内。单购门票60元。

住宿： 推荐儒林堂客栈，就在思溪延景区入口，电话0793-7335306；思溪古镇客栈，楼顶可观思溪全景，在通济桥头，电话0793-7334173。

作者手记：

1．景区有4种游览方式：一为水上游览，票价依据人数而定；二为徒步游览；三为乘坐观光车参观；四为自驾或单车游览。思溪延村道路状况良好。

2．从思口镇北上9公里就是清华景区，南下13.5公里即到婺源县城。

◎ 大宾第村中村

流坑

解读流坑

首批中国历史文化名村之一，被誉为“千古第一村”，至今已有1000多年的历史。宋代是流坑历史上最辉煌的时期之一，时有“一门五进士，两朝四尚书，文武两状元，秀才若繁星”和“欧（欧阳修）董（流坑董氏）名乡”之美称。江西省有30名以上进士的村子仅有4个，流坑村是其中唯一一个文物遗址保存完好的古村落。明代旅行家徐霞客曾到流坑村游历。

地理位置： 江西省抚州市乐安县。

推荐理由： 延续千年仍拥有鲜活生命力的古村落，保存有堪称完美的赣式古民居建筑群。

特色看点： 状元楼、理学名家宅、凤凰厅、文馆、村中村、董氏大宗祠遗址。

推荐指数： ▲▲▲▲

交通指数：▲▲

美食指数：▲▲

住宿指数：▲▲

知道流坑是在很多年前了。原以为随着千年古村的名头，这里也会成为第二个婺源或者徽州。可是慢慢的，这里似乎又静悄悄无声息了，也许是藏得太幽深了，也许是周边没有形成大气候的旅游圈，也许是少了文化遗产的一张标签，所以，流坑在世人的目光中停滞了脚步，一切似乎还是多年前的旧模样。

这，也许是流坑的幸运。少了大张旗鼓的旅游宣传，少了商业由头的利益引诱，古老的村落得以维持一种原生态的鲜活，古老的建筑得以安享时光流逝的从容。

状元楼下的青石小路已经打磨得发亮。这样一座占据流坑制高点作为古村象征的状元楼，却也没有任何粉饰一新的面貌，挤在窄小的空间里，显得颇为落寞寒酸。800多年朝代更替，状元楼原始的架构却代代保留下来，依旧是外表轩昂，内构玲珑。踩着转折式木梯走上二楼檐廊，神阁中供着状元牌位，古旧斑驳的匾、联、神龛、供桌，空气中弥散着庄严肃穆的气息。

流坑是董氏的故乡，流坑董氏追奉汉代大儒董仲舒为鼻祖，近祖为唐代宰相董晋的五代嫡传董合。从村中大大小小的祠堂可以看出，这里曾经并且似乎仍在延续着根深蒂固的宗法礼教。只是，如今祖先的辉煌也不过就是陈列在宗祠中的一幅幅家谱画像，供人品评着，而不再有着香火祭奠的供奉。

7横1竖8条街巷，门楼村墙连接围合，巷内鹅卵石铺地，260余处明清古建筑。牌坊、宗祠、书屋、寺庙、古水井、风雨亭、码头、古桥、古墓葬、古塔遗址，几乎囊括了所有古建人文形态，而且保存得甚为完整。那些木雕、砖雕、石雕、彩画墨绘、匾联题榜更是玲珑剔透的点睛之笔，将古村的艺术造诣推上一个近乎完美的巅峰。

过去了的日子

○ 流坑村的孩子

理学名家最醒目的标志就是门口的两只石狮镇宅。不同于一般的石狮，他们的颜色是红色的，虽然色彩剥落了，虽然房屋也破旧了，可是石狮的雄风犹存，“理学名家”的大匾气韵长存。

大宾第被称为村中村，一个人口庞大的商宦之家，造就了一组庞大却又秩序井然的建筑群。门坊、庭院、客厅、书屋各成一体又相互连通，一排排风火墙林立，墙头、门楣、窗栏俱是精美细腻的雕刻和彩绘，让人叹为观止。更令人钦佩的是，村民们仍旧在其中生活着，门道里随处摆着大笸箩，里面晒着花生和辣椒，一块块鲜艳的霉豆腐安躺在绿色荷叶上享受阳光的照射，宛若静寂中响起活泼的乐音，建筑的生硬和冰冷终于被生活的耐心软化了。

流坑的建筑辉煌和文化力量可以用一本书来描述，可流坑风情的体验可能就是在某一个生活的瞬间。可能是一缕阳光洒下凤凰厅的天井，可能是马头墙上掠过的飞鸟，可能是走在明代墙体和清代墙体夹成的一条小道里感受时光穿梭，可能是再一转身狭路相逢的是猪圈里的哼哼声或者昂首走来的一群白鹅。

○ 理学名家牌匾

于是，在流坑，我只想静静地感受这份古朴生活的宁静。清晨和黄昏，小巷和大桥，菜市场和医务所，猪圈和菜地，八仙桌和竹躺椅，扁担和竹篓，霉豆腐和红辣椒，有阳光的味道、流水的味道、农田的味道、炊烟的味道，欢乐的味道、悠闲的味道、缓慢的味道，搅混着弥漫着，是岁月的味道。它们没有让古村的名字变成一块冰冷的石碑刻印，而是比那些浮雕照壁、石狮门匾、彩绘描金、文馆祠堂更加有一份鲜活的生命力，让这千年的岁月始终跳动着奔腾着，像这脚下的青石板路，在日复一日的擦磨洗练中，闪烁着温润迷人的光华。

小贴士/TIPS

交通： 南昌、鹰潭、东乡、吉安有开往乐安的班车，也可以先到达抚州，然后乘坐开往乐安的班车。乐安到流坑有直达班车，但车次不多，可以先坐到牛田镇，然后坐摩的前往流坑村。

门票： 30元

作者手记：

1. 最好请一位导游，因为古村落的文化背景非常深厚，需要一些讲解指引才能看出名堂。
2. 至少应该在村里住一晚，早晚都是出片子的好时光。村里有一些旅馆可以住宿，主要集中在村头，条件相对简陋，价格也比较便宜。
3. 回乐安的班车就在村头停，每天时间不是很确定，最好先和村口旅馆的老板确认一下。

西江千户苗寨

贵州

郎德

肇兴侗寨

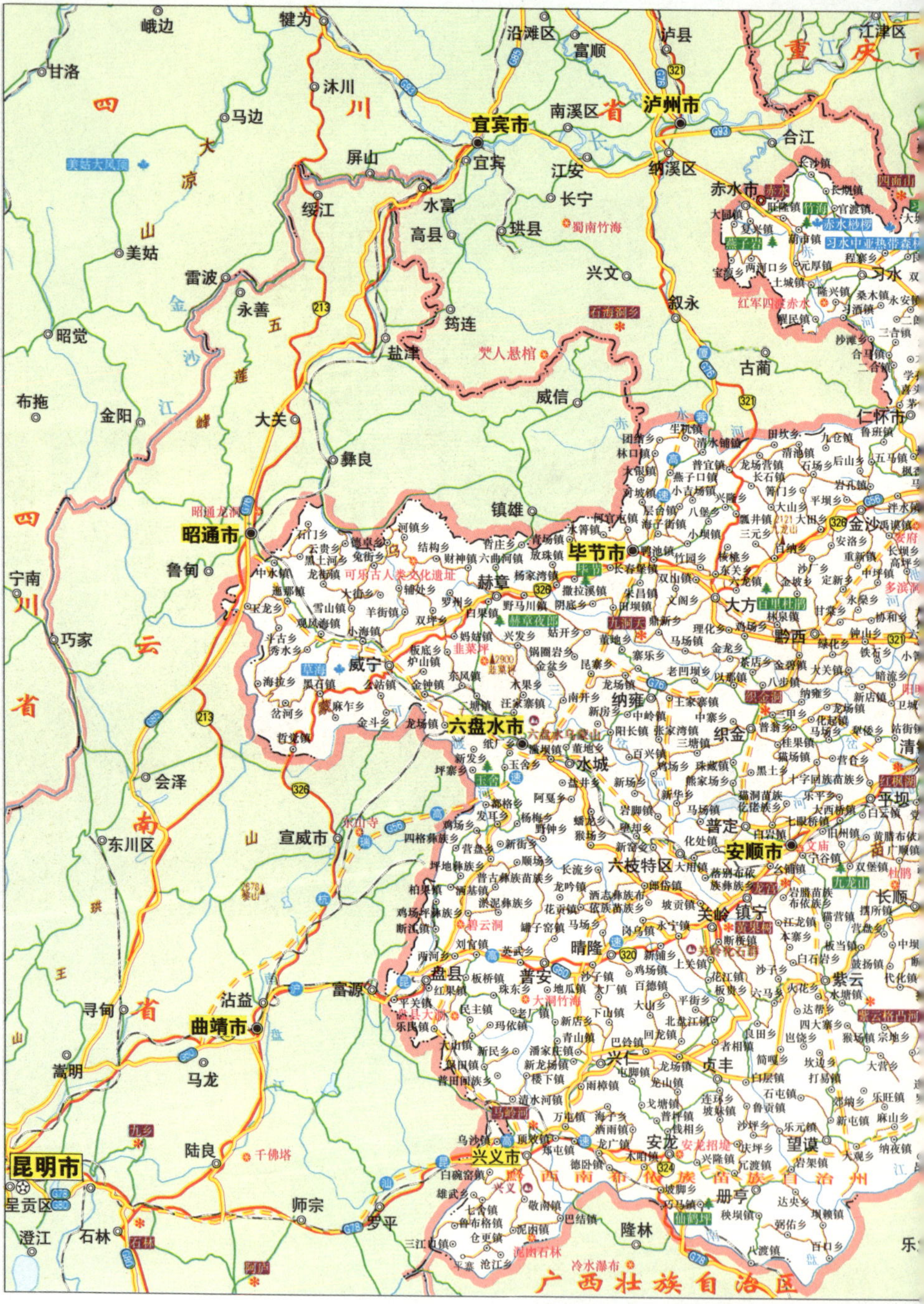

四川省
重庆
云南省
宜宾市
泸州市
赤水市
昭通市
毕节市
六盘水市
安顺市
曲靖市
昆明市
兴义市
黔西南布依族苗族自治州
广西壮族自治区
峨边
犍为
沿滩区
富顺
泸县
江津区
甘洛
沐川
马边
南溪区
合江
屏山
宜宾
江安
纳溪区
绥江
水富
长宁
高县
珙县
蜀南竹海
美姑
雷波
永善
兴文
筠连
石海洞乡
叙永
昭觉
盐津
僰人悬棺
古蔺
布拖
金阳
大关
威信
彝良
镇雄
鲁甸
宁南
巧家
赫章
大方
金沙
黔西
威宁
纳雍
织金
水城
普定
六枝特区
镇宁
关岭
晴隆
普安
盘县
兴仁
贞丰
紫云
安龙
望谟
册亨
长顺
平坝
仁怀市
习水
会泽
东川区
宣威市
寻甸
沾益
富源
嵩明
马龙
陆良
师宗
罗平
隆林
呈贡区
澄江
石林
千佛塔
九乡
乐业

重庆市
湖南省
广西壮族自治区
黔东南苗族侗族自治州
黔南布依族苗族自治州
张家界市
吉首市
怀化市
铜仁市
遵义市
贵阳市
凯里市
都匀市
桂林市
河池市
彭水
酉阳
秀山
永顺
保靖
花垣
古丈
沅陵
泸溪
辰溪
凤凰
麻阳
中方
芷江
洪江市
新晃
会同
靖州
绥宁
城步
通道
龙胜
灵川
象山区
临桂区
雁山区
永福
融安
融水
罗城
柳城
环江
南丹
天峨
道真
正安
务川
沿河
德江
印江
松桃
思南
凤冈
绥阳
湄潭
余庆
石阡
江口
万山区
玉屏
岑巩
镇远
施秉
三穗
天柱
锦屏
黎平
从江
榕江
雷山
台江
剑河
黄平
瓮安
福泉市
麻江
丹寨
三都
独山
荔波
平塘
贵定
龙里
开阳
息烽
乌当区
南川区
梵净山
雷公山
茂兰
九龙洞
石门天桥洞
百寿岩
桂林两江机场

西江千户苗寨

推荐指数：▲▲▲▲▲

交通指数：▲▲▲

美食指数：▲▲▲

住宿指数：▲▲▲

解读西江千户苗寨

西江千户苗寨位于贵州省黔东南州的雷公山麓。这是一片河流谷底，十余个依山而建的自然村寨错落山间相连成片，清澈见底的白水河穿寨而过，组成了目前中国乃至全世界最大的苗族聚居村寨。这里是苗族第三次迁徙的主要集结地，素有“苗都”之称。

地理位置：贵州省黔东南苗族侗族自治州雷山县。

推荐理由：“以美丽回答一切”，余秋雨当年来到西江时，曾说了这么一句话给她。作为全世界最大的苗族聚居村寨，气势磅礴的成片吊脚楼和上古至今的苗俗文化构建出了一幅最美的山乡风景。

特色看点：吊脚楼、梯田、芦笙歌舞、苗族文化。

这是一片我生长了十多年的土地，我的家乡就在西江附近。也许就是由于太近了的缘故吧，一直都没有去过西江，总觉得太相似的地方没有什么能惊艳目光的风景。后来，举家搬到了外地，这个一直没有去的地方，渐渐地成了心中的一个念想，总想着什么时候再回去，回去看一眼它的模样。多年以后，我回到家乡，终于去了西江，没有带去太多期待，却带回了满怀的欣喜。那是一种亲切的气息。山间那清凉的温度，正午日上杆头的角度，小河淌水的潺潺流速，好像都没有太大变化，就连清晨枝头那一群鸟儿的喳喳细语，似乎都还在争相传颂着同一个故事，还是在诉说着河对岸绣罗裙的阿妹以及山那边唱山歌的阿哥。

从山谷口进去，有景区穿梭巴士载乘客前往河谷深处，下了车沿着石板路再往里走一段就来到了寨门口。大大的寨门横跨山间，河上的风雨桥藏风纳雨，尽收山水之灵气。青石板路沿着河边循山而上，河谷两旁吊脚楼依山而建，鳞次栉比，错落有致。从河谷望上去，一层一层叠上山巅。苗家人习惯在村寨的坡头种植成片的枫树林作为护寨树，秋天来的时候，每个村寨的枫林交相映红，蔚为壮观。

登高俯视西江全景

山寨里三步一个银匠铺、五步一间蜡染屋。街边处处都架起小摊在卖糯米粑粑，五谷杂粮炒熟磨成粉，热乎乎的粑粑扔进去一裹，五谷的脆香伴着糍糍的嚼劲儿，特别有味儿。这对于我来说是太熟悉的味道了，从小每年过年家里都会做几十斤的糯米粑粑，然后经过晾晒，在特定的节气放到水里泡着，这样就可以存放很久，每天拿出一个来做软，蘸上黑芝麻，那是童年不可或缺的味道。刚吃完糯米粑，转角的一家米粉店又绊住了我的脚步，望着热气腾腾的汤锅我就忍不住开始流口水。想着米粉里那酸酸的糟辣椒拌出来的折耳根，还有切得细细的野生小香葱，我已然走进店里在木凳子上坐定了。在西江，很难不被当地的美食诱惑。

○ 婚宴

苗家人对于银饰的执爱也是出了名的，西江就有一个有名的麻料银匠村，仅150户的人家就出了200多名银匠。苗家有一个传统，若是谁家生了女儿，便要为她逐年置办银饰做嫁妆，头饰、耳饰、脖饰、手饰、脚饰……从头到脚样样俱全，还有那一身刺绣嫁衣，苗家阿妈从女儿未成年就开始绣，一般至少要绣上三年。那样经年累月的一针一线，恐怕不仅仅是为了女儿风风光光地盛装出嫁吧，那分明是要一点一滴把爱意都绣进去，留待她在离开这个家的日子里慢慢支取呀。

走到河边的广场，刚刚好，一场苗家歌舞就要开始了，赶紧找一个条凳坐下。一直觉得，少数民族的女子长得都很有灵气，那似乎是一种纳自田野山间的气息，绿水映入眸子亮晶晶的一点，苍山藏入眉间黛色晕出两片柳叶。虽然是山乡妹子，但热情爽朗的苗家天性让她们一点儿也不怯场。反而，从头到脚，似乎要使了浑身解数来掠夺你的目光。尖尖的牛角头饰镂着朵朵银花，胸前的长命锁挂着银铃，绣花长裙转得一刻也不想停下来，彩衣艳丽得活泼，银

背影

○ 围炉火锅

饰白晃晃地叮当耀眼。且看场中央举着火红竹伞盘着发髻的女子，提溜起裙裾，顾盼生姿，这个刹那间，只一颔首微笑，便赢得全场喝彩。

歌舞一曲赛一曲热闹，到了最后，场中的苗家阿妹索性端起酒杯向围在第一排的观众敬起酒来。苗家人爱酒，爱的方式还很特别。从前，有远客来到寨门时，会有漂亮的苗家姑娘举起牛角敬酒，大大方方喝完才会放你入寨。这就是传说中拦门酒，尽显苗家人豪爽好客的性格。灵巧的苗家女子还喜欢用五颜六色的线织成窄窄的苗带，这是做客苗家定能收到的礼物。不过，也要看你席间到底喝了几杯，有没有不甚推辞一饮而尽。这种风情爽朗豪放得不似在南国，也难怪，据说生活在西江的苗族是蚩尤的直系后裔，远古的时候从黄河沿岸南迁来到这片山谷，留下了各种神话传说、习俗文化。若是觉得这样的“表演”不够过瘾，还可以去逛一逛寨子里的苗族文化博物馆，览一场从上古至今的文化盛宴。

在西江，似乎没什么事可做，但却永远不会闲着。沿着山脚的小河走一走，看苗家青年男女谈情幽会的风雨桥；或者爬上山巅的观景台，俯瞰层层堆叠盘山而上的吊脚楼。若你是一位摄影爱好者，享受西江慵懒阳光的同时，别忘了早起拍晨雾，山间的温差大，雾气浓，迎着朝阳极易拍出迷人的耶稣光。

这是一个可以体验别样民族风情的苗寨，更是一个适于居住的山乡。这里冬无严寒，夏无酷暑。当各大城市的夏天炎热难耐之时，这里却清凉宜人，是消夏避暑的好去处。“吊脚楼上枕一夜，十年做梦也风流。”在山腰找一间吊脚楼小住下来，试着去走入苗家生活的光景。清晨推开木窗，看雾气弥漫整个山谷，随清风游走奔腾翻飞，在熹微之中渐次消散；傍晚去广场听苗岭笙歌，在暮色四合间看善舞的苗家阿妹环佩叮当婀娜飞转，听一首不明其意却暗自感动的苗语唱和；在一个明朗的西江月夜，踏着青石板伴一株垂杨柳临水照月，恍惚间走入一首古词的意境。

“以美丽回答一切”，余秋雨当年来到西江时，曾说了这么一句话给她。我想，无论我什么时候再来，怀着一种什么样的心情来，西江都会一如既往地用她的美来回答我混迹于城市而生出的那许多困惑与喜忧。

小贴士 / TIPS

交通： 从黔东南州州府凯里市有班车前往。凯里至西江车程约2个小时，每30分钟一趟，直达西江大门口。

门票： 100元

作者手记：

1．苗家最隆重的节日是祭祖大典鼓藏节，每13年举行一次，每届要连续举办四年的仪式活动，时间一般在农历9月下旬至11月上旬，规模宏大、形式独特。苗年是苗族仅次于鼓藏节的重要节日，西江苗族以10月为岁首，苗年集中在农历10月和11月卯辰日，会有盛大的活动。如若想要体验地道的民族风情，也可以选择这个时候前往。

2．西江住宿多是苗寨木楼，房间不大隔音，且比较窄小，一般屋外就有公共卫生间，洗澡热水以太阳能为主，价格在20–30元/床，正对苗寨山坡上有很多可选择的农家乐。

3．无论哪个季节，黔东南地区都湿气较重，行前应多备几件换洗衣服以及携带方便的雨具。

三代人

郎德

解读郎德

位于苗岭腹地，分上下两寨。对外开放的是郎德上寨。郎德上寨是全国第一个民俗风情村寨游览地，后来各地兴起的“民族村”都是在它的启发下建立的。先后被评为“中国民间歌舞艺术之乡”、“全国百座露天博物馆”和“芦笙之乡”。朗德上寨古建筑群被列为我国第五批重点文物保护单位。

地理位置： 贵州省黔东南苗族侗族自治州雷山县。
推荐理由： 全国第一个民俗风情村寨游览地。
特色看点： 古建筑、苗族歌舞。

推荐指数： ▲▲▲▲

交通指数：▲▲▲
美食指数：▲▲
住宿指数：▲▲

下寨的芦笙舞散场了，仿佛就在一瞬间，这一大片悉悉簌簌叮叮当当的身影飞快地四散而去。刚刚还是莺莺燕燕，突然间四顾茫然，很想能抓住一片裙角飞扬，留住一个笑语嫣然，却仍然无法跟得上她们的脚步。十个，八个，五个，三两个，左转，右转，台阶，向上，笑渐不闻声渐消，终于，消逝了所有色彩的渲染和银饰声响的节拍，站在半山坡的平台上，整座朗德下寨瞬间恢复了本色的宁静。

绕过寨子，山间小路蜿蜒，山与山之间大片水稻田蔓延。似乎路上看到的每个寨子都是这样山清水秀的地方。房屋依山而建，山前或是江水横练，或是小溪流淌，空气新鲜而又滋润。绝不会有尘沙风暴的肆虐，有的可能只是连绵阴雨的苦恼。

我也想有这样的一所木楼，一亩菜地，两只鸡，一条狗，坐在门前绣鞋

○ 快乐地跳起舞来

垫，在溪水里洗衣，背着竹篓去赶集。然而，这也不过只是一种蒙着眼睛的小资情怀作怪罢了。

想要回归自然，但是却并不能完全摒弃城市生活的习惯和便利。

两个游客从对面走回来了，他们说，前面没什么看的，就是一些破房子。破房子？那里应该就是郎德上寨的古建筑群了。

郎德上寨实际是个远看并不出众的寨子，从风景角度来讲还不如路上的季刀苗寨。可是一旦走进去了，沿着那碎石台阶拐入寨子深处了，那些“破房子”所散发出来的岁月凝练的气息犹如深巷中的酒香，走着走着，渐入佳境。那些美人靠下悬挂的玉米、一篮碧莹莹的白菜、偶尔闪过的老妇的身影、屋子里的织布机，都透露着很亲切很轻松的气氛。这里虽然已经修通了公路，寨子里却依然是寂静如初。

只是，突然间，芦笙场边的大喇叭开始广播了，听不懂的苗族语言，很

○ 苗女的盛装

响亮很急躁，原来是某些客人订了表演了，于是下达召集令。寨子里立刻就升腾起了各种声响，美人靠前闪现出梳妆的身影，有人扛着小桌子提着酒壶奔赴寨门，那是要设下12道关卡拦路酒，每张小桌子上摆着酒壶，盛装的苗家男女守护左右，贵客进门须得过关斩将方得入寨。那边挑着绣片银饰出售的老奶们走出来了，男人们的衣服很快就收拾停当了，芦笙铜锣搬出来了，走上一座木楼，银项圈静静地摆在美人靠上，旁边的墙上挂着大银角，很快它们就要亮相了。仍然是熟悉的悉悉簌簌叮叮当当，一两个、四五个、七八个，走出自家木楼，飞快地向芦笙场靠拢。我站在石阶路上，看着匆匆擦身而过的身影，犹如下寨散场时那样一瞬间就消逝了的愕然，一转眼，上寨的歌舞表演又要开锣了。

郎德上寨是一个在黔东南已经比较知名的苗寨，它的旅游开发开展得很早也很成功。旅行团来了，支付一定的费用，便可以欣赏原汁原味的苗族歌舞，而且几乎每天都有，散客来了也能蹭看。并不是很虚假做作的表演，确实是真正的生活中的苗家歌舞，演员们也很敬业并享受着这种快乐。这很难得，在日复一日一成不变的迎来送往之中，还能以时刻崭新的笑容应对，保持一种目光的热诚和纯净，看不到穷于应付的疲态和事不关己的冷漠。这时候，我觉得那些穿着华丽盛装的女子在起舞的时候，她们可能也真正的爱上这种表演了，并且从中自得其乐。

演出结束了，大家排队领取一张张小小的演员票，那就是今天报酬的凭证。之后，便是呼啦啦围过来的银饰绣片大卖场，顾不得卸妆的少女再度提起竹篮，扮演起另外的角色。每家篮子里的银饰大同小异，刺绣也少有精品，她们做的也无非是一种批发再倒卖的生意，所以一个小姑娘羞涩地说，再少我就赔了。

买东西也有一种氛围，即使什么也没有买，混迹其中以一种检阅般的心态

笑迎客到郎德来

轻松地游走着也会有意外的收获。当游客渐渐散去，卖场渐渐缩小，仍有老人在场边闲闲地坐着，仍有女子在不停地飞针走线。一两句闲谈，一发呆，一抬眼，一切又恢复了最初的平静。

小贴士/TIPS

交通：凯里汽车站有开往郎德的班车，先经过下寨。淡季时班次不多，可乘坐郎德到雷山的过路车。

门票：无

作者手记：

1. 寨内有很多家苗家乐可以住宿，公共卫生间，有热水器可以洗澡。如果对住宿有更高要求，建议还是返回凯里市。上寨里有人家可以吃饭，家常风味为主。
2. 凯里到郎德的路上经过南花苗寨、三棵树旅游度假区、季刀苗寨，几个地方皆风光优美。
3. 银饰品可以讲价，不过这些其实并不是真的银子，而是所谓的苗银，就和所谓的藏银一个概念而已。也有卖绣片的，价格并不便宜。
4. 上寨的表演一般都是旅行团包场的，基本每天都有，春节期间肯定有，一般游客都可以免费观看。

○ 鼓楼之夜

肇兴侗寨

解读肇兴侗寨

中国历史文化名村，素有“侗乡第一寨”的美誉，2005年被《中国国家地理》评选为中国最美的六大乡村古镇之一，2007年被《时尚旅游》和美国《国家地理》共同评选为全球最具诱惑力的33个旅游目的地之一。肇兴以鼓楼群最为著名，被誉为“鼓楼文化艺术之乡”。寨中建有鼓楼5座、花桥5座、戏台5座。

地理位置：贵州省黔东南苗族侗族自治州黎平县。

推荐理由：得天独厚的地理环境给了这座侗寨媲美江南水乡的自然资本，可在鼓楼、米酒、侗歌中品味侗族村寨的民族风俗景致。

特色看点：鼓楼、花桥、戏台、民居、侗歌。

推荐指数：▲▲▲▲

交通指数：▲▲

美食指数：▲▲

住宿指数：▲▲▲

进入黎平，好天气终于一去不返，黔东南的雨来了。不肯痛痛快快地宣泄一场，只有零零星星藕断丝连的缠绵。

在细雨迷蒙中踩着湿泥的路进入肇兴，颇为惊讶的是街边一家接一家密密麻麻全部是木楼客栈。原来肇兴早已不是那个藏在深山人未识的侗寨，原来旅游开发的大旗早已高高矗立飘扬，肇兴已经悄然开始了改头换面的新工程。

不得不说，这座侗寨的确具有得天独厚的自然优势。号称黎平第一侗寨，更顶着全国最大侗寨的头衔，坐落在群山怀抱之中。密集的干栏式吊脚楼错落有致，簇拥着仁智礼义信5座鼓楼，5座花桥，5座戏台，花团锦簇。更难得的是，竟然有一条河流穿寨而过。有水源滋养的地方都会散发迷人的风采，而一个小小的侗寨竟也奢侈得拥有一条河流的青睐。于是，风雨桥横跨河上，两岸木楼鳞次栉比，烟色迷茫中一眼望去，深山侗寨的风物景致隐约中可以媲美江南水乡之婉约浪漫。

除了肇兴，怕是再无别的侗寨有此风韵了吧。

○ 兄妹弹琴

侗族人居住的地方就有鼓楼，就有风雨桥，而肇兴的5座鼓楼更是全寨的灵魂依托，肇兴鼓楼群更成为独一无二的侗寨亮点。5座鼓楼代表着五个村寨，5个支系房族，彼此独立又相互密不可分，就像这仁智礼义信的名字，需要紧紧地团聚在一起，支撑着肇兴村落建筑的骨骼布局，而同时，这也是侗寨人赖以生存的精神力量。

在一家安静小巷内的木楼住下，小小的房间却也干净整洁，完全可以满足城市人的生活需要，旅游开发自然也带来了一些便利条件。当地人开起了客栈谋生，小饭馆里都有了英文菜单，一家一家出售民族手工艺品的小店里也能淘到一些另类的宝贝。这种感觉如此熟识，仿佛有一点像多年前的丽江或者凤凰，一块璞玉还没有完全打磨雕琢出成熟美艳的入世风采，一颗内敛晶莹的明珠还在深山暗藏。

远来的游客与本地的居民相安无事地共处。走在石子小路上，随处看到挂在窗边桥边晾晒的侗布，一位老奶奶更是手持木槌正在不断敲打布匹。侗家人至今仍然爱着他们传统的侗布服装，完全手工制成，天然染料浸染，晾干后叠在一起，涂抹蛋清后用木槌反复捶打，历经千锤百炼，终于闪现夺目的光彩，

○ 侗寨民居

最后用牛皮熬胶浆染使其硬挺不褪色。这样的侗布再经手工一道一道细细的叠褶，大概要花费3个多月的时间才能做成一件侗家百褶裙。如此精雕细琢的手工产品，无疑让侗服身价倍增，他是侗家人引以为傲的节日盛装华服，也成为外地游客争相追捧的高档旅游纪念品了。

还有刺绣，真正手工的刺绣服饰已经越来越少见了，你还能在一些小店里寻到一些老绣片和那些绣给小孩子的帽子围嘴，虽然多少有些残破褪色，却依然在绣线的针脚色彩中透露出岁月温润的关怀。因为开发旅游了，一些老奶奶的手艺得以重见天日，手工织绣的肚兜、背包、鞋垫俨然成为小资情调中一道另类的崭新时尚风潮。

肇兴村寨的路曲曲折折，但是似乎不论怎样的方向迂回，总能邂逅鼓楼的身影，都是重檐八角攒尖顶，有七重九重十一重十三重之别。每座鼓楼旁都是风雨桥相连，古老的戏台镇守一方。桥内的廊壁之上还有绘画作品，展现的是侗族的古老风俗和神话传说。鼓楼中心有火塘，四周有条凳，这是村民们有重要集会的场所，也是平时休闲娱乐的中心广场。戏台一侧摆放着几架大号芦

笙。听说明天要去三江参加芦笙会了，今日还有人在此加紧排练，也去尝试着吹响一声低吟，回味的却是这芦笙竹管中散发出的冲天酒气。一位老奶奶笑着说，那都是男人们吹的哪。

一家嫁女儿的人家招呼过路的客人喝喜酒，完全不相识的陌生人却受到了主人热情的款待。桌子上摆满了侗家的传统佳肴，自然少不了那碗象征吉祥的血红。所谓血红就是大片的猪肉裹伴着生猪血，浓烈的血腥气在口腔中弥漫开来，赶紧来口米酒压惊。醇香清冽的米酒啊，更浓厚醉人的是侗家人待客的情谊。

席上的一位老奶俨然是辈分尊贵的长者，不想她还是一位歌师，有侗家人的地方就有侗歌。因为这芦笙赛，我意外的又观摩了一场练歌会。十余位歌手都是奶奶级人物了，虽然她们可能很久没有练习而显得生疏了，虽然她们的嗓音没有小黄的少女们委婉动听，可是她们也在认真地快乐地享受着歌声。一位老奶奶在向我们讲述歌词的大意，说的是少女们在猜想自已将来嫁给什么样的人，婚姻会不会幸福。那么，这位老奶奶，您嫁得好不好呢，老奶奶颇具深意的一笑，重新投入到歌声之中。那是经过岁月历练的生命沉淀，犹如陈酿的米

酒散发着醇厚迷人的幽香。在这样起起落落的旋律漂浮中，在那样淡泊睿智的面庞笑容中，一生的故事，欲说还休。

再出得门来，已经是夜色弥漫，竟然有一片彩灯照耀，将鼓楼和花桥装扮得霓虹灿烂。可是，这样的手段在城市的范围内早已习以为常了，在我眼中，多了这些炫彩时尚的包装手段，并没有升华侗寨本身纯美的自然气质，反而会将其推向媚俗的情调模式。如果让我选择，我还是喜欢那个摆在侗家饭桌上的、飘荡在侗族大歌里的纯朴无华的肇兴。

一位来自县城的政府干部承诺着这里将要发展得更好，有朝一日可能会真的被打造成另一个丽江或者凤凰，那时候会修正出更宽阔的好路，会清理了河道的垃圾，会成为相机镜头中更加完美的摄影佳作。只是，不知道那时候再来肇兴，侗家的米酒的滋味是不是还是一样的醇厚飘香呢。

小贴士/TIPS

交通：从江和黎平都有开往肇兴的班车，班次比较多，从广西和湖南来的游客可先到达这两个地方，然后乘车前往肇兴。其他省的游客可先到达贵阳或者凯里，然后再转车。

门票：黄金周和春节期间收取50元门票。

作者手记：

1. 肇兴到处都是家庭旅馆，价格也不贵，一般40-50元就能住有卫生间的房子。高档的宾馆也有，肇兴宾馆，很标准的星级住宿，标间228元，可以打折到140元。
2. 主街上有很多饭馆，不少都还有英文菜单。饮食以火锅类为主，酸汤排骨、酸汤牛腩等，点了火锅都有免费配菜，味道都不错，也很下饭。
3. 肇兴有不少特色小店，出售当地的特色手工艺品，常见的有侗布、绣片、银饰等。
4. 如要拍摄肇兴鼓楼全景，可到肇兴中学所在的山上，从孟猫花桥走过去有上山的台阶。
5. 距离肇兴不远有个堂安侗寨，挪威人建了一家博物馆，村里有小面包车可以去，一般可找人拼车前往。附近还有一个纪堂侗寨，鼓楼也很有特色。

老姆登村

马库村

迪麻洛

4 云南

城子古村

团山村

东莲花村

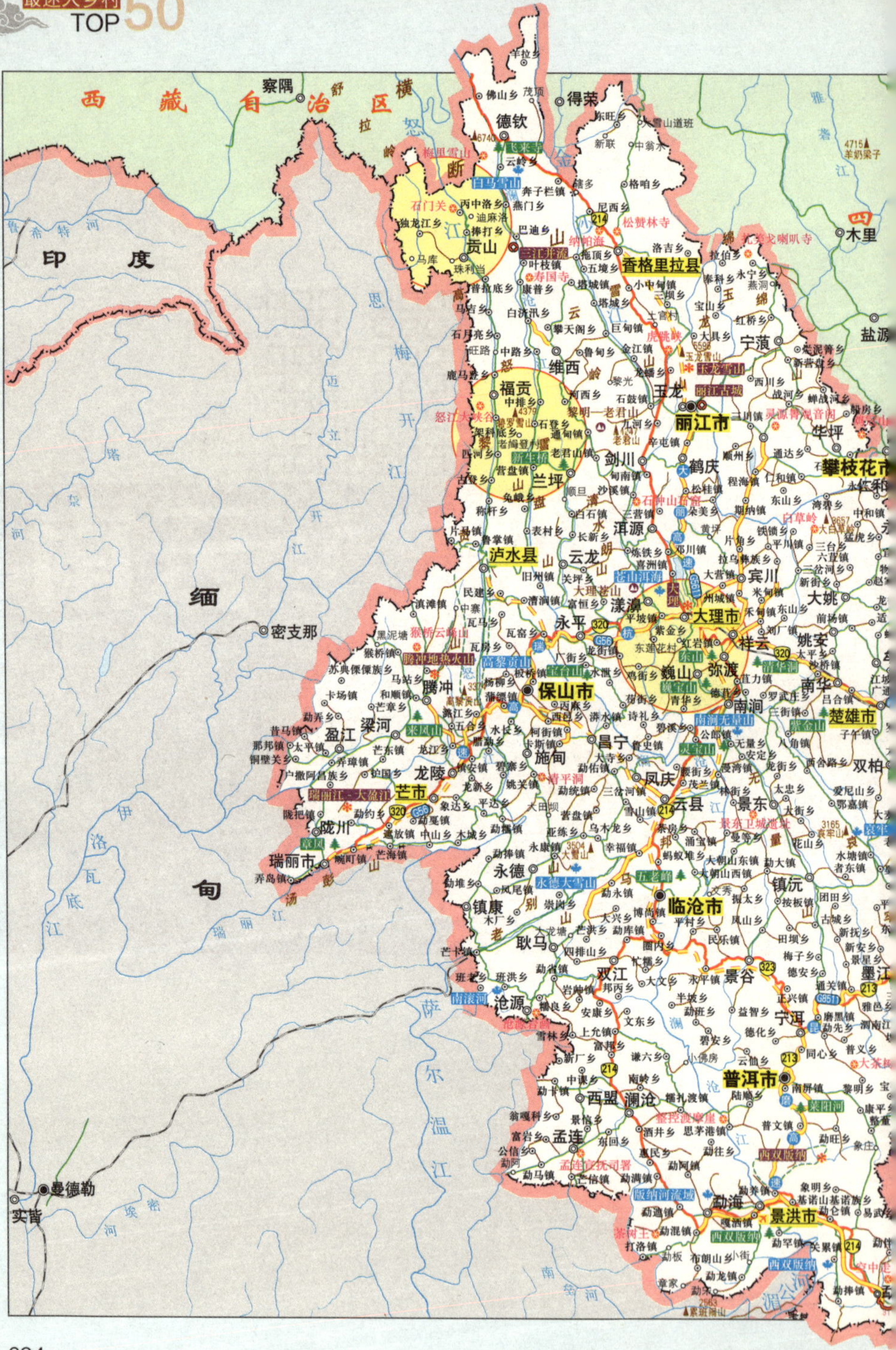
西藏自治区
察隅
印度
缅甸
密支那
曼德勒
实皆
德钦
得荣
梅里雪山
白马雪山
贡山
石门关
香格里拉县
松赞林寺
维西
福贡
怒江大峡谷
虎跳峡
玉龙雪山
丽江古城
玉龙
丽江市
宁蒗
木里
盐源
华坪
攀枝花市
鹤庆
剑川
老君山
兰坪
泸水县
云龙
洱源
宾川
大姚
永平
漾濞
大理市
祥云
姚安
弥渡
巍山
南涧
南华
楚雄市
双柏
保山市
腾冲
梁河
盈江
龙陵
芒市
陇川
瑞丽市
施甸
昌宁
凤庆
云县
景东
镇沅
永德
镇康
耿马
临沧市
双江
沧源
景谷
宁洱
墨江
普洱市
西盟
澜沧
孟连
勐海
景洪市

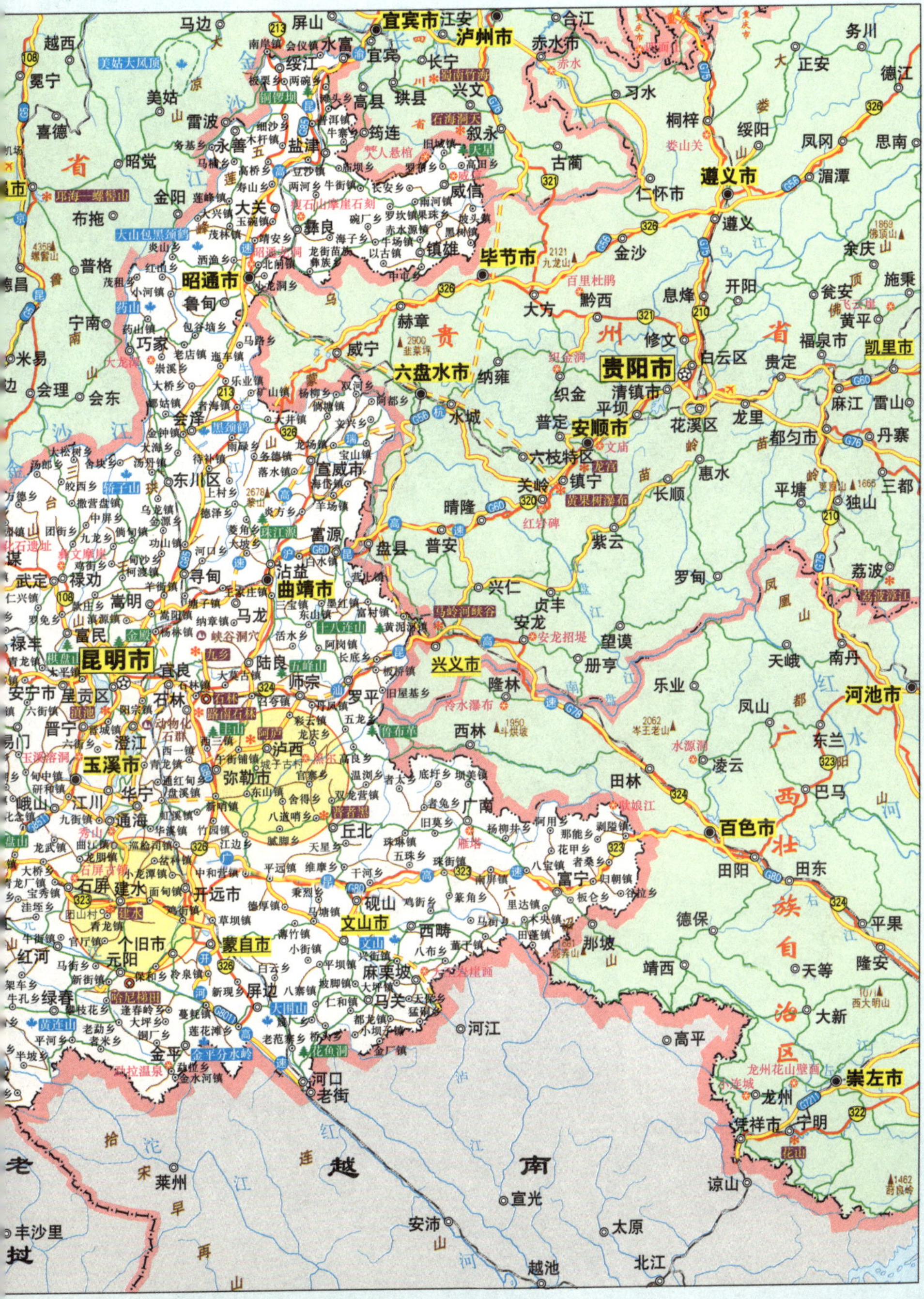
宜宾市
泸州市
遵义市
毕节市
昭通市
贵阳市
六盘水市
安顺市
凯里市
都匀市
曲靖市
昆明市
兴义市
河池市
玉溪市
百色市
文山市
蒙自市
崇左市
越南
老挝
广西壮族自治区
贵州省
四川省
赤水市
仁怀市
宣威市
个旧市
开远市
弥勒市
凭祥市
河口
老街
河江
高平
宣光
太原
北江
越池
安沛
莱州
丰沙里
谅山

○ 迪麻洛天主教堂

迪麻洛

解读迪麻洛

这是一个藏族、怒族混居的村落，被当地人唤作“鲜花盛开的地方”，是翻越碧罗雪山的必经之路。村民大多沿用上一辈留下的原木房屋，散布在迪麻洛河的两岸，在碧罗雪山的怀抱中洒落成美丽的世外桃源。村里有一座天主教堂，有时会举办在欧洲已经绝迹的具有中世纪特色的教会活动。

地理位置： 云南省怒江傈僳族自治州贡山县。
推荐理由： 一个有着高山流水、小桥人家的世外桃源。
特色看点： 用薄薄的石片当瓦片的小木屋、高山流水、绚丽的野花、古旧的教堂、朴素的怒族服饰、艳丽的藏族服饰。

推荐指数： ▲▲▲▲▲
交通指数：▲
美食指数：▲
住宿指数：▲

若从云南的贡山县城乘车去德钦县城，必须回到六库，然后再从大理、中甸一路绕过去。日夜兼程地坐班车，头尾至少也得3天。而从贡山的迪麻洛村翻越过去，仅在山上牧场留宿一晚，第二天下午就可以到茨中。茨中离德钦，也就3个小时的车程。如此，这条翻越碧罗雪山的徒步线路非常具有诱惑力，特别适合我这种不愿走回头路的人。就这样，遭遇了这条线路中的必经之地——迪麻洛村。从此，迪麻洛就成了我心目中的世外桃源，在我疲惫不堪的时候，在我厌倦都市生活的守候，在我心飘忽不定的时候，这个隐藏在碧罗雪山下的少数民族村落，总会在午夜梦回，安抚我驿动不安的心。

与一对路上遇到的男女结伴从贡山县的棒当乡出发，横过怒江上人马吊

○ 可爱的藏族小姑娘

桥，就转到迪麻洛的土路，也就进入了迪麻洛峡谷。逆迪麻洛河谷一路上行，沿途溪流淙淙，五彩的野花和奇特的植物让人有些眼花缭乱。两岸是大片的玉米地，中间夹杂些土豆，这些应该就是迪麻洛村民的主要种植物了。在青山翠谷中一边走一边看看远处雪山在太阳下闪着银辉，听水流在身边稀里哗啦的弹奏，一时间觉得很放松。经过迪麻洛河岸零星的木楞屋，迪麻洛应已不远，然而却依旧不肯进入视线。远远看见一辆农用货车开来，招手的同时，货车已在身边嘎然停下，有着阳光笑容的年轻司机伸出有力的大手把我们三人一一拉上卡车。这才发现，车上一行人，正是我们在重丁教堂时遇到过的瑞士神父和几个年轻的瑞典教徒。他们沿着当年不远万里把天主教传进来的传教士走过的足迹，一路翻山越岭而来。迪麻洛是他们的倒数第三站，第二日将前往曾发生过著名的“白汉洛教案”的白汉洛教堂，然后再次翻越碧落雪山到达茨中教堂。

卡车在峡谷中颠簸着再拐了几个弯，迪麻洛村一如传说中的世外桃源出现在我的面前。正是晚饭时分，炊烟正从村子里清一色的杆栏式木屋上袅袅升空，和山腰的云雾融为一体。下车的人和经过的村民很熟络地招呼着，然后散去，小山村顿时恢复了宁静，只剩下高山融化的雪水汇成小溪哗啦啦地在村里一路欢歌。

迪麻洛是一个藏、怒混居的村落，出出入入的，不是藏族就是怒族，所以，入我眼的一直是让我眼花缭乱的民族服装。在阿洛家原木搭砌的晒台上，我拖过一张长木凳，有些迫不及待地把远处云雾缭绕的雪山和不远处的小木桥勾勒成速写本上一幅宁静飘逸的画。小河对岸的山坡林地里，孤单单的小木屋冒着几缕青烟，几棵坠满黄桃、红李的果树把它围成一个恬静温馨的家园。

当夜幕把群山和村落笼罩成巨大剪影，就看见许多闪闪烁烁的电筒灯光，穿过小木桥走向村里的天主教堂。不大功夫，教堂里面的座位和后面的空地都挤满了虔诚的教徒，男女多声部的合唱和朗诵开始飘荡在夜空。古旧的教堂敞开大门，远远望去，聚光灯下的瑞典神父摊开双臂伸展的长袖和张扬的白袍——在灯光的作用下，在周边黑暗的衬托下，显得那样伟岸和神圣。我不是信教之人，不敢贸然上前接受神父的摸顶，可是在场外，还是忍不住接受了那几个瑞典小姑娘派发的十字架挂饰，作为这一程的留念。

弥散的人群散尽后，回到我们留宿的阿洛家。阿洛的表弟——一个吹拉

在阿洛家村里人跳起了欢乐的舞

弹唱跳样样精通的藏族小伙子笑着对我说，今晚，你们就不用睡觉了——阿洛家的晚会通宵达旦！神父来了，脱去了那身在教堂讲台上挥舞的白色长袍；瑞典姑娘来了，穿起了藏族服装；村里的藏族、怒族姑娘小伙妈妈们也来了，围着圈唱起歌、跳起舞。阿洛的表弟，着一身华丽的藏族服饰，很开心地弹着旋

子，踏着舞步，偶尔也把我拉进圈子调教一下。多数时候，我和我的同伴坐在木凳上一边欣赏，一边和白天把我们拉上车子回村的那个在教会念书的大男孩以及神父带来的翻译聊天，从中了解到许多宗教方面的知识，也感受到信教的人们待人的热情和对生活积极的态度。瑞典老外走后，跳舞的人们并没有

已经走远了，路边木屋走出的老婆婆，还追出来比划着问：要不要带着李子在路上吃？

散去，反而跳得更加起劲，几个藏族妹妹不时拿酒过来敬我，而一个慈祥的怒族妈妈，则不停地带我跳舞转圈，不让我喝太多，并且让我晚会散后就住她家去！独自在外的我忽然就有了家的感觉，没有了任何拘谨，被怒族阿妈拉着的手在这样夜凉如水的夜里是那样的温暖。这一夜，除了开心的舞步，更有一种莫名的感动，由怒族阿妈紧紧抓着我的那只手传递过来。这只是翻山前夜的一个插曲，却足以让我怀念和铭记一辈子。

让我怀念的还有迪麻洛的“羊”大叔。老实巴交的“羊”大叔，没有派到十字架的挂饰，很是失落。翻越碧落雪山的路上，他特意为我烤羊腿，给我唱许多好听的当地歌曲，为了抄近路，我们还如小孩子一般从高高的山上如同坐滑滑梯一般尖叫着滑下去——当然，尖叫的只是我一个人。临别，我把瑞典教徒给我的那串十字架挂饰送给了“羊”大叔！

不仅是“羊”大叔，我在迪麻洛遇到的每一个人都给了我太多的感触和感动。能歌善舞的阿卡，天真而豪爽，本来已经上了前往贡山的班车，准备去北

宁静中渗出的幸福

京会女友，听说瑞典神父过来传教，想到接待歌舞晚会需要自己挑大梁，立刻就下车返回；年轻的背夫阿军，在雪山之巅吃完我给的糖块，小心地把糖纸装在口袋带回村里，不让美丽的碧罗雪山受一点委屈。他们的“领导”是在网络上颇有知名度的阿洛，在这个偏僻而闭塞的山村组建了一个环保小组。村里教堂边的大树干上那几个竹筐，就是他们亲自系在那里，用来收集塑料等垃圾。

在这里，小木桥旁如梦似幻的田园人家挽留着我匆匆的脚步，古朴的教堂撞击我曾经驿动不安的心扉，怒族和藏族同胞的言行，洗涤着我的灵魂。这就是，美丽的碧落雪山怀抱中，那个叫做迪麻洛的精神家园。

告别这个与世隔绝的世外桃源，骑上一匹小马驹上山了，看见一个藏族老妈妈，站在木门前指指头顶上的李树，再指指自己的嘴巴，用手势问我要不要带些李子路上吃。我那不争气的泪水又要流下来，我的前世，真的是藏族么？

小贴士/TIPS

交通：从贡山县城先乘车到丙中洛，出了丙中洛景区收费站不久开始过桥，然后沿着迪麻洛河可走到迪麻洛。另外贡山县城有农用车每天下午回迪麻洛。

门票：无。

作者手记：

1. 迪麻洛是一个藏族和怒族杂居的村子，村里大多数人信奉天主教，少部分人信奉佛教。迪麻洛天主教堂是一个百年老教堂，外观古朴，值得一看。
2. 推荐一条从贡山翻越碧罗雪山到德钦的经典徒步路线。从贡山的迪麻洛出发，经白汉洛，在山上牧场留宿一晚，翌日下午到茨中，再乘车3个小时可到德钦。沿途经过的迪麻洛、白汉洛和茨中等地方，都是有着特殊历史背景的村落。再加上美丽的雪山、草甸和牧场，这条线日趋成为经典的徒步线路。
3. 可在迪麻洛的阿洛家住宿，目前阿洛家也是最完善的“一条龙服务”人家，他可以替你安排翻越碧罗雪山所需的向导、背夫，备好路上所有人的吃食，一直送到德钦的茨中村。

老姆登村

解读老姆登村

位于碧罗雪山半山腰的古老怒族村寨。由于地理条件的限制，这里与外界几乎隔绝。终于有一天，外人跟随兰坪的白族向导翻越村后的碧罗雪山来到这里，被这份宁静和美丽惊得目瞪口呆，赶紧询问向导这个地方叫什么名字。其实白族向导也不知道，跟当地人又言语不通，看到那满山翠竹，就灵机一动直接翻译成老姆登——意思是长满翠竹的地方。老姆登的名称由此而来。老姆登村现在有1200多人、200来户人家，村里有一座老姆登教堂，村民把村后的石山视为神山。

地理位置：云南省怒江傈僳族自治州福贡县匹河乡。

推荐理由：怒江大峡谷深处的怒族村寨，它的宁静与美丽让人难忘。

特色看点：茶场、神山。

推荐指数：▲▲▲▲▲

交通指数：▲▲

美食指数：▲▲

住宿指数：▲▲

在风景如画的碧罗雪山半山腰，有一个美丽古老的怒族村寨名叫老姆登。那天，我们终于到达这里，把背囊卸下，然后在老姆登教堂前平整的草地上支起帐篷。老姆登村的老式木楞房安安静静地散布在山坡上，穿插在庄稼地里。时值下午，阳光照在开满向日葵的屋旁地里，整个山村被点缀得生动起来。

没有太多选择，我们径自走向视线里唯一的“怒苏里”农家乐。沿着水渠留下的方向穿过菜地，不知何时身边多了一只壮实的狗，安静地跟随我们前后左右。原以为走进的只是一家普通的农家旅店——完全错了，这里具有一种非常特别的真实而温馨的家庭感觉！主人郁大哥刚从山下匹河卖李子归来，同伴

○ 碧罗雪山掩映下的老姆登村

如黄鼠狼般直截了当：有土鸡吗？郁大哥面带难色：有是有，只是除了菜地里种的，就没有其它肉菜了，要不，你们到那边那家农家乐，他们有菜。我们相视一笑，乐了，就是这里了！

刚才路过菜园子，就对那些没有任何污染的绿色蔬菜虎视眈眈。于是郁大哥把卖剩的几个李子递给同行中最年轻的新驴小房子，立刻拿着竹筐去抓鸡。

小房子接过就开咬，却只咬了一口，就忽然顿住，脸上显出怪异的表情。我有些诧异，很酸吗？饱满的柠檬黄，大大的个头，看起来是那么鲜嫩可口！说话间，小房子一边把剩下的塞进嘴里，一边把散落在草帽里的李子迅速收集到手中，很不情愿地递给我两个。一口咬下，甜甜的果汁直接在嘴里融化，我也呆了：这辈子还真没吃过这么好吃的甜李！

火塘上已支起锅子，郁大哥开始动手炖鸡。同伴去小卖部买了一瓶澜沧江啤酒准备做啤酒鸡，我则到背后的菜园子摘了一大把散发清香的蔬菜。就这样，在郁大哥家用玉米地做成围墙的院子里，我们在夕阳、白云、山风中开饭。郁大哥给每个人的竹杯中倒满苞谷酒，还没开始喝，人已经醉了，醉在山里云里，醉在色香味俱全的菜肴里。

怒族人家热情、善良、好客、淳朴，一路感受很深。前往茶山时，路过山上小阿妹家，她年迈的父母忙不迭把我们招呼到火塘旁，从门口的李树摘来甜李让我们解渴。漂亮的阿妹正在煮猪食，忙活之间，还赶紧给我们打酥油茶。

大片的茶林上面有两个茶场，据说每年产出的茶叶只够供应福贡、六库一带，年年供不应求。我们顺着山间流水一路往上爬，只见茶树林一眼看不到边。老姆登茶厂的厂长带我们去看他养了多年种类繁多的兰花，然后在绿意盎然的向日葵地旁一个别致的用原木搭就的露天茶室中请我们喝上好的老姆登茶。

当地人把老姆登村后的石山视为神山。近年来，山上的石头被专家证实为上好的汉白玉。于是，外面来的开发商由地方领导陪同数次上山来和村民们谈开山的问题。村民们不为金钱所动，最后一次，他们把上山来谈判的车队团团包围，直到车里的人写下保证不再打开山的主意，才最终放行。由此，我敬重老姆登的每一位村民，是他们为子孙后代守候住了这片绿色的家园，也给背包客留住了一份美丽的景致。

来之前，也曾不能脱俗地到网上查找资料。很多攻略提到老姆登村都是路过，重点一般放在老姆登教堂，不过也仅是住一晚就走人。我原本也只打算逗留一天，然而，一天又一天过去了，仍然赖着不肯离去。去爬了村后的神山，去看了庇护老姆登村的神树，还跟着村人去采茶。其间，把村里所有栽种甜李的人家都拜访了一遍。实在没事干了，就拖张木凳，沏一壶老姆登茶，静静地坐在院落里看教堂那边变幻莫测的风起云涌。要不，就下到教堂边的池塘前，

○ 老姆登教堂内诵经的妇女

○ 村庄天真的儿童，他们身后六百里怒江从天而降

○ 老姆登高山茶

向池塘边那户放养了鱼儿的人家要几根鱼竿，然后在伸建在水面的竹台上垂钓。

那日，所有聪明的鱼儿都去了别的鱼竿争食，唯有我这一杆，悄无动静。正低头看着水面发呆，忽然看见一个鬼脸正一副讥笑狰狞地看着我：呀，是一只巨大的人面蜘蛛把网织在水面上！我赶紧丢开鱼竿，抓起相机，这难得一见的精灵居然还在网上写了一大串英文字母来考我！唉，躺在大自然的怀抱，过着这样神仙般的日子，怎么忍心离去！

小贴士/TIPS

交通： 可从昆明经六库先到福贡，在福贡汽车站乘车到匹河，每天下午3点左右匹河有发往老姆登的小货车。另可徒步也可包车，徒步需2小时。

门票： 无

作者手记：

1. 老姆登村的怒苏里农家乐，是村里能歌善舞的怒族青年郁伍林的家。农家乐有2个四人间，2个单人间。若是人少还可以跟主人一起吃喝。手抓饭是怒苏里农家乐的一大特色，主菜有土鸡和琵琶肉，配菜是鱼腥草、野生薄荷等拌菜。
2. 老姆登村子里还能看到古旧的织布机。用脚踩一下，那些棍棒就打开来，敲一下，节奏感很强。一般在农闲时间织布，过程很复杂，通常需要几十道工序。如今只有村子的老人才会织那种土布了。

马库村

推荐指数：▲▲▲▲

交通指数：▲

美食指数：▲

住宿指数：▲

解读马库村

位于我国唯一的独龙族聚居区——云南贡山县独龙江乡，人口很少，散居在山间坡地。马库有纯自然的美景，瀑布、云雾、江水、森林等等，美不胜收。这里以文面女著称，特产有独龙毯等。最美的季节是秋季11月。

地理位置：云南省怒江傈僳族自治州贡山县独龙江乡。

推荐理由：独龙江乡是我国唯一的独龙族自治乡，其中马库的美景尤佳。

特色看点：木屋、文面女、独龙毯。

克洛劳河与麻必洛河从西藏而来，它们在雄当汇合成为独龙江水，然后一路经龙元、献九当到达乡政府所在地孔当（又名独龙江乡），再流经下游的巴坡、马库、迪正当，而后经月亮大瀑布流出境外，始称恩梅开江。这一路浩浩荡荡呼啸奔腾而来，其间接纳了从江东的高黎贡山和江西的但当力卡山投奔而来的大大小小、数以千万的瀑布溪流，同时也造就了独龙江两岸壮美瑰丽的景色。无论春夏秋冬，独龙江江水总是清澈如碧，只有在连降大雨江水暴涨时，才变得污浊，不过雨后很快又纯清了。夜幕降临时，不知道独龙江的萤火虫是从哪里冒出来的。若遇晴朗的夏夜，千千万万夜的精灵聚集在树上，晃悠在空中，如点点繁星，闪闪烁烁，独龙江变成了一个亮晶晶的童话世界。

这方水土世居着一个“太古”之民族——独龙族。他们在江边耕种小块玉米地，在河里捕捉小鱼，在寨子里祭祀。政府禁猎之后，虽然每家都能得到大

那星星点点分布在山腰的，就是马库村

○ 甜美的马库女孩

米补贴，独龙人仍然不富裕，却总是豪爽地用大米酿造出的好酒款待自己和远道而来的旅人。“路不拾遗”的民风依然代代相传。随着基督教的传入，独龙江也有了为数不少的教徒和四间简陋的教堂。

在独龙江，没有川流不息的车辆行人，没有不和谐的噪音，时光仿佛在这里倒退千年。你能看到的，只有那些在一间间覆盖厚厚茅草的原木屋下编织着五彩独龙毯的女子，那些赶着马帮在路上匆匆运货的男子。江边埋头劳作的妇女偶尔一抬头，一张如青蝶飞舞的文面女子面容就定格在你的眼中。

11月中旬前后的一个星期，是独龙江最美艳的时刻——万山红遍，层林尽染，千万条瀑布散布其间，撒下一路欢声笑语。高黎贡山的这一面最终进入怒江，而那一面则流进了独龙江。从高黎贡山往下看，大大小小的湖泊挤挤挨挨地靠在一起，不远处的雪山融水一路流来，补给满盈。这些湖泊被独龙族人

○ 坐在一起，你能分得出谁是缅甸妹妹吗

称为神田，耕种它们的都是神仙。穿过简陋的山顶隧道，来到高黎贡山的另一边，在雨中摇摇晃晃地下山，依旧是青山碧水做伴，依然是飞瀑哗哗。那条水流越往下越汹涌，终于，在高黎贡山山脚的两个小山头之间，露出了一小节独龙江水，一如一个调皮的孩子在捉秘藏，以为躲好了，却不知漏出了一节白色的衣服。独龙江，以如此独特的方式来展示它独特的魅力。

那天，因为贪恋沿途美景，我又被同伴甩在后面。沿着但当力卡山的山腰，一直都是吃力的上坡路。终于看见马库村了，弯弯曲曲的山路旁，零星分布着人家。有时，听见声音近在咫尺，却不见人影，猛抬头，才看见路旁竹林里隐藏着木屋；有时，眼睁睁看着白雾把坡上的村舍瞬间吞没。马库的美景一言实在难尽！放眼四周，对面高黎贡山上，飞流直下的瀑布直接坠入江中，江面和山腰云雾缭绕，恍若仙境。

○ 马库村马叔家悬挂的野牛头

走了一弯又一弯，只看见破旧的篮球场和零星的几户人家，没有找到同伴，也不见村公所。在一间孤独的木屋前，一个六七岁的小女孩正带弟弟玩耍，于是停下来问路，小姑娘腼腆地笑着指了指前面上坡的路。哎，马库，怎么没有 块平地？！又拐了一个弯，忽然听到身后传来细碎的脚步声，一回头，便看见刚才那个小姑娘跟在后面，斯斯文文的说：我妈妈叫我来送你。远远望见她的母亲牵着小男孩朝我们挥手，心中立刻涌上一股暖流。

1956年以前，独龙江河谷共有15个父系氏族。在建“树居”之前，独龙人的先辈们大多以氏族为群体居住在山洞，其中马库家族居住的山洞叫“麻库丁弄邦”，意即马库山岩石洞。据说有一年担当力卡山上大雪纷飞，异常寒冷，一群棕熊冲入洞中，企图进去冬眠，马库家族依靠怒弓、竹茅以及附近山洞氏族的帮忙，才把山洞夺回来。只是此后每年，棕熊都要来袭一两回，别的氏族也有相似的被野兽攻击的经历，加上后来人口逐渐增多，山洞居住不下，于是几大族长率成员选好地方，相约搬离岩洞，上树架屋居住。独龙人世代没有文字，村里的老人可以靠刻木结绳法准确地告诉你，他们搬出岩洞已经经历了竹子四度开花、董棕八次成熟（竹子60年开花结实，董棕树30年熟透成粉）。至今，马库的老人还能指认出各个氏族居住过的岩洞和树居的位置。

坐在火塘旁，马叔（马库村的武装干事）一边喝着野牛骨泡酒，一边告诉我他所知道的爷爷住的树屋。这种屋子利用大树的横枝作梁，直枝作柱，横梁间平铺枕木，用藤篾巩固成“木地板”，再在四周捆扎细竹，千缠百绕之后，任凭大风也吹不落地。就算碰到会爬树的云豹和棕熊来袭，也可从容抽刀斩断其向上伸举的前足，待天明再用毒箭收拾。简直就是独龙江版的“守株待兔”！我听得入神，恨不得自己也身处那个年代，到巢居之上体验一把原始风味。

在马库住了两个晚上，听他们古老的猎歌和动人的情歌，以及独龙小伙子自己谱写的《七彩独龙毯》。虽然不懂独龙语，但依然被那份情怀感动：“你那美丽的独龙毯哟，美丽又漂亮；我那闪亮的独龙刀哟，刚强又威武。让我们唱起甜美的歌儿，一起来祝福……”

小贴士 / TIPS

交通：从贡山县城先到独龙江乡政府孔当，再从孔当雇车到巴坡，再徒步到马库。

食宿：马库村公所的住宿是沿线村公所最干净的地方。这里没有专门的饭店，可在马库村干部马干事家搭伙吃饭，还可以提前预定吃只鸡什么的。

作者手记：

若孔当到马库全程徒步，则需在巴坡住一晚。巴坡到马库有时有货车前往。

○ 土掌房连成一片

地理位置： 云南省红河哈尼族彝族自治州泸西县永宁乡。

推荐理由： 有着600多栋300年前的古民居土掌房群落，是彝汉民族建筑艺术完美融合的结晶。

特色看点： 古民居。

城子古村

解读城子古村

以土掌房建筑闻名，至今已有500多年的历史。全村1000多间土掌房层层相衔或左右毗连，将数百户人家结为一体，下家屋顶是上家的庭院，家家有屋顶，家家有庭院。只要进入一家，就可以从平台进入另一家，直至走通。山、水、田、树与土筑民居共同构成了城子村良好的自然山水景观，达到了人与自然共生共存的完美境界。

推荐指数：▲▲▲

交通指数：▲▲

美食指数：▲

住宿指数：▲

清早，我随着庆凡姐往城子村里走。我和她在县城开往永宁的面的上相遇。庆凡姐早上才从距离县城20公里远的三河煤矿赶回来，要回城子村家中探望生病的婆婆。她看上去黑黑瘦瘦，一脸心事重重的样子，手里提着大包小包的药品和营养品，说话语速很快。她老公也在三河煤矿打工，干的是最危险的井下工，平时更是没有时间回家，所以这一次，庆凡姐还得给老公收拾几件换季的衣物，然后再赶中午的班车回矿上上班。

因为心里有事，她的脚步不免匆忙，而我为了要跟上节奏，便走得有些气喘吁吁。永宁是一个乡，距离城子村还有3公里多，先走一段公路，然后再沿河边便道，走了差不多一刻钟，就看见半山腰上的城子村了。

远远望去，城子村的民居依山顺势，成梯级向上，屋顶衔接，首尾相连，与山坡融为一体，不可分割。那些土黄色的建筑物，在晨光下散发出奇异光芒，淳厚，温暖。每家的屋顶上都有两三个用竹子或葵花杆围成的粮仓，仿佛戒备森严的碉堡。正是早饭时间，村子里炊烟袅袅。古村的早晨，如此宁静，如此安详。

庆凡姐叫我摘掉太阳帽和墨镜，又把一包东西塞到我手上："到了村口门票站，你不要吭声，要是他们拦你，我就说表妹从昆明回来了。"

就这样，我便在一个阳光灿烂的早晨，"混"进了城子古村。

庆凡姐的家在中营，是"一颗印"样式，一正房，两耳房，一照壁，天井很小，一边耳房改成了牛圈，另一边是厨房。年迈的婆婆正在里边生火烧水。走进正房，里面光线昏暗，陈设简陋但却整齐，小方桌上摆着几包草药。庆凡姐说婆婆一直体弱多病，这两年又患上了类风湿性关节炎，严重的时候连床都下不了。

庆凡姐和婆婆执意要我一起吃早饭，我推辞，说自己先去村里走走看看，找个农家乐吃点就行，结果庆凡姐有点生气："农家乐的饭哪有自家饭好吃？花那个冤枉钱干啥？"她们的好意我只好领了，一碗素米线，一碟水煮洋芋，庆凡姐还特地做了苦荞粑粑。

吃完早饭，便一个人在城子村里慢慢走。村子本来就不大，加上庆凡姐细心地指给上上下下的线路，很容易就找到昂贵土司衙门、小龙树二十四家、江西街、将军第这些地方。

城子古村整个在半山上，层层而上的土掌房形成一级级台阶，最多的有17台，一般也在10台以上。进出村子，便都要顺石阶爬上爬下。那些石阶，虽经岁月风雨打磨，但却并不似江南古巷中的石板那样光可鉴人，相反，它们粗粝而蒙尘，因而便少了些诗意，却也因此倍显沧桑。

古时彝族白勺部的聚居区，明成化年间土司昂贵建土司府、江西街。说起来，城子古村已经有超过600年的历史了。

石板路夯土墙，古村的韵味依依散发

○ 淳朴的土掌房人家

现存的这些房子中，历史最长的是小龙树二十四家人，位于整个村子最南面，建于清代雍正八年，至今已270多年，当时为二十四家人共同建造。房屋顺等高线建于同一水平面上，样式为最原始的彝族土掌房民居，没有窗户，黄泥土夯墙。中营、小营是后建，有了汉人的建筑样式，开了窗，也有了雕梁画栋，但那房屋的屋顶依旧彼此相连，成一个一体的平台，你家屋顶便是我家庭院，从此家屋顶爬上小木梯就到彼家屋顶，直至串完全村。土掌房的平屋顶，俨然成了村中道路。

城子村很土，却土得极纯粹。房子的后墙是土山，两侧土包柱，顶上土压木，没有一处离得了个“土”字。伸手摸一摸那墙面，凹凸不平，粗糙，稍微一使劲还掉土渣，但感觉却极厚重、坚韧，就像城子村的人。初冬的和暖阳光下，人们正在各家屋顶不慌不忙地翻晒粮食，见有人来，皆笑容亲切，宛如家人，纷纷邀我进屋吃茶聊天。

中午，在“城子第一家”农家乐吃土鸡蛋和炖豆腐，坐的是小方桌、矮草墩。老板娘陈乔仙热情周到，谈吐大方，做派活脱脱一个阿庆嫂，我把我的感觉说给她听，她咯咯咯笑得花枝乱颤。不过，她也有很大的苦恼，那就是没钱翻修房子。她家的三间房子也有近200年历史，和村里其他的老房子一样，都需要大修了，但是，每年光是夏天拉白黏土锤屋顶就得花掉上千元，更不用说换房梁、补楞子了，“不锤土吧，怕漏水，锤土吧，怕花钱，唉，好作难哦！土掌房是个宝，可是个易碎的宝咧！”

土掌房是个宝，可是个易碎的宝，——幸亏，我遇上了它，在它未碎之前。

小贴士/TIPS

交通： 昆明东部客运站每天从6:00到16:00有将近30班班车发往泸西，需时3个小时。泸西客运站每天早上8:00到下午17:00有发往永宁的小面的。永宁离城子村还有3公里，可徒步也可坐当地小三轮。

门票： 50元

食宿： 村子里尚没有旅馆，只能在村民家中借宿，村里有“城子第一家”和“土司家宴”两家农家乐提供餐饮，价钱都不贵。

作者手记：

1. 城子村的规模很小，一般安排半天游览足够，村民都很朴实、热情，可随意走入家中参观。
2. 在土掌房顶上游玩时，应格外注意安全，不要太靠边缘，防止踏空失足，造成意外伤害。

团山村的门楼

团山村

推荐指数：▲▲▲

交通指数：▲▲▲

美食指数：▲▲

住宿指数：▲▲

解读团山村

600多年前，团山还是彝人的地盘，一个名叫张福的江西商人路过此地，忽然就福至心灵，决定要把他乡作故乡。张福在团山娶妻生子，之后，子又生孙，孙又生子，子子孙孙无穷尽焉，于是，团山村村民十有八九都姓张。上世纪初，团山因滇越铁路而盛，那时，张氏族人纷纷到个旧锡矿，从最低级、最艰苦的矿坑工人干起，渐渐便有人发迹，“矿老板”们的第一要事是回到家乡大兴土木，建起精美宅院，显示富贵身份，于是就有了团山著名的“八大院”。

地理位置：云南省红河哈尼族彝族自治州建水县西庄镇。

推荐理由：有许多古民居建筑，是保存较为完整的乡间庄园式居民建筑群。

特色看点：古建筑。

坐上小面的去团山村，到了村口，正要下车，年轻的面的司机忽然一脸严肃地嘱咐我：“莫要往右走，那边是门票站，一直往前，要是有人问，就说是王世光家的亲戚。”

啊？门票？多少钱？王世光是谁？还不等我开口，司机一踩油门，忽地就开走了。于是我便忐忑地从东寨门进去，迎面是一棵硕大无比的大青树，几个老人坐在村委会门口晒太阳，没有人对我的到来感到好奇，更没有人上来盘查门票的事情。张氏宗祠就在大青树旁，门口两盏大红灯笼，墙上一块“文明村”牌子。

皇恩府前开新花

皇恩府
大啟萬年新世界

看上去，团山村和其他古老的乡间村寨并没有太大差异，青石板路，安静民居，寂寞，淳朴。有些房子很破旧，有些房子很挺阔，——挺阔的当然是经过“梳妆打扮”之后的。据说，当地政府正在实施把团山打造成4A级景区的计划。

团山已经有600多年历史了。

黑的瓦，白的墙，古井，深宅，门上春联，寨门头似还留有当年抵抗土匪劫掠时的弹孔。

沿村中窄巷慢慢走慢慢看，忽然就看见了皇恩府的牌子——团山村“八大院”之一。正在门前张望，一位面容清癯、风度儒雅的老者招呼我入内。从大门进去，过花园，是三坊一照壁的前院，青瓦屋面，上翘檐角，丹青彩绘，左青龙右白虎，格子窗棂，洗墨小池。再进后院，四合五天井格局，门窗雕刻更为精巧，西游记、水浒、三国、牛郎织女皆入其中，有一些还是三层镂空，贴着金箔，更是木雕中的上品。其中的一幅八仙过海，中间偏多了一仙，老人哈哈大笑，说那是八仙的师父，——啊？铁拐李、张果老何时跟蓝采和、何仙姑成了同门师兄弟？看来，当年那木雕师父还真是想象力丰富啊！

那迎我入门的老人，原来就是皇恩府建造者张树元的第五代孙张立永，建水一中的退休教师，退休之后张立永曾做过几年团山民居管委会主任，2009年以后就赋闲在家，专心打理“皇恩府民居客栈”。我问老人王世光是什么人，“现在的管委会副主任，你怎么认识他？”老人有些奇怪。我哧地一声笑了出来，哦，原来那人叫我假借主任名义逃票呀，张立永也笑了，但旋即又认真起来：“逃票还是不太好，你看我们村里这些古民居、古建筑，哪一个不是无价宝？20块钱，简直就是超值！就说我们那个东寨门吧……”

于是，我一个下午就坐在天井里，连同几个昆明过来的影友，一边喝着花茶，一边听老人讲团山故事，——村口保统府怎么塌的，又如何重修了却不开放；北寨门旁的关帝庙如何改建成小学校，又如何被当时的云南教育界赞为“全国一流民办私立小学”；大成寺门前的拉扒井为什么大旱天气还能照常丰

○ 昔日宜侯王

水；西寨门“秀才府”东院的绣楼最是精致，楼顶建成了“转棚顶”，楼内藏了不少书画，露台上还有张“美人靠”。还说到，团山宣传资料上的精美木雕照片，其实都是来自司马第，而照片说明却非要标成张家花园……

张树元家早在上世纪40年代初便已家道中落，也幸亏如此，后人才没被划成地主成分，得以继续保有老宅，避免了被瓜分毁坏的结局，而“八大院”里的其他几院，就纷纷成了大杂院格局。听张立永说，2011年初，建水县领导就已经提出，八处大院中，每个院子最多只能留下一两户人家，其他的，“不搬也得搬”。政府甚至筹资，在团山村旁边征地，建了一个新村，用于安置必须搬迁的村民，但据说过程很不顺利。

从皇恩府出来，沿街道漫行，见人家墙门装饰皆美丽，悬山屋檐，三层画梁，翘檐上彩鸟阑头，显出书香气息。穿过东寨门，沿着一行石板台阶走下去，又回到了村边，极目远眺，村廓炊烟，老树人家。我又走回东寨门檐下，在高大门楼下看每根柱子和代表技术精湛的架梁，屋脊的翘角龙形螭，正脊中部的彩釉宝瓶，——便又想起那些古老乡村的宿命结局，要么被整个抹掉，要么被浮皮潦草地翻建，唉，哪一样，都令人心痛。

小贴士 / TIPS

交通： 在建水县城红运大世界停车场里，有开往团山的面的公交车，逢整点开车，回程时在团山东寨门边等车，逢半点开车。

门票： 50元

作者手记：

1. 团山村不大，细细走来2个小时足矣。去团山的路上，还有黄龙古寺，山上古木参天，庙宇隐现，山下黄龙潭清澈见底，是天然游泳池。
2. 强烈建议在皇恩府里住一晚，一晚一早坐在院子当中的石桌前，守候着百年老屋，倍感岁月沧桑和现世静好，电话13887317104。

○ 马如骥故居大门

地理位置： 云南省大理白族自治州巍山县永建镇。

推荐理由： 古村落风貌保存完整，伊斯兰民族风情浓郁，马帮文化悠久。

特色看点： 马如骥故居、马如清旧居。

东莲花村

解读东莲花村

国家历史文化名村。三面环水，环境优美，民风民俗浓郁，民族文化多姿多彩。民国初年东莲花村是马帮锅头聚居地，地方经济繁荣，建造了不少令人叹为观止的精美建筑。至今保存完好的有角楼5座、古民居22院，其中民国三十年建成的马家大院最具代表性。

推荐指数：▲▲▲▲

交通指数：▲▲▲

美食指数：▲▲

住宿指数：▲

从巍山古城一路往北，车子驶到狭长的巍山坝子尽头，东莲花村就到了。

村口池塘的莲花已谢，只剩残荷迎风。顺一条青石板铺就的窄巷进村，正遇上清真寺里的礼拜结束，一队戴着白色小帽的穆斯林男子从身边鱼贯经过，人人皆行走端庄，脸上挂着友善温和的笑。

等他们走远，小巷便成空寂。无人的时空里，东莲花村便仿佛透明着。这个纯回族自然村里，宗教生活严谨，经堂教育兴盛，兼蓄着轰烈与婉柔，——轰烈的时候，几千匹骡马一起横跨米汤河，下思茅，上中甸，生生驮来一个华丽的村庄；婉柔的时候，清清淡淡过生活，百年前的旧事封存得严紧，好似无话可说。

现在，在通往村子各处的毛路上，小马车仍是最受欢迎的交通工具。马蹄踩踏在石板路上，得得有声，余韵悠长。而在当年，东莲花和周边大、小围梗、回辉登等村子里的回族马帮，是整个茶马古道上最受官府和商家欢迎的马帮。他们一专多能，一个人能赶四匹马不说，赶马人既能养马又会喂马，还能扛枪抗御匪劫，甚至还懂得医术能医畜疾。民国时期，东莲花村共有7支马帮，马如骥、马如清、马如骐等人便是其中的表表者。如今，村中保留较为完整的28座大宅院，就是马帮在茶马古道上冒险精神和非凡胆识的见证。

从马如青旧居楼上眺望整个村庄

马如骥的故居，是东莲花村里目前唯一得到修葺的马帮豪宅，南院“三坊一照壁”，北院“四合五天井”，北院东北漏阁有角楼，后面还有一个小碉楼并连着一长排马厩。整个院落砖石结构，门柱方正，线条挺拔，雕梁画栋，吉祥纹样。室内青砖铺地，每一排门窗户壁都精心雕刻，最令人惊讶的是门顶两侧还留有枪眼，可见当时匪患之烈。厅房檐下有覆斗形藻井，画有《西湖风景》、《上海街景》等彩绘，足见马如骥学养深厚，眼界开阔。

这位1897年出生在东莲花村的穆斯林马帮商人，发迹之后曾做过蒙化（现巍山)县议员、乡长等职，一生乐善好施，回馈乡里。现在，米汤河永济桥下游，还保留

有马如骥当年捐资修建的一道长约300米的石梗河堤。县里维修拱辰楼，马如骥也曾出巨资支持。他还广交各路要人、名流，为巍山马帮在茶马古道上走南闯北疏通各道关卡。据说，故居北院的角楼，就是马家当年的贵宾楼，但凡有军政要人地方富甲前来，马如骥便在这一方幽静的天地里，与八方来客畅谈古今，俯仰天地。

相比之下，马如清旧居便显得破败多了。三层八角高锥式大门，门楼顶上三层伞形的锥式角楼已经四面透风，很多地方以粗陋草席遮蔽。从首道大门进去，一字排开又是三座大门，西院四合五天井，东院三坊一照壁。中院原先是整个院落的花园，由东、西两间厅房与北面的角楼组成，现在还保留着“春药园”题记，角楼山墙上有精美的纸筋灰浮塑和水墨画。

马如清旧居在土改时期被分给了村里数家村民居住，如今仍是大杂院格局。推开中院的大门，张大哥正和他的妻子在院里剥核桃，妻子戴着粉红色盖头，贤惠端庄，而丈夫在半年前因为遭遇车祸，左腿上仍钉着钢板，至今无法行动自如。夫妻俩将我迎进门内，端上茶盏和各式糖果，张大哥的妻子还热情地带我上角楼观景。角楼为一个长方形三层建筑，连接上下两院，侧面连着6间马厩，西侧3楼留有枪眼。登上角楼最高处，推开美丽的格子窗，整个东莲花村

故居北院的角楼，就是马家当年的贵宾楼，但凡有军政要人地方富甲前来，马如骥便在这一方幽静的天地里，与八方来客畅谈古今，俯仰天地

落都在眼底，远处青山，近处角楼，古朴民居，常流清泉，都定格在这样的一方小窗里。可惜的是，因常年无人居住，角楼早已千疮百孔，残破不堪，木楼板洞穿，木雕架花窗棂残缺，有好几扇窗户已经变成了金属框玻璃窗，看上去十分怪异。

据说，马如骥故居是由其后人和政府共同出资修缮，而同样身为马帮大佬，马如清不可能连个收拾祖居的后人都没有吧？我问张大哥马如清的后人现在在哪里，他语气平淡地说："在村里，和我们一样，住大杂院。"那他们不会考虑收回自己的祖居吗？"不会，这是历史遗留问题，他们也没办法，大家都没办法。"

小贴士/TIPS

交通： 巍山县城客运站里面有一种专门跑乡镇的绿色面的，乘坐写有"永建"字样的车，坐到东莲花路口下，再沿小路步行10分钟进村。若是从大理坐车到东莲花村，可在大仓路口下车，然后步行或乘坐小马车进村。

门票： 进东莲花村不收门票，马如骥大院收费10元。

食宿： 东莲花村里有开在马如骐大院里的喜莲膳馆，可以品尝油香、树皮、馓子等回族特有的油炸食品，还有永建回族平时请客吃饭的"老六碗"。东莲花村里没有旅馆，只能跟村民商量借宿。

作者手记：

1. 东莲花村里有20余座当年马帮商人遗留的古老建筑，其中的绝大部分都没有被开发。里边住着本地村民，值得细看慢品，村里民风淳朴，家家门户大开，可随意进入参观，但切记不可随意翻动物品，更不可轻慢造次。
2. 村口的清真寺始建于清朝初年，后虽经多次修复，但基本上保持了原来的风貌没有改变。整个清真寺由叫拜楼、礼拜大殿、讲堂等建筑组成，既具有白族传统风格，又具有阿拉伯建筑艺术特色，与东莲花的古碉楼、古民居和谐相融，浑然一体。
3. 东莲花村是个纯回族村落，游览时应尊重民族习俗，进入清真寺礼礼拜堂参观时，应右脚先进，退出时应先迈左脚，如正逢礼拜，不能进入参观。按照穆斯林的规矩，女子不能进入清真寺。

培田

下梅

初溪

福建

→ 蟳埔渔村

→ 蔡氏古民居群

→ 洪坑

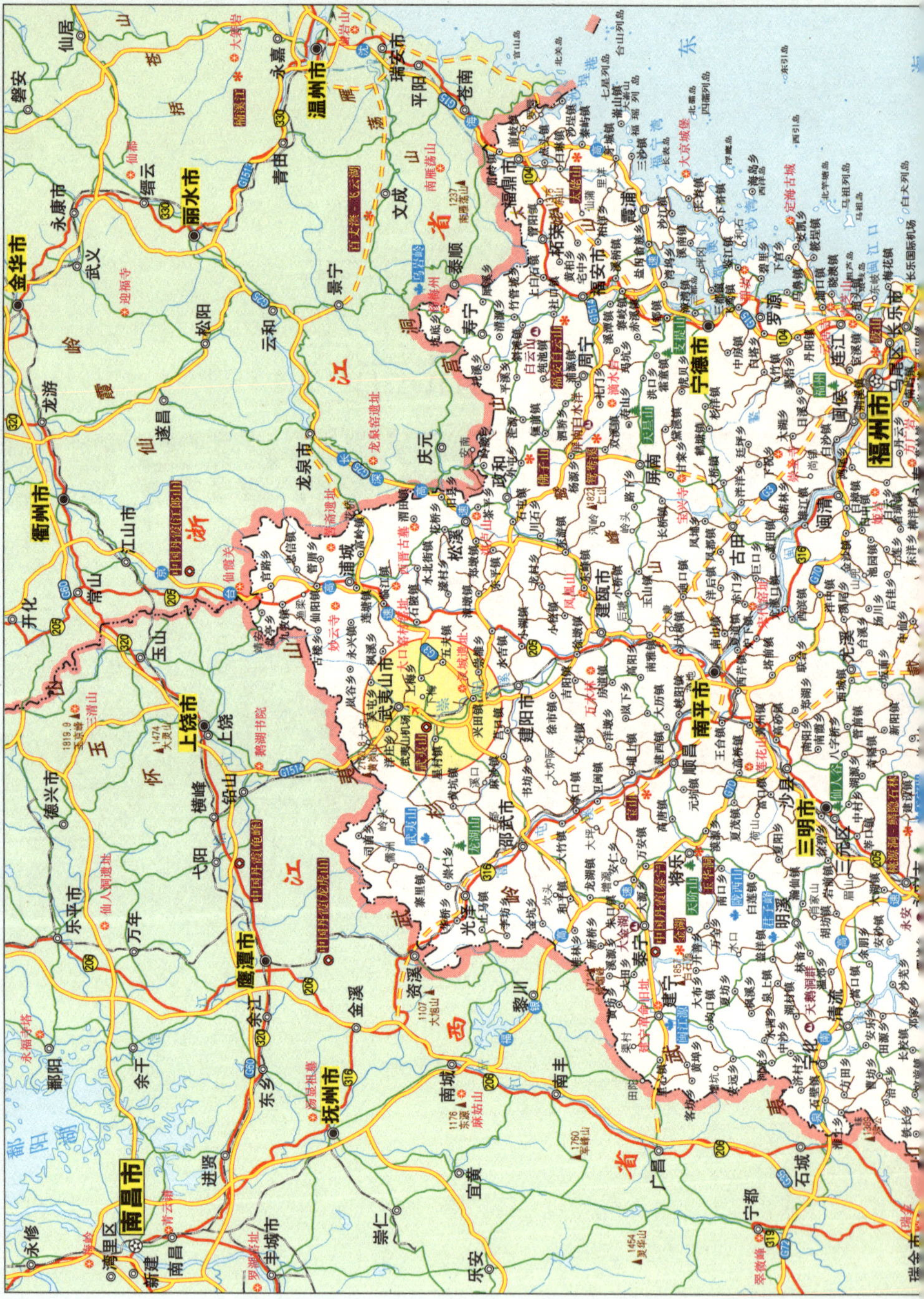

温州市
丽水市
金华市
衢州市
上饶市
南平市
宁德市
福州市
三明市
抚州市
南昌市
鹰潭市
武夷山市
龙泉市
浦城
松溪
政和
庆元
景宁
泰顺
寿宁
福安市
福鼎市
柘荣
霞浦
周宁
屏南
古田
建瓯市
建阳市
邵武市
光泽
顺昌
将乐
泰宁
建宁
明溪
沙县
永安
宁化
清流
南丰
黎川
资溪
金溪
南城
广昌
宁都
石城
瑞金
宜黄
崇仁
乐安
丰城市
进贤
余干
鄱阳
乐平市
万年
余江
贵溪
弋阳
横峰
铅山
上饶
玉山
广丰
江山市
常山
开化
龙游
遂昌
松阳
云和
武义
缙云
永康市
永嘉
青田
文成
瑞安市
平阳
苍南
磐安
仙居
德兴市
婺源
东乡
闽清
闽侯
连江
罗源
长乐市
南昌
新建
湾里区
永修
浙
江
省
福
建
江
西

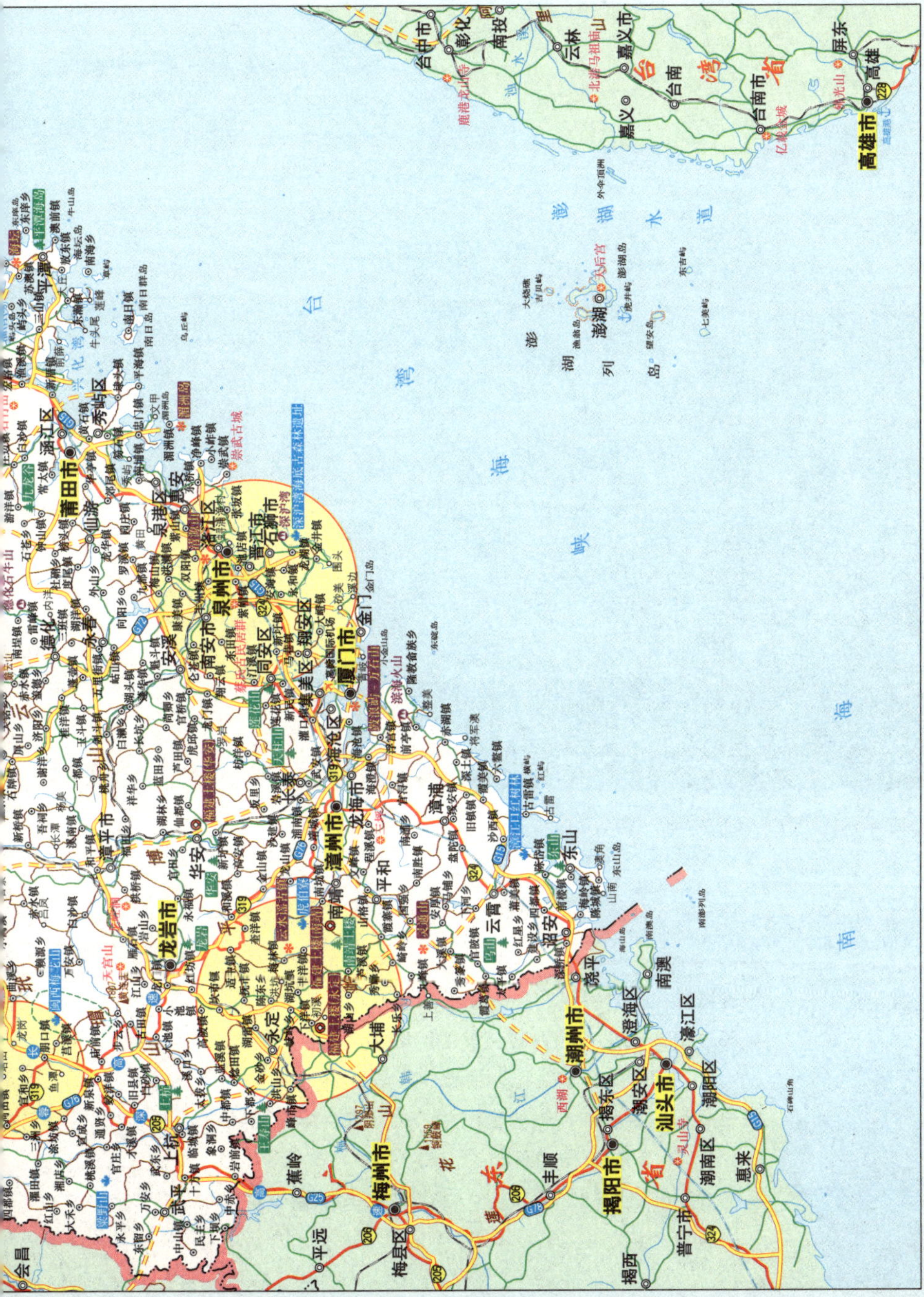
台中市
彰化
南投
云林
嘉义市
嘉义
台南
台南市
屏东
高雄
高雄市
台湾省
澎湖
澎湖列岛
澎湖水道
台湾海峡
南海
莆田市
泉州市
厦门市
漳州市
龙岩市
潮州市
汕头市
揭阳市
梅州市
金门

○ 梅花盛开的时节

地理位置： 福建省龙岩市连城县。

推荐理由： 这里有保留较完整的明清古建筑，亦耕亦读的客家文化，闽西客家美食。

特色看点： 容膝居、衍庆堂、久公祠、进士第、锄经别墅、南山书院。

培田

解读培田

国家历史文化名村。至今仍保存着较为完整的明清时期古民居建筑群，有皇宫式的气势、徽派建筑的型制、江苏园林的结构风格。由于这里精致的建筑、精湛的工艺、浓郁的客家人文气息，堪称客家建筑文化的经典之作，被誉为“福建民居第一村”、“中国南方庄园”。

推荐指数：▲▲▲

交通指数：▲▲▲

美食指数：▲▲▲▲

住宿指数：▲▲

培田不算是大村子，100多户人家，几十栋老屋，依山而建。由于房屋都为木结构，就有两条水渠贯穿整个村子。因为这水，村子显得愈加灵气。既被青山拥抱在怀，又有着江南水乡的韵味，这个村子很讨人喜欢。

咋一看很难想到这里曾经是交通要道，旧时连城到长汀的官道，多少匹快马答答答地奔跑在这驿道上。培田的中心地带名字叫做古街，是村子里最宽阔最热闹的地方，一条碎石铺就的小道，宽处大约3米余，窄处不到2米，两边尽是些小店铺，有杂货铺子、豆腐坊、剃头店、小酒馆等，都是村里人自家的屋子。临街的窗户开大些，外面挂上白布幌子，上面几个繁体的大字书写上店名，红红火火的生意便做开了。

春节的培田天气晴朗，上午10点多的光景，一个个青砖黑瓦的院子被和煦的阳光拥抱着，静谧中偶尔有袅袅炊烟升起，有挑了担子的村民走过，有木门吱嘎一声被风吹动的声音，有大大小小花色各异的猫狗出来迎接。

村子里所有的屋子都是大门敞开，院子里摆满家具和电器，厅里有大圆木桌子和椅子，上面有茶具。但凡经过的人，不管是村子里相识的邻居，还是素不相识的路人，主人都会热情地邀请进院子里坐下喝茶，如果碰巧家里在吃饭，那就添双筷子加只碗，请客人一起吃。喝酒自然是少不了的，陶瓷大碗盛了米酒端上来，盛情由不得你不喝。

路过进士第，主人是60岁出头的夫妇，两个和眉善目的老人。一走进院子就惊叹于那里的整洁。老人带我们把家中里里外外参观了个遍，听说我要拍屋子的木雕花，大爷赶快把木墙前面的衣服挪走，给我腾出空间。

村子里的房子并非同一时期所建，前前后后有好几百年的时间，才有了如今这个模样。不过后来者建房都依照先人的样式，所以整个村子的规划相当不错，看上去并不杂乱，木雕，砖雕和石雕都细致精美。

全村的房子都坐东朝西，和普通的坐北朝南的习惯不同，村民说这是他们先人根据当地的风水和气候而定，为的是保持良好的通风和采光等等。这是培田民居的另一大特色。

纵横交错的两条水渠贯穿了整个村子，流过每一户人家，村民在里面洗衣服、洗菜、洗脸洗手、洗农具。这水还有一个重要用途，是用做消防的。原来培田的房子都是木结构，很容易着火，聪明的培田人就引水入户，解此后患。早些时候水渠更是引入每家每户，足不出户就可以方便地用水。

容膝居，培田的女子学习妇道的地方，恐怕是当时少有的女子学校。衍庆堂，村子里的祠堂，祭祀活动都在这里进行，院子里搭有戏台。久公祠，培田第二代祖宗里排行第三的兄弟的房子，那家有两个非常漂亮的女孩。进士第，当年的武状元家，院子里两对石狮子很漂亮，一左一右，母狮子脚下还抓着只

天井院落

○ 巷子里跑过的女孩儿

小狮子，是村子里收拾得最干净的一个院子。可惜没有空房间，要不我们就住在那里过年了。锄经别墅，坐落在古街边上的一处大宅院，有精美的砖雕和楹联。继诉堂，村子里占地面积最大的宅子，房间有108间之多，据说房主儿媳妇生日时在院子里摆下了120多桌酒席。南山书院是村子里的小学，依山而建，门口有一荷塘，冬天里枯残的花茎垂挂在水面，一幅写意的工笔画，边上一栋两层的房子是村子里唯一的旅馆——南山客栈。

兴隆豆腐坊在古街入口约50米的地方，远远的就可见惹眼的招牌。穿着黑色皮裙的店主正在店里忙活着，屋里大灶里柴火正旺，灶上的大铁锅里煮着才磨好的豆浆，柜台上几个木闸里里铺着白色纱布。煮熟加了卤开始凝固的豆浆舀到木闸里，白纱布扎起来，压压紧，时辰一到，打开纱布，雪白的豆腐就成了。这是培田村子里我最喜欢的一家店，站在那里久久没有走开。店主一边干活一边看我们拍他和他的店，目光接触的时候，他对我微微一笑，好象我们是

○ 培田古村

熟悉的朋友。

除了豆腐，到培田有两样东西非吃不可，因为村民们说那是培田的特产，其他地方的都算不上正宗。其一是一种大米做的吃食，大米泡水磨成浆，加入草灰和槐树皮粉，放在旺火上煮，最后凝结成块。培田人把它叫做米冻，看上去有点儿象果冻。米做的果冻呈黄色，不过各家做的颜色深浅不一，大概和加入碱的多少有关。吃法是切成小块放到油锅里炒，而且必定佐以长葱节，黄绿的颜色相得益彰。其二是油炸果子，与众不同之处是在米粉中加了地瓜粉，吃起来更绵更软，各家做的大小形状不一，加入的地瓜粉的多少也不尽相同。这两样是培田人过年时必需的食物。做好的米冻一般用盆装着，要吃的时候再切开，走亲戚的时候可以带一些，去庙里烧香的时候也要带上一块。油炸果子刚出锅时是脆的，凉了可以上火去蒸，串门的时候捎上一碗，你尝尝我家的，我吃吃你家的，乡里乡亲的觉得像是一家人。

培田人的习惯，无酒不成席，每顿饭桌上都少不了米酒，用的是吃饭的碗。温好的米酒用锡壶盛了，各人面前的碗都满上。无论早上还上晚上，不管喝粥还是米饭，照例是先喝酒，酒量好的人爽快地一饮而尽，量力而为的人慢慢品尝也全无非议。不过紧要的是每一次添酒必须每个碗里都满上，因此喝得慢的人的碗里也总是满满的。

有一年的除夕夜，有村民喝米酒至凌晨，终于不胜酒力而醉倒，昏睡过去，醒来时已是年初二，他揉着眼睛不解地看着告诉他日期的人嘀咕：今年怎么没有大年初一啊？我们是在除夕夜吃年夜饭酒酣面赤之时，桌子上的一位长辈讲起这故事，大家笑得前仰后合。众人听着笑着说着，手中的酒碗举得更勤了，米酒浓郁香甜的味道把吃饭的大厅填得很满，也把幸福和喜悦填到每个人的心里。

小贴士/TIPS

交通：无论乘坐火车还是汽车，都需要先到龙岩或连城后再转车才能到达培田。

门票：20元

作者手记：

1. 村子里现已有数家客栈，不过如果能住到村民家中就能更深入体验客家人的热情好客和他们的生活习俗。
2. 春节是村子里最热闹的时候，这时候前往收获会比较多。

下梅

解读下梅

下梅村子不小，有2000多人，因临梅溪下游而名下梅村。现尚存完好的民居有邹氏祠堂、西水别业、邹氏大夫第、施政堂、陈氏儒学正堂、邹宅闺秀楼、方氏参军第、程氏隐士居等民居近40幢，还有镇国庙、天一井等古建筑。

地理位置： 福建省武夷山市。
推荐理由： 武夷山世界遗产地的组成部分，有许多明清风格的古民居，一派典型的江南水乡风貌。
特色看点： 古民居、雕刻艺术。

推荐指数： ▲▲▲

交通指数：▲▲▲
美食指数：▲▲
住宿指数：▲▲

邹氏宗祠

○ 祖师桥

从厦门往西北，直到福建和江西、浙江接壤的地方，便来到武夷山。武夷山是世界自然文化双遗产，虽然已开发成熟，但它没有一般景区的浮躁。丹山碧水之地，山水环绕之美，美自于山，灵源于水，就是这山水灵秀育出了茶之王——大红袍。徐霞客当年漫游武夷的路线至今仍然实用，他游记中的那些山峰依然伫立，没有改变。

坐了当地人号称的“龙马车”（农用小皮卡）往下梅去。十来公里的山路，一直在秀美山峰和恬静溪流的包围中，感觉那一个世外桃源的村子就在前

面山峦背后安静地等待。夕阳是一个橙色的大火球，瞬间就从古树的枝条上头落到了石桥底下，只留下牵着老牛的牧童，一步三回头地往家赶。扭头看身后这幅黄昏放牛图，路边的芦苇随风摇摆，将视线割扯，竟然想如果能够永远在这样的路上多好。夕阳下的下梅古村，像罩上了一层金色的光环，金光四溢却不耀眼，村北群山之上的天空，有着一朵朵懒散的白云，远方有炊烟袅袅，空气中飘散着一种山野里才特有的清香。

村子有如它的名字一样美丽而富有画意诗情，从村中流淌过的河流，曾将茶香运送到多少千里之外的城市，后来它开始休息，任凭河岸美人靠的悄然守候，一只一只红灯笼诉说夕日的辉煌。而那几十栋精美的老屋，就在淡淡的暮色中徐徐展开神秘容颜，白墙黛瓦，错落有致，铺陈于翠绿青山之间。一进村口，祖师桥上的牌楼便跃入眼中，悠悠古风立刻扑面而来。

“山环水抱聚宝盆，青龙白虎遥山横。财源广进流不去，乡关肘里鸡犬闻。”这是一首描写下梅村风水意象的诗。清嘉庆年间，军机大臣王杰来过下梅，他赞美下梅“鸡鸣十里街，日出千鼎烟”。古民居的砖雕、石雕、木雕技艺精湛，900多米的人工运河穿村而过。沿河两边建有凉亭美人靠。古街、古井、古码头、古建筑、古民居，加上古风淳朴的民情风俗，这里完全是一派典型的江南水乡风貌。一栋栋深宅大院，以及一线天的古街、古巷，高耸的风火墙，让你尽可想象旧时下梅村的繁盛与荣华。

爱喝茶的人都喜欢武夷山大红袍，当然也一定会知道并喜欢下梅，虽然现在的下梅只产少数的茶，而且在整个武夷岩茶体系中，这里的茶叶属于常常被忽视的品种。但是下梅与茶的缘份更像一个传奇——当年的兴旺与衰落皆因茶而起。清朝，下梅处在一条非常重要的商路的起点上，这就是“晋商万里茶路”。据记载，最早来到这里贩茶的，是山西常氏，常氏武夷山贩茶的第一站便是下梅村。当年的下梅村茶叶外销最多时每日行舟三百余艘，为了加快漕运，又开凿人工运河——当溪。当溪横贯村中，街道便依水的流向而建，集市贸易沿街而设，两岸屋宇井然而建，一座又一座小桥横卧之上。只是，鸦片战争后，由于清政府被迫开放5个通商口岸，武夷岩茶只要顺闽江而下就可出口，于是，武夷山地区的茶市中心从下梅转移到赤石，盛极一时的下梅终于慢慢走向衰落。

大宅门气势犹存

如今，穿行在当溪两旁的骑楼边，当年的商店门楣还在，当年修建的码头旧址还在，然而物是人非，原来整日舟楫往来繁忙的当溪，到后来只有在5天一次的赶墟日时，才会变得热闹一些。夫妻打铁铺里的炉火依然很旺，一间烟熏火烤室，两个千锤百炼人。邹氏糕饼铺的门却是整日紧闭，难得开张一次。宗祠里的山歌手万金生间或还会唱几句闽北山歌："对面的女人穿花鞋，没有老公来跟我，没盐没油哥会买，没水没柴哥会挑。"只是万金生如今唱歌是要收钱的。据说，福建报业集团正在计划注资将下梅开发成影视基地，也正因为如此，下梅村抢建、违建之风有愈演愈烈之势。加上一些古建筑在2010年的洪灾中遭到破坏，曾经的古村落将何去何从，仍是一个未知数。只有修建在骑楼边的美人靠至今风韵犹存，成为这里一道亮丽的风景线。黄昏时分，依在美人靠上，品一杯略带苦涩的岩茶，在入口的回甘中，细细品味百年荣辱盛衰，那滋味还真是有点难以言表。

小贴士 / TIPS

交通：在武夷山市区坐2路车到市区环岛，从那里搭乘专门往下梅的"龙马车"。

门票：60元

作者手记：

1. 村里最具代表性的建筑有邹氏家祠、邹氏大夫第、隐士居、达理巷等，可重点参观。
2. 门票里包含导游费用，可在其带领讲解下了解下梅的各个方面。导游下午6点左右下班。
3. 清晨和黄昏的下梅很上镜，尤其是人工运河和美人靠，不过要想有好照片的话至少得住上一夜了。下梅村里有一家仙美饭店，也是写生基地，可以提供饮食和住宿，就在邹氏宗祠旁边。

○ 集庆楼

地理位置： 福建省龙岩市永定县。
推荐理由： 中国最美丽的土楼群。
特色看点： 土楼民居、桃花溪。

初溪

推荐指数：▲▲▲▲

交通指数：▲▲▲

美食指数：▲▲

住宿指数：▲▲

解读初溪

初溪位于福建省永定县下洋镇，土楼群由5座圆楼和31座方楼组成。它们依山傍水，错落有致，呈现出极高的美学艺术价值，被称为“中国最美丽的土楼群”。村内最有特色的客家民居建筑有朱氏的继善楼和反围龙式的善庆楼等，建筑结构在粤东客家地区极为少见。

在永定初溪的观景台的一块木牌上有这样一个故事：某西方大国的卫星在福建山区中探测到一处神秘建筑，疑为导弹发射基地，大惊失色，多方调查后才知道是一场虚惊，那不过是客家民居土楼。

土楼是福建民居的代表性建筑，主要分布在闽西和闽南的6个地区：永定、南靖、平和、诏安、漳浦和华安。形状各异的土楼如同一颗颗明珠散落在闽西山水之间，它的外表看上去如此让人震撼，可实际上它就象陕北的窑洞、山西的大院、湘西的吊脚楼一样，是勤劳、善良、淳朴又热情的客家人栖身之所。那些数以万记的土楼，有的雍容富贵，有的宏伟大气，有的书香门第，有的小家碧玉，落落大方地与青山绿水浑然一体，勾勒出活色生香的客家生活画卷。

○ 福庆楼前

站在初溪的观景台上，就能明白这里为什么被称为“中国最美丽的土楼群”。苍翠树木簇拥着的初溪村依山而建，5座圆楼和31座方楼顺势而生，错落有致地散落在山间盆地上。横穿村子那条清澈的小溪在阳光下安静地流淌，它有个美丽的名字叫桃花溪。临河一字排开的三座圆楼和两座方楼气势磅礴。村旁的几棵古榕和远处的碧绿梯田，更增了几分田园气息。如果秋天，庄稼熟了，柿子红了，树叶黄了，初溪就是一幅百看不厌的画卷。

初溪土楼名里都带个“庆”字，比如集庆楼、绳庆楼、庚庆楼、余庆楼、善庆楼。最古老的集庆楼有将近600年的历史，是现存年代最久远的圆楼，里面的72道楼梯是另一个土楼之最，每户独用一个楼梯在土楼里是绝无仅有的结构。如今这里珍藏了上万件文物，不再住人，是目前中国最完整的客家民俗博物馆。

这是个整洁而静谧的村庄。鹅卵石小径在方楼和圆楼间蜿蜒，翠绿的芭蕉林在小径边舒展枝叶，老人和孩子在门楼的木凳上拉着家常，狗儿们喜欢在石板路上打盹，看见客人来了就起身摇尾欢迎。村人很好客，他们会问你从哪儿来，给你带路，但是也有些害羞，看见陌生人举起相机就忙掩了脸，或者不好意思地离开。村子中心街边的几栋小木楼，有食杂店和茶馆，白底红字的幌子高悬着。

住在这样的村子里，远离尘世喧嚣，心静如水。

在这里，随便走进村镇的一座土楼里都尝得到客家的家常菜。客家菜口味偏重好酸，小吃中的芋饺深受欢迎。客家人擅长做鸡、鸭、鱼、肉、豆腐、时新蔬菜等，喜爱米酒。农历新年是到客家做客的最好时机，家家户户在外工作学习的人全部回家团圆，路过即是客，美酒佳肴不醉不归。

从初溪土楼群出来，回到下洋镇上，往西大约5公里就到了中川古镇，这里距广东梅州只有120公里左右。中川古镇是“万金油大王”胡文虎的故乡。胡文虎没有受过高深教育，也不以知识分子自命，却独资创办了十多家中、英

春雨桃花红

文报纸，热心于兴办慈善事业和赞助文化教育事业，因而也是有名的“大慈善家”。虎豹别墅就座落在村口。中川村子不大，就在一个小山窝里，一条小溪贯川村子，依溪而建的古屋形成一条古街，人口不足3000，而在海外的华侨却达20000有余，被誉为“天下第一侨乡”。在这个小村里，曾经涌现出了“一门五进士”、“三代四司马”、“父子进士”等，而在近现代也涌现出一批著名的人物，如锡矿大王胡子春、爱国侨领胡文虎、民国中央参政员胡兆祥、艺术大师胡一川、外交家胡成放、香港报业女巨人胡仙等人物，史学家们把这种现象称为不可思议的“中川文化”。

小贴士/TIPS

交通： 永定县城到下洋的班车，从早上6:20到下午17:00之间，每隔半小时发一班。从下洋到初溪15公里路况不好，目前没有班车，可包车前往，摩托车是便捷经济的选择。

门票： 初溪景区门票70元，可参观初溪土楼群、客家民俗博物馆门票和生态孔雀园。

作者手记：

1. 到了初溪村，应先沿着公路直走，从路左边的台阶上观景台，饱览全景之后下山过马路，从路边小道过河进村。土楼参观路线为：馀庆楼－庚庆楼－土楼茶艺馆－共庆楼－初溪文化中心－善庆楼－福庆楼－藩庆楼－锡庆楼－集庆楼－绳庆楼－徐氏古庙，然后过桥出村。
2. 初溪村中土楼数量多，要注意时间分配。集庆楼的土楼文化博物馆规模大品种全，若仔细参观至少要1个小时。
3. 初溪村里有很多旅馆，一部分是在土楼内，有些是新起的水泥楼房，卫生都不错，但不一定都能洗澡。另外，这些旅馆也都可以提供餐饮。

洪坑

推荐指数：▲▲▲▲

交通指数：▲▲▲

美食指数：▲▲

住宿指数：▲▲

解读洪坑

洪坑的客家土楼建于不同时代，形态各异，错落有致，与山水、村道、田园完美结合在一起。现有圆形土楼、方形土楼、宫殿式土楼、五凤式土楼、府第式土楼等各种类型的土楼数十座，为中国传统的生土民居建筑艺术和传统文化提供了特殊的见证。1986年4月，在美国洛杉矶举办的世界建筑模型展览会上，振成楼曾与雍和宫、长城并列展出。2001年5月，振成楼、福裕楼、奎聚楼被国务院公布为全国重点文物保护单位。

地理位置： 福建省龙岩市永定县。

推荐理由： 村中的振成楼被称为“土楼王子”，作为中国南方圆形建筑代表，它的建筑模型曾在美国落杉矶世界建筑模型展览会上与雍和宫、长城并列展出，引起轰动。

特色看点： 土楼建筑。

清晨的村子，雨淅淅沥沥下着。穿上蓝色雨衣，沿着洪川溪，走过湿漉漉的石板路去看土楼。先经过土楼民俗博物馆，馆里用图片和文字介绍了永定客家土楼的形成和发展过程，有时间的话可仔细琢磨一番。

洪坑是开发得很成熟的一个景区，其中的振成楼被称为“土楼王子”，是遵循八卦原理建造的土楼。作为中国南方圆形建筑代表，它的建筑模型曾在美国落杉矶世界建筑展览会上引起轰动，被誉为“东方建筑明珠”。振成楼里，大人们忙着把那些土楼的图册和照片、当地的土特产和一些纪念品摆放出来，孩子们在一楼走廊里，把木凳当了火车嬉戏。雨水滴落在院子里和屋檐上，透过雨帘，青石地板和屋顶的灰瓦被洗得发亮，而家家门上的红色对联和大红灯

○ 振成楼内

笼，在雨里愈发鲜亮。站在三楼的走廊上发了好一会的呆，看着老人坐在家门口的凳子上，也在发呆。

冒雨往村子深处，到石桥头的小店里问路，饥饿的肚子和湿透的身体抵挡不住诱惑，坐在店里要了一碗米粉。原来那桥叫做外婆桥，要看别的土楼还要再往里几百米。店主大姐端上桌的米粉，加了自家地里新摘的菜苗，鲜嫩油绿，被我狼吞虎咽地全部消灭。

福裕楼的大叔带着我们楼上楼下前院后院地参观，我在五凤楼里完全迷失了方向，不知道住在里头的人们如何不会走错自己的房间。福裕楼是永定府第式土楼的杰作，它由楼主三兄弟的朋友汀州知府张星炳设计。当地人说它的结构因此与众不同，不再是纯粹客家的方或圆，而有了高低起伏的隐寓。从上海用船运了琉璃瓦到厦门，再雇人肩挑了到永定洪坑的村子，做工精美的雕花红木家具，铺就在木料之上的青石地板，20万光洋的造价的确名不虚传。楼上旧时小姐的闺房如今做了客房，有绣花床和雕花漆木柜，还有一个宽阔的阳台、

◎ 振成楼

○ 天井里玩耍的儿童

两张木椅，正对着楼外的青山。心里大大惋惜一番，这样的住处下回要来住上一晚，顶好挑个月圆的夜晚，点灯喝茶赏月聊天。

边上的光裕楼也是方形土楼，不过中规中矩得多，据说是村里最早、最完整的正形土楼。然后过桥去看如升楼——村里最小的土楼，又被称为“米升楼”，意思是说好像量米的容器那样小的一座楼。传说楼主梦中得知道那是块宝地，自己挑土三年建成如升楼，取“如日东升”之意。土楼袖珍得只住了6户人家。

最后去看奎聚楼，那里的宫殿式屋檐看花了我的眼，这座方形宫殿式土楼的设计者是楼主的结拜兄弟，100多年前的翰林学士，所以那些一层一层精美的屋檐和山墙也就不足为奇。人们说奎聚楼和后面的山脊连在一起就是一只下山的猛虎，土楼即是虎头，记着要站在高处居高临下地看。我们遇到一个花甲老人，拍了几张他坐在门楼里太师椅上的照片。背景是雨中的祖堂，老人有些拘束地把双手放在膝盖上，露齿而笑。

这个台风来袭的夏日清晨，这个曾经富甲一方的村子，这些楼，这个老人。

小贴士/TIPS

交通： 洪坑的交通非常方便，永定-高头的班车每天有8班，可坐到洪坑景区门口下。此外，厦门、漳州、高头和龙岩、永定、下洋之间对开的班车都经过洪坑。

门票： 90元。

作者手记：

1. 洪坑是目前开发最完善的土楼游览区，凡是注明到“土楼”的专线车一般就是到洪坑的，上车前可询问清楚。专线车价格比普通班车要贵。
2. 洪坑食宿主要分牌楼外和村内两大类。牌楼外的旅馆是新楼房，有卫生间、热水器、彩电和空调。村内的旅馆多设在土楼里，房间里一般只有床和简单家具，公共卫生间。
3. 游览路线为牌楼—售票口—天后宫—民俗博物馆—振成楼—榕荫消夏—福裕楼观景台—如升楼—日新学堂—福裕楼—光裕楼—奎聚楼。
4. 福裕楼的全景可到洪川溪对面如升楼边的的观景台拍摄。
5. 振成楼现在一般不允许游客上楼，找到楼内住户带上去需要另付5-10元。

○ 送喜饼

蟳埔渔村

推荐指数：▲▲▲

交通指数：▲▲▲▲

美食指数：▲▲▲

住宿指数：▲▲▲

解读蟳埔渔村

蟳埔渔村是著名的“海上丝绸之路”的起点，还有服饰鲜艳、头上插满鲜花的蟳浦女，与惠安女、湄洲女并称为“福建三女”。据说这里居住的是古时阿拉伯人的后裔，虽经历代与当地汉族通婚，但中亚的遗风尚存，主要表现在蚝壳房和蟳埔女的头饰上。蟳埔女盘头插花，戴着丁香耳坠，穿着大裾衫、宽脚裤，形成了一道独特的风情。

地理位置： 福建省泉州市丰泽区东海社区。

推荐理由： 这里的女人们因其举世无双的独特鲜花头饰而闻名于世，这里还有别具特色的民居“蚵壳厝”。

特色看点： 簪花围、蚵壳厝。

蟳埔是泉州城边上一个宁静的小渔村，背靠鹧鸪山，这里的女人因独特的服装与头饰被人们亲切的称为鹧鸪姨。闽南有歌仔唱到：“蟳埔阿姨，开蚝（海蛎）捉鱼；早起戴花，暗幂（闽南方言，即夜里）挲饴（搓丸子，闽南一种面食甜点）”。这一群“头戴簪花围，髻插象牙筷”的渔家女子，勤劳贤惠，织网捕鱼，操持家务，样样拿手。蟳埔村因她们而名闻遐迩，而她们则因其举世无双的独特鲜花头饰而闻名于世，与惠安女、湄洲女并称为“福建三女”。早年间，蟳埔的男人出海捕鱼,女人进城贩卖海蚵，为行动方便，她们上身穿着大裾衫，下身着宽大汉裤，脚穿着自家用稻草编织的草鞋，肩挑成百斤的新鲜海产品，天还未亮就得走十余里路程。但就是在这样辛苦劳作的境况下，她们来到泉州城边的外沟壕边，也要停下来梳妆打扮一番，把头上的鲜花戴好，再换双好鞋，才入城摆摊设点叫卖。可以想象，蟳埔女在早市上是怎样一道亮丽芬芳的风景啊！

我到蟳埔渔村的时候，正赶上村子里郑姓、黄姓和卢姓三家人家在准备第二天的婚礼。村头的路口一字排开好几个大红色、明黄色的气球拱门，村里几家饭馆的门楣上也都已经贴上了喜宴的大红字。按照蟳埔人的习俗，婚礼头一天是要挨家挨户派喜饼的，于是感觉上几乎一村的女人都挑着箩筐在走街串巷。她们款摆腰身，不疾不缓地走在村中窄巷，那簪花的背影一字排开，煞是好看。蟳埔女子在孩提时梳辫子，就喜欢把色彩鲜艳的菊花、玉兰花、玫瑰花插满双鬓，到了少女时期，秀发便要盘在脑后梳成圆髻。发髻边上用一串用鲜花缀成的花环装饰，逢年过节则要戴上三四串花环，一个个把发髻打扮得像一个个姹紫嫣红的小花圃。

关于蟳埔女子发饰的来源，有好几种说法，其中一种说这种服饰是宋朝杨八姐服饰的遗风。当年杨家将入闽作战，杨八姐经过这里时，教会了当地人的穿衣打扮。另一种说法是宋、元时期遗留下来的阿拉伯人风俗。蟳埔女所载的

海蛎墙

○ 簪花头饰

鲜花，来自附近一个名叫云麓的花村。据说元朝灭宋时，阿拉伯人蒲寿庚归顺元朝，其兄蒲寿晟便把云麓村开辟为他的私家花园——云麓花园，并从其故乡阿拉伯移植来素馨花、茉莉花等各种奇花异木。元末明初，泉州掀起反蒲运动，蒲寿庚后裔恐被株连，故改姓为卜。现在，云麓花村半数以上的居民都姓卜，相传就是阿拉伯人蒲寿晟的后裔。

蟳埔还有一样出名的东西，那就是“蚝屋”，蟳埔人称之为“海蛎厝”。但据说这些海蛎壳并非产自本地，而是宋元时期来往商船从印度洋、波斯湾等地捡来压船的，抵达泉州港卸货后，大量的海蛎壳就被遗弃在海边的滩涂上。因为当时缺乏建筑材料，加上沿海海风咸湿，红砖建筑易受腐蚀，而海蛎壳既不怕渗水，又不怕虫蛀，当地人就用这些海蛎壳搭建起了大厝，冬暖夏凉，最宜人居，所以就流传有“千年砖，万年蚝”的俗语。白色海蛎壳墙体，下配以花岗岩底，上砌红砖墙，红白相间，鲜艳夺目。

小贴士/TIPS

交通：位于泉州市丰泽区东海社区，乘坐1、8路公共汽车在后埔站下车，步行10多分钟即到。

门票：无

作者手记：

说起蟳埔渔村，很多人都以为是在远离都市的偏远海边，实际上，这里离泉州市区只有十多公里，然而令人惊讶的是，这里独特的服饰、发饰和生活传统却保持得非常好。

○ 蔡氏古民居

地理位置： 福建省泉州市官桥镇。

推荐理由： 以其宏大的规模、严整的布局、精美的雕饰、丰富的内涵赢得好评，被誉为“闽南建筑的大观园”。

特色看点： 民居建筑、雕刻艺术。

蔡氏古民居群

推荐指数：▲▲▲

交通指数：▲▲▲▲

美食指数：▲▲▲

住宿指数：▲▲▲

解读蔡氏古民居群

蔡氏古民居群主要由清代的蔡启昌及其子蔡资深兴建，现存较为完整的宅第共16座。当时许多建筑装修材料都是从菲律宾海运过来，加之闽南独具魅力的雕刻艺术和装修风格，最终构成了一幅中西合璧的建筑图画。据说，蔡氏古民居建筑群里，总共有5种雕刻艺术，包括石雕、木雕、砖雕、泥塑雕，还有一种雕刻艺术非常奇特，至今为止没有专家考证出来。

去官桥看蔡氏古民居群，交通不是很方便，班车只到达官桥镇上，余下的6公里唯有乘摩的或步行。上了摩的，一路皆在施工，漫天灰尘里，远处的村庄恍如海市蜃楼一般。到门口时正是午后，一个游客也不见，售票员好心替我打了个折，15元门票只收了10元。古民居群外边用难看的青砖墙围着，得通过一道狭窄的小门才能进入。然而一旦跨过那道门，一个彩色世界就霍然展现在眼前：艳阳下的红砖红瓦，猛烈地冲击着你的视觉，龙眼树与芭蕉林的绿荫间，一幢幢鲜艳的红砖大厝显得特别抢眼。看似俗艳的颜色，却美得让你有点猝不及防。

蔡氏古民居建筑群主要由清代的蔡启昌及其子蔡资深兴建。蔡启昌父子是菲律宾华侨，和许许多多身为成功商人而满脑子儒家思想的华侨一样，认为“久远之业，商不如农”。清朝同治年间，蔡启昌回到官桥漳里村，相中了村边那片叫“漳州寮”的风水宝地，于是开始大兴土木。当时许多建筑装修材料都是从菲律宾海运过来，加之闽南独具魅力的雕刻艺术和装修风格，最终构成了一幅中西合璧的建筑图画。从远处看，蔡氏古民居就像一把琵琶，一头大一头小，石埕上石板之间缝隙就像琵琶乐弦。传说蔡氏古民居建筑群的选址地点是一个九天仙女掉琵琶处，因此，蔡氏古民居建筑群就称为“琵琶”形村落。

○ 时光斑驳

蔡氏古民居是张扬的，不但在色彩上，更在房子的形制上，蔡氏古民居是典型的“皇宫起”——也就是皇宫体的民居。有个民间故事解释了这种建筑样式的来源：闽王王审知的皇后黄惠姑是泉州人，每到连绵阴雨天气，往往伤心落泪，闽王问她为什么，皇后说她想起了娘家房屋破漏，不能阻挡风雨。闽王当即说：“赐你一府皇宫起。”圣旨传到泉州，民众误以为泉州一府都可以建皇宫式建筑，遂大兴土木。有人密告闽王，说泉州人到处建皇宫，准备谋反。闽王想起是圣旨有误，连忙下旨停建，可是泉州晋江一带的房屋都已经建好，只好算了。蔡氏古民居一般面阔为五开间，两进或三进，左右带一排或两排护厝，屋脊是燕尾脊，中间凹陷两端微翘，曲线优美十分，燕尾高昂、尖细，大

○ 年代久远的雕刻

○ 民居内的摆设

有轻灵飞动之势，屋顶再多出两条燕尾，仿佛一大一小两双翅膀在低低飞翔。闽南的大户人家是一定要建院落的，蔡氏古民居当然更不例外，前落是门厅，后落是主屋，再加上左右两排护厝，团团围起一个天井，就是一个紧凑密封的合院了。

民居的形态反映的是一方人的性格，闽南人是近代挟巨大的商业财富崛起的，年轻气盛，踌躇满志，起豪宅建大厝，是他们炫耀家族社会地位的最直接的方式，所以他们一定要用最好的石料。“出砖入石”，看上去能传诸久远，一定用高翘的屋脊，因为显得很神气，一定用红砖红瓦，因为很喜庆。闽南民居的装饰重点是门面。看蔡氏古民居，人还没进门，就已经被墙上的各种装饰给深深吸引住了，勒脚上的青石，图案大部分是虎脚、麒麟、喜鹊、马踏祥云、狮子戏球，山墙上的泥塑和浅浮雕，腰线是红砖、白石或青石影雕，连檐边都是精美的浮雕和泥塑彩绘，要么山水人物，要么花鸟鱼虫，而且大多有故事情节，连贯成篇。难怪有人说走在蔡氏古民居建筑群里，就恍如身处一座五光十色的清朝闽南建筑博物馆，精彩尽收眼底。而正是这些，让蔡氏古民居成就了闽南建筑的独特魅力，展现了独一无二的建筑特色。

小贴士/TIPS

交通： 位于泉州市郊官桥镇。从泉州客运中心站坐开往官桥的小巴，10分钟1班，到达官桥镇后换乘摩的可达蔡氏古民居。泉州市区有13路公交车开往官桥，但车次很少，需耐心等待。

门票： 15元

作者手记：

1．最好是清晨或黄昏时分到达，晨光或余晖照在红色的墙上，有意想不到的效果。

2．古民居里现在仍然有少量居民居住，不要大声喧哗，入房内参观时最好征得主人的同意，以免引起不必要的纠纷。

3．最好留下摩的司机的电话，参观结束后打电话让司机来接，否则可能得靠步行回官桥镇。

曹家大院

常家庄园

乔家大院

6 山西

郭峪

王家大院

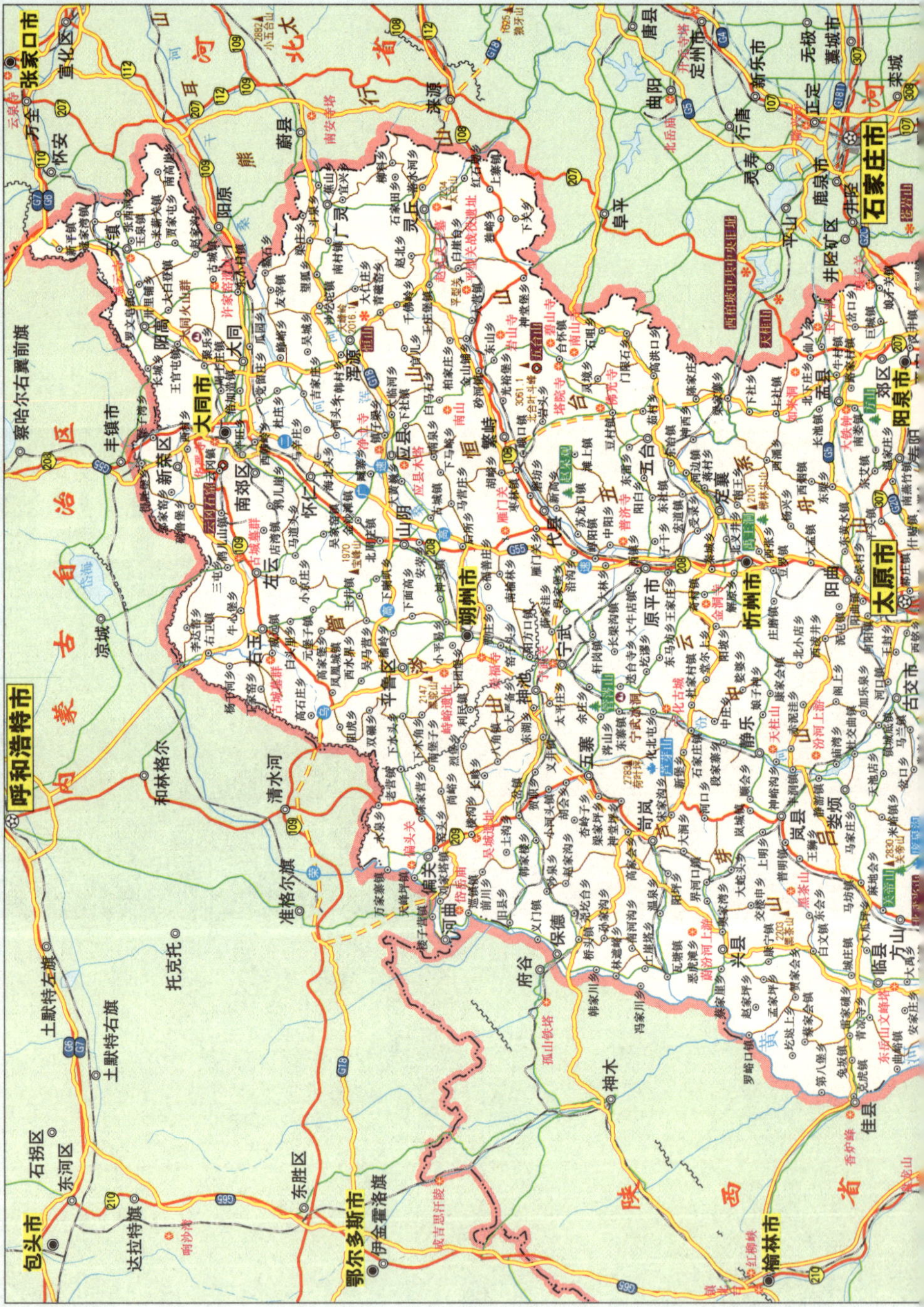
呼和浩特市
张家口市
宣化区
怀安
大同市
大同
新荣区
南郊区
阳高
天镇
浑源
广灵
灵丘
应县
怀仁
山阴
朔州市
平鲁区
右玉
左云
偏关
河曲
神池
五寨
宁武
原平市
代县
繁峙
五台
定襄
忻州市
太原市
阳曲
阳泉市
盂县
平山
石家庄市
保德
岢岚
静乐
岚县
兴县
临县
方山
娄烦
府谷
神木
佳县
榆林市
鄂尔多斯市
伊金霍洛旗
东胜区
达拉特旗
包头市
石拐区
东河区
土默特左旗
土默特右旗
托克托
和林格尔
清水河
准格尔旗
凉城
丰镇市
察哈尔右翼前旗
内蒙古自治区
河北省
陕西省
涞源
蔚县
阜平
曲阳
唐县
定州市
新乐市
行唐
灵寿
鹿泉市
井陉矿区
正定
无极
藁城市
栾城
五台山
恒山
管涔山
芦芽山
黄河

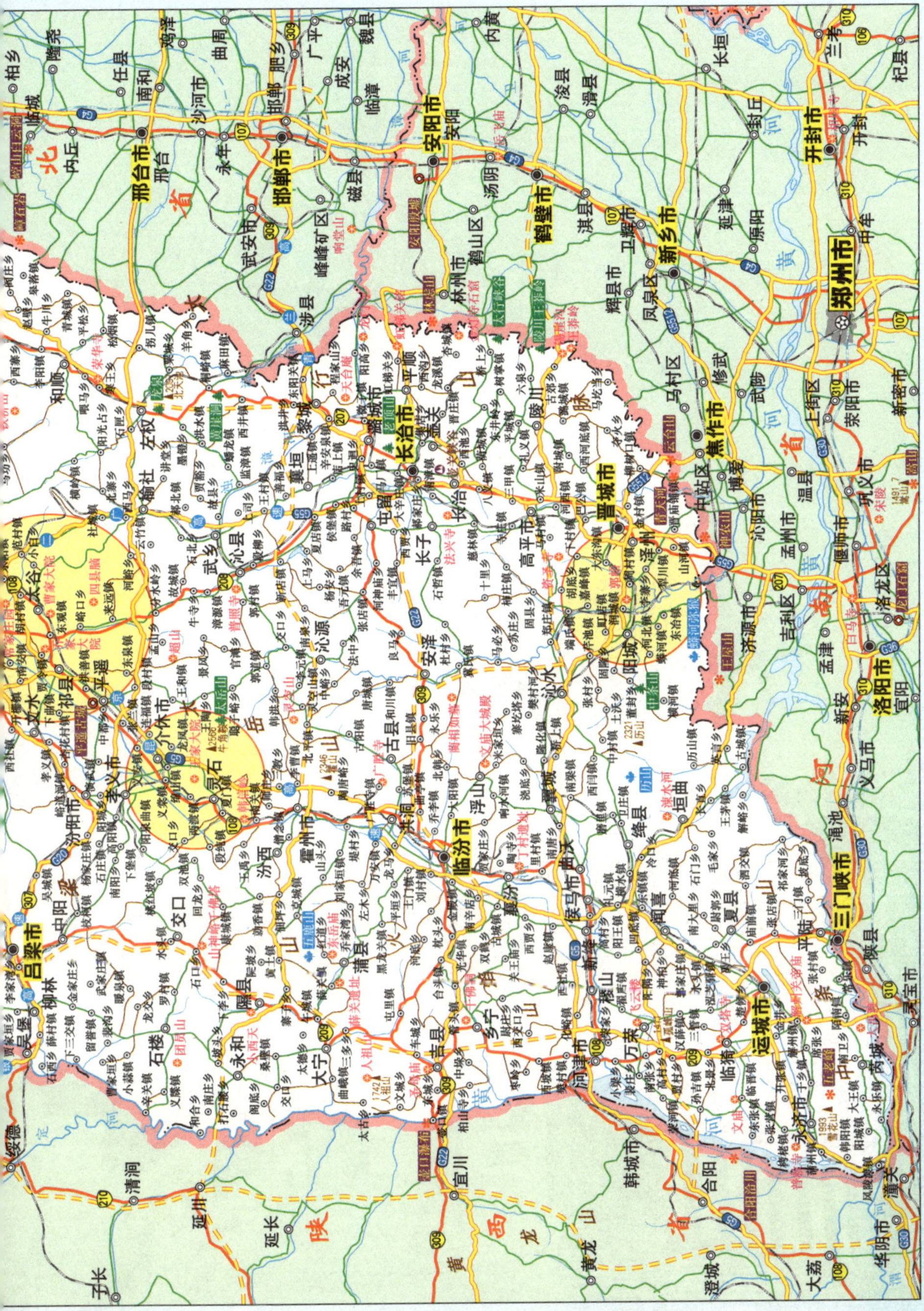
吕梁市
临汾市
长治市
晋城市
运城市
邢台市
邯郸市
安阳市
鹤壁市
新乡市
焦作市
郑州市
开封市
洛阳市
三门峡市
济源市
介休市
孝义市
汾阳市
侯马市
霍州市
潞城市
高平市

常家庄园祠堂门前的双斗旗杆正是显赫地位的象征

常家庄园

推荐指数：▲▲▲▲▲

交通指数：▲▲▲▲

美食指数：▲▲

住宿指数：▲▲

解读常家庄园

常氏以儒商文化独树一帜，既有进士、举人、秀才，又不乏书画名家，所以在建筑上亦有自己的独创之处，为曹家、乔家、渠家等晋商所不能及。庄园洋洋洒洒60多万平方米，房屋4000余间，楼房50余座，园林13处。主要建筑和景观为“一山一阁、两轩、四园、五院、六水、九堂、八帖、十三亭、二十五廊、二十七宅院”。

地理位置： 山西省晋中市榆次区东阳镇车辋村。
推荐理由： 位居三晋民居建筑之首，被称为“中国儒商第一家”。
特色看点： 建筑、雕刻、楹联。

从榆次出发，沿108国道南行不远，在青翠平坦的大片田地间，兀然矗立着一座旌旗招展、檐牙高啄的城楼，如海市蜃楼般充满迷幻色彩。令人难以置信的是这片规模庞大的建筑竟然并非一座城池，它仅仅属于一个家族，一个在中国外贸史上赫赫有名的家族——榆次常家。

常家从明代末年开始经商，在康乾盛世期间执中俄茶叶贸易之牛耳长达百年。常家在位于华南的武夷山制茶，运输到今天俄蒙边境的恰克图销售。茶叶之路绵延万里，关山远隔，即使今天以飞机飞越这段航程，也要数小时之久，而当时的常家是用马车、用驼队一步步走过来的。即便以现在的眼光看来，这也是一条了不起的长途商路。常家事业能够兴盛百余年，与其“学而优则贾”

的家训不无关系。常家不遗余力，办学育人，将优秀的文化人才不断输送到商业第一线，用儒家思想指导经营活动，被称为“中国儒商第一家”。商业繁荣的同时，在科举中考取秀才、举人、进士的亦达百余人，那些“大夫第”、“进士第”、“武德第”的牌匾可不是一般人家能挂得上的。

享有“儒商第一”的盛誉，甭管是由来已久，还是商业炒作，常家庄园中那种儒雅的文化气息毕竟是看得见摸得着的。各院落的命名就是很好的例子，都带着个“和”字，如贵和堂、雍和堂、慎和堂等，体现了中国传统文化“和为贵”的思想。很多晋商大院都设有私塾、书房等陶冶情操、培育后代的学习场所，而常家“石芸轩书院”的规模和藏品首屈一指，其书法收藏“听雨楼法帖”、“石芸轩法帖”荟萃了从唐代到清中叶诸多大家作品，真草篆隶，翰墨飘香。法帖统统被雕刻在青石上，富于曲线变化的书法竟然可以用硬梆梆的石头来表现，精湛绝伦的书法艺术与炉火纯青的石雕技艺结合得天衣无缝，让人不禁叹服于前辈工匠的无所不能。御笔亭里还收集了44帝后的墨宝，上自夏禹，下至溥仪，也不知道那些先秦墨迹究竟是如何考证出来的。字虽然有风骨之别、高下之分，但运笔、间架中都能透出几分功力，看来历朝历代的国家领导人全都受过良好的书法训练，不过像康熙那样字写得好、国家也治理得好的皇帝的确凤毛麟角。

常家庄园的楹联是另一道不容错过的风景，有的岁月留痕，已渗出铜锈般的青绿，有的新鲜出炉，闪烁着金粉的光芒。寥寥两行字，浸透着隽永的处世哲学和人生智慧，楹联内容看似信手拈来，与所处位置又甚为贴切。祠堂门口“卜地辋川百代儿孙承德泽，名堂燕翼一脉先祖绍嘉猷”的歌功颂德，一到花

常家庄园

好事成双

园就变成了“鱼跃龙翔瀛海新波添夜雨，鸾栖凤哕南山乔木长春阴”的曲径通幽。各院落的楹联则俨然一部励志标语大全，有夸耀藏书丰富的：“庭有余香谢草郑兰燕桂树，家无别况唐诗晋字汉文章”、“三坟五典都是日常家用，四书六经原本济世文章”；有教导勤俭持家、耕读传家的，“绍祖宗一脉克勤克俭，教儿孙两事曰读曰耕”、“浩博旁通，诗书上不许俭；雍容儒雅，衣食边只要勤”；有传授人生理念的，“拥林万亩眼底苍浪方悟种德若种树，存书万卷笔下瀚海才知做文即做人”……文字和用典纷繁复杂，却万变不离其宗，念念不忘诗书继世的传统，字字紧扣修身立德之主题。细细品味着楹联的言中深意，扑面而来的是常家不变的儒商情怀。

○ 常家庄园的砖雕艺术

常家的儒学修为不仅体现在字面上，也表现在行动中。晋中地区曾经遭受严重旱灾，常家却偏偏选在这个时候修建戏楼，而且告诉乡亲们，只要来参加劳动一天就管一天的饭。旱灾持续了三年，戏楼也修了三年。在行善事的同时，注意保全受施者的尊严，这是做善事的最高境界，常家人的善良和智慧在这一刻表现得淋漓尽致。如今出钱的、出力的早已不在人世，这座戏楼依然伫立在常家的祠堂院中。演戏虽然有曲终人散之时，常家的这一善举却将永远传唱。

走过威严肃穆、气势非凡的常家祠堂，走过木雕华美、砖雕精致的贵和堂，常家花园“静园”让我有惊艳之感。疏朗大方、空灵通透的布局，既有北派园林的大气质朴，又融入南派园林的细腻精巧。看够了鳞次栉比的青砖灰瓦，视野已经被固定成窄窄的一片天，静园则让压抑的感觉一扫而空，整个庄园如同一幅古代文人山水画，在这里表现出了“留白”的意境。登上“观稼阁”，极目远眺，近处波光粼粼，屋顶高低错落，远处沃野千里，绿树成行，一派田园风光。常家先辈大概也曾站在这里眺望归来的商队吧，马蹄声在历史长廊中悄然隐去，常家的故事也逐渐苍老而为久远的传奇，有形的财富凝结成一方蔚为壮观的宅院，为后人开发旅游提供了载体，而常家无形的财富，商儒结合、商儒相长的传统又该用怎样的方式来传承和发扬呢？

小贴士/TIPS

交通：从太原火车站对面乘坐901路公交车到终点榆次老城，下车即为12路车站，一车直达常家庄园，车程30分钟。

票价：60元。

作者手记：

1. 常家庄园的规模为三晋民居建筑之冠，现在修复的部分仅占原来的四分之一，就已经令人瞠目结舌，建筑恢弘大气，文化氛围浓厚，个人以为不容错过。
2. 贵和堂的彩绘、木雕、砖雕等都极为精美，堪称晋中民居的代表作，建议多花些时间细细品读，此外常家祠堂的木雕、静园的砖雕门饰也值得驻足欣赏。
3. 静园的狮园内有很多姿态各异的石狮子，其中一只明显受到特殊待遇，披红挂绿，格外精神，原来它曾经由第11世班禅摩顶合影，结下了佛缘。信奉佛教的游客，不妨跟它合张影。
4. 庄园大门外的停车场周边有几家餐馆，供应山西特色菜、面食和榆次灌肠、豆腐脑等，价格还算合理。
5. “五一”、“十一”期间往往会安排威风锣鼓、民歌、地方戏曲表演等，春节期间有社火表演，花轿、背棍、旱船、高跷等节目，精彩纷呈。

曹家大院

推荐指数：▲▲▲

交通指数：▲▲▲

美食指数：▲▲

住宿指数：▲▲

解读曹家大院

曹家大院又称“三多堂”，是北方近代民居建筑的珍品之一。大院整体布局呈“寿”字型，建筑风格古色古香，堪称“中华民宅之奇葩”。院内珍藏着许多文物，辟有三多堂博物馆。2006年，曹家大院被国务院列入全国重点文物保护单位。

地理位置： 山西省晋中市太谷县城西南5公里北汪村。

推荐理由： 晋商巨富曹氏家族的宅院，堪称“中华民宅之奇葩”。

特色看点： 明清建筑、藏品。

三多堂

○ 气派的曹家大院三多堂

门楼

一个冬日的早晨，从太谷雇了辆“摩的”，踏访曹家大院。“摩的”很嚣张地嚎叫着，掠过太谷行人寥寥的街道，七拐八拐地上了乡间小路，在身后扬起一阵烟尘。路旁是光秃秃的树枝，光秃秃的田地，缩头缩脚的乌鸦点缀其中，透着股子萧条的味道。这样的气氛倒是很适合听一听曹家的故事。

曹家的发达源于祖上闯关东做买卖，到清朝道光、咸丰年间达到鼎盛，铺面遍布大江南北，民间有“凡是有麻雀飞过的地方都有曹家的商号”的说法。后来他们又做起了国际贸易，俄罗斯、日本、蒙古、朝鲜，到处都留下了曹家商人的足迹。一个家族的兴盛需要几代人卧薪尝胆，败落则只需要一代人坐吃山空。清末战乱频仍，再加上子孙骄奢淫逸，染上了吸鸦片的恶习，曹家终于盛极而衰，一蹶不振，最终流传下来的，除了堪为世人鉴的兴衰史，就只剩下一座厚重古朴的三多堂了。

进了村，路况变得更加颠簸，摩的灵活地闪躲着路面上大大小小的坑，后座上的我也跟着摇来摇去。两边的房子没有任何特色，完全看不出有一点大院的影子，心里就有些嘀咕：不会是走错了吧。疑惑间，一堵磨砖对缝的高大墙体闯入视线，转过弯去，“三多堂”金灿灿的牌匾高悬于雕梁画栋间，一溜“曹”字灯笼告诉我，曹家大院到了。

山西人有了钱，总是以兴修宅院、光宗耀祖为第一要务，曹家也不例外，在北洸村建起了一批气势宏大、富丽堂皇的宅院，最有名的四座按照“福”、“禄”、“寿”、“禧”字形建造。几十年的毁弃，只有寿字院幸存下来，就是这座企盼多福、多寿、多子的“三多堂”。我爬上屋顶看了许久，无奈天生愚钝，终究没有搞清楚这宅子的布局跟“寿”字有什么联系，不过并排三个轩敞的穿堂大院，北端三座高耸的统楼并肩而立，在周边低矮民房的衬托下，如鹤立鸡群般，倒真真切切地显示出一种“舍我其谁”的自信和大气。与其它知名的晋商大院相比，曹家大院的砖、石、木雕算不上出色，甚至可以用朴素来形容，但简练中自有一种威严。

三多堂不仅仅有恢宏的建筑，其藏品也美不胜收。东路是瓷器陈列馆，高的矮的，胖的瘦的，带盖的带把的，粉彩瓷，青花瓷，瓶瓶罐罐摆了一屋子，虽嫌杂乱，倒也富足。中路为家具展厅，古色古香的明清家具荟萃一堂，天然花纹大理石镶成的“百寿大屏风”和“红木螺钿镶嵌福禄寿大座镜”是其中的精品。连家具都寸步不离“寿”字院的主题，主人的处心积虑由此可见一斑。西路为曹家历史、商业兴衰展，以图片、文字为主，略感单调乏味。西路的统楼被辟为珍宝馆，一楼多为瓷器，以清末民初产品为主，没看到什么珍品，有凑数之嫌。二楼则是整个曹家大院中最值得驻足停留的地方，明代大画家仇瑛临摹的《清明上河图》孤独地躺在靠墙的柜子里，灰尘蒙面，显然已多日未曾打扫，但画家精细的笔触仍依稀可辨。不过以白金、黄金、钨金加水晶做成的火车头钟境遇就好得多了，它是法国给清廷的贡品，慈禧太后逃难西安时向曹家借款，把它留在了这里。它骄傲地占据了展室中央的黄金地段，一缕阳光从窗户射进来，无数粒微尘在光柱中欢快地舞蹈，闪亮的钟身上却一尘不染，也看不出一丝岁月的痕迹。太后老佛爷不在了，曹家的奢靡生活不在了，清王朝

俯瞰大院

也悄然远去，我独自面对着这位阅尽百年沧桑的老人，不禁问上一句：您是否还记得那一段流金岁月？金钟无言，只有院子里工作人员扫地的声音，“刷、刷、刷”，在静谧的冬日早晨，听得特别真切。

小贴士/TIPS

交通：可从太谷城内包车前往，20分钟即可到达。

门票：35元。

作者手记：

1．三多堂由于交通不太方便，旅游团队不多，整天游客稀少。“五一”、“十一”是一年中仅有的两个高峰时段，但在几个晋中大院中仍属于游览环境最宽松的。
2．从中路统楼可以登上三多堂的屋顶，俯瞰现存的曹家大院全貌。从大院西边的小门出去，有一片空地，是拍摄三座统楼全景的好地方。
3．中路的统楼内有太谷建筑文物图片，不必东奔西走，在此可以一览太谷主要古建筑的风采。

庭院深深

乔家大院

解读乔家大院

乔家大院始建于清乾隆二十年（1756年），位于祁县东北一个普通的村子里，没有常家庄园的崇楼高阁，也没有王家大院的山势巍峨，然而从这个院子里走出去的几代人，创造了塞外名城——包头的繁荣，导演了中国晋商最持久的辉煌。乔家大院集中体现了我国清代北方民居的独特风格，被专家誉为“北方民居建筑史上一颗璀璨的明珠”。电视连续剧《乔家大院》曾在中央电视台一套黄金档播出。

地理位置： 山西省晋中市祁县。

推荐理由： 一座宏伟的清代建筑群，集中体现了我国清代北方民居的独特风格，素有“皇家有故宫，民宅看乔家”之说。

特色看点： 古宅院、石雕、木雕、砖雕。

推荐指数： ▲▲▲▲▲

交通指数：▲▲▲

美食指数：▲▲

住宿指数：▲▲

两部影视作品让乔家大院名满天下，电影《大红灯笼高高挂》令人无限关注甚至憧憬高墙之内、灯笼之下某种无法复制的热闹，带着点偷窥的快感；电视剧《乔家大院》则轻轻推开被历史关闭的那扇厚重大门，让人看到财富与成功背后的偶然与必然，有着恍然大悟、原来如此的释怀。

乔家大院的存在为乔家堡村带来了商机，到处都是为游客服务的商店、餐馆、旅社。大院正门开在一条窄窄的巷子里，一侧是喧闹的市声，另一侧是沉默的砖墙。现代的财富故事正在上演，过去的光辉岁月已被深深埋藏。

有人带着艺术的眼光，来此欣赏精美的建筑；有的人带着猎奇的眼光，来此找寻三妻四妾的蛛丝马迹；电视剧播出后，相信会有更多人带着学习的眼

○ 乔家大院里的砖雕葡萄

光，来此体会乔家成功的奥秘；我则带着历史的眼光，来此探究富甲一方的乔家人创造财富的历程和对待财富的态度。我们长期接受着“为富不仁”的传统教育，却刚刚得知在山西曾经有这样一家人，祖祖辈辈在商海中坚守着自己的道德底线。乔家恐怕是最为人称道的晋商了，至今流传着在门外拴上三头牛供乡亲们免费使用的故事，这算不得什么事迹，但温暖了人心。大门对面刻有左宗棠题赠的一幅楹联：“损人欲以复天理，蓄道德而能文章”，横批“履和”，意味深长。当时没有建设和谐社会的构想，乔家人用自己的行动实践着和谐。

走进院门，终于跨进了乔家人的家园，一条笔直的石铺甬道，把6个大院分为南北两排。红灯笼高挂檐下，成为青砖灰瓦中跳动的精灵。游人们如涨潮般涌进每一个院落，又退潮般涌出，挺立潮头的是导游高举的小旗。不知道该感谢还是记恨《大红灯笼高高挂》，它令乔家大院声名鹊起，成为最早出名的晋商大院，却又以一个虚构的故事，让乔家在人们的记忆中妻妾成群，以至于大院导游不得不一遍又一遍地向游客们澄清事实。大院创始人乔贵发在生意成功，由不名一文的农民变为衣锦还乡的钻石王老五的时候，却娶了在贫困时曾经帮助过他的一位寡妇为妻，还在去世前立下家规“六不准”。不准纳妾就是其中的首条。乔氏子孙严格地遵循了这条家规，哪怕媳妇不能为家族生养子嗣，也没有人以此为借口休妻纳妾。同样被遵循并发扬光大的是乔家经商的方式，他们保护合伙人的利益，保护伙计的利益，同时保护生意伙伴的利益，乔

○ 木雕垂花柱

○ 院落

家人在几百年前就已经参透双赢的玄机。风雨飘摇的1930年，当晋钞大幅贬值的时候，乔家票号大德通不惜血本，毅然决定以新钞兑换给储户，自己承担了所有贬值损失，元气大伤，两年之后，有着80多年历史的大德通悄然歇业。他们决非一时冲动，东家乔映霞说：乔家底子厚，即使大德通因此倒闭，也不至于没饭吃，而存款对于普通储户来说，就是很多人的身家性命。一句话道出了晋商文化的精髓——义行天下，利以义致。乔家大院中多处可以看到葡萄的木雕、石雕，象征着葡萄百子、一本万利，是乔家人对于生意兴隆的美好期望，但当面临着义与利的冲突，他们却总是选择行义举、做善事。义为他们的第一家商号赢得了东山再起的机会，帮助意大利修女的义举又让乔家大院侥幸逃脱了日寇的铁蹄蹂躏。经过了唯利是图、尔虞我诈的商业乱战时代，现代社会开始更多地关注企业的社会责任感，这难道不就是晋商文化的回归，是对“义”的现代诠释么？

五号院“芝兰第”是豪门陈设馆，陈列着乔氏的各种传家宝物。犀牛望月镜距今有二百多年历史，由铁梨木精雕而成，这种造型独特的镜子在晋中大院多处可见，但乔家的这一面从选材、雕工、体积上看，都无人能及，不愧为国家一级文物。九龙灯用珍贵的乌木制成，9条活动着的龙头组成灯头，可以调整位置，通过镜面反射提高亮度，构思精巧。万人球是用水银玻璃制成的球形镜，无论主人坐在房间的哪个位置，屋内每个角落的东西都可以照在上面，而且只缩小，不变形，是完全不用电的监视探头。乔家古印则是用78块寿山、青田等名贵玉石组成的印章，每块上面刻有一句话，合起来为整篇《文昌帝君阴骘文》。

这个院的木雕砖雕也是艺术精品，正门木雕为九狮弄绳及福禄寿三星图，墀头正面砖雕犀牛贺喜，侧面雕四季花卉。二进门木雕为花博古和财神喜神，正房门楼木雕是南极仙骑鹿和百子图，扶栏砖雕分别为：喜鹊登梅、奎龙腾空、葡萄百子、鹭丝戏莲、麻雀戏菊。多年积攒的财富，让大院的每一个角落，都写满中国式的精致，写满无穷尽的祝福。

乔家人是与时俱进的，在后来建成的院落中，开始采用西洋式门窗，修起了浴室和“洋茅厕”，屋檐下的彩绘里甚至出现了一列呼啸而过的火车。乔映霞在当地第一个穿起了西装，办起了新式教育，出钱从英国人手中赎回了阳泉煤矿，涉足近现代工矿业。正是对于新鲜事物的接纳、吸收和为我所用，让他们在商业竞争中领先一步，将乔家的基业在国势衰微的时代背景下撑了几十年，成为最后关门的山西银号。

二号院是人生仪节馆，介绍晋中地区的各种民俗仪式，如婚俗、抓周等等，都是些让人高兴的事。蜡像和原样陈设接受着游人的品头论足。东偏院的门开着，却没看见人进出，我好奇地走进去，迎面一座巨大的棺罩，虽然色彩浓艳，但摆放在走廊的阴影中，还是吓了我一跳，原来这里是丧俗陈列。在院子北面，我意外地看到了乔致庸的墓碑。作为乔家最具代表性的人物，从一介儒生到晋商翘楚，乔致庸历经嘉庆、道光、咸丰、同治、光绪五帝，亲眼看着自己的国家逐渐没落、衰败。他是否能预见到从日进斗金到江河日下的趋势，

乔家大院正门的牌匾保存完好

预见到乔家生意悄无声息地谢幕的那个场景？墓碑被迁到了这里，想来墓地已然荡然无存。乔致庸的人生浓缩着晋商的传奇，但纵然辉煌如斯，最终仍不免归于石碑上冷冰冰的一行字而已。

靠西北的院子是乔家的内花园，里面立着刻有“乔家大院”字样的山石，游人纷纷在此留影。这片空地其实是乔家衰落的标志，当时的乔家已没有能力建起可与祖产相比肩的房子，只好改作花园，由于日寇入侵，改建工程也半途而废。乔家人离开以后，大院被政府部门占用，经历了数十年的寂寞时光。乔家大院终于再一次衣着光鲜地展现在世人面前，却已物是人非。乔家书写了财富的神话，留下了这样一座浸润着主人成就和工匠技艺的豪宅。这一通小小的山石哪里能够道得尽百年晋商风流，我想乔家人树立在人们心中那座做人和从商的道德丰碑才是最珍贵的宝贝吧。

小贴士/TIPS

交通：乔家大院距离大运公路仅200米。可在太原建南汽车站乘坐开往祁县的班车，到乔家大院下车。

门票：40元，老人、学生半价，70岁以上老人免票。

作者手记：

1. 乔家大院的建筑格局被称为“双喜”，从前可以在高高的院墙上清楚地看见，现在已经禁止上房了。在位于六号院倒座的乔家建筑展览里，有整个大院的模型，可以弥补不能上房的缺憾。
2. 一号院的农耕岁时生活馆内有元宵节盛况展，表现清代祁县老城过元宵节的场面，背景在祁县仿古商业街实景拍摄，里面有缝纫机大全、雪糕等现代词汇，寻找里面的穿帮镜头成为我除看木雕、砖雕外最津津有味的娱乐。
3. 到此一游照最好的地点在内花园院内的山石前，游人少的时候在甬道中央拍个各院点灯的照片也不错。
4. 所谓的大院第二景点——葫芦园、民俗园均为粗制滥造的项目。民俗园在旺季游人多时有民俗、社火表演，应付差事而已，完全没有必要浪费时间去那里参观。

○ 王家大院一角

王家大院

解读王家大院

王家大院位于灵石县城以东12公里的静升镇，此镇能够在建设部公布的第一批中国历史文化名镇中名列榜首，王家大院功不可没。目前修复后对外开放的王家大院主要包括高家崖、红门堡两大建筑群，共计54座院落，总面积3万余平方米。两组建筑群东西对峙，一桥相连，皆为黄土高坡上的城堡式建筑，依山就势，错鳞次栉比，气势宏伟，再加上随处可见的砖雕、木雕、石雕，匠心独具，精致典雅。王家大院被誉为“华夏民居第一宅”、“民间故宫”和“山西的紫禁城”。

地理位置： 山西省晋中市灵石县静升镇。
推荐理由： 无论规模、等级，以及蕴含其中的文化和建筑装饰艺术，王家大院都可称得上是北方民居建筑之集大成者。
特色看点： 石雕、砖雕、木雕以及建筑风格。

推荐指数： ▲▲▲▲▲
交通指数：▲▲▲
美食指数：▲▲
住宿指数：▲▲

康熙十二年（1673年），静升王家捐献24匹良马支援清政府平息吴三桂叛乱，受到康熙帝褒扬。借清政府的势力，王家生意规模更大，资本日趋雄厚，通过科举和买官等方式开始做官，最高做到正二品。王氏家族由农及商，由商到官，终于在清代中叶发展成为富甲一方、声名显赫的灵石四大家族之一。王家发迹后，便大兴土木，不断营造住宅、祠堂、牌坊、坟茔，从康熙年间一直修到嘉庆年间，持续半个多世纪。累计修建了“三巷四堡五祠堂”等庞大建筑群，总面积15万平方米。目前对外开放的部分，仅是王家鼎盛时期的四分之一。

大院入口就是高家崖的东门。高家崖共有两个主院，是王家十七世王汝聪、王汝成兄弟俩的宅子，均为前堂后室三进式四合院，建于嘉庆元年（1796年）至嘉庆十六年（1811年），是静升王家修建的第五座也是最后一处堡院。当时王家实力最强，因此处处显现出精湛的工艺和雄厚的财力。砖雕、石雕、木雕极尽雕刻技艺之能事，其含义之深远、构思之巧妙、手法之精湛、造型之奇异、品位之高雅，无不令人叹为观止。在高家崖里，有共用的书院、花院、长工院、围院和祭祖阁，每院还有各自的厨房、绣楼，大小院落既珠联璧合，又独立成章，院套院、门套门，如同走入了迷宫，营造出错落有致、虚实相间的视觉效果。

○ 栩栩如生的砖雕福禄寿三星

从始祖阁出后门向西，按箭头指示从后门进入凝瑞居。这里的石雕是整个王家大院的精华，值得仔细观赏。正房两侧的石雕图案为“飞马报喜”，东边为“指日高升”，西边的“五子夺魁”最复杂，几乎画面的每一个元素都蕴含着吉祥的愿望：最左边的两个孩子举着戟、石磬和如意，谐音“吉庆如意”，中间的托着三颗桂圆，意为“连中三元”，右边两个孩子玩耍的动作构成“一举夺魁”。画面活泼动感，构图平衡，雕刻精美。窗棂木雕图案是锦鸡玉兰和瓶插月季，谐音“金玉满堂”和“四季平安”。

出门向南，左手的院子就是养正书塾，是凝瑞居小少爷的启蒙书房，相当于小学。从书塾对面的小门进去就是凝瑞居的前院，房檐立柱、门额枋额、楼板护栏、柱础柱头等等部位，满眼都是砖雕、石雕、木雕，尽显华美考究。甚至连正房台阶的垂带也没留白，雕刻了狮子滚绣球，讨“狮子滚绣球，好事不到头”的口彩。房内展出了几件宝贝，一幅清代著名书法家刘墉的字，一幅八卷轴拼成的“大清万年一统天下全图”，是嘉庆年间雕版印刷的，能够完整地保存下来实属不易。看到一张彩色的圣旨之后，这才知道圣旨居然不只是黄色的。

走过横跨东西两院的石桥，就是红门堡建筑群，建于乾隆四年（1739年）至乾隆五十八年（1793年）。这部分规模更大，但年代更早，雕刻的纤巧繁复远不及高家崖，显得质朴内敛一些。宅院格局依然是前堂后室，在高处的某些院落为了顺应地理条件，变化为前园后屋的设计。堡中各院依照官位品级的高低而有差别，有五品以上官衔的人家，住的是二进到四进的四合院，相对更讲究、装饰华丽一些。比较有代表性的是司马院，位于进入红门堡后第一个十字路口的西北角，是一个四进院落，分别以加官、进禄、增福、添寿命名各院，

王家大院里的迎亲表演

每进一院，就多一分福气。不过院子比较紧凑狭窄，同样是五品宅第，没有敦厚宅的气势。

红门堡要站在高处看才能领略其绝妙设计。从北侧堡墙的最高点向下望去，整个红门堡尽收眼底，大院呈十分规则的长方形，南北向的主街用大块鹅卵石铺成，如片片龙鳞，人称“龙鳞街”。主街将西大院划为东、西两部分，东西方向有3条横巷。将院落分为4排，从南向北依次叫底甲、二甲、三甲、顶甲，一条纵街和三条横巷相交，形成一个工工整整的“王”字，暗合王家姓氏。房屋依山而上，由低到高，层叠错落，井然有序，同样的建筑格局，同样的灰瓦灰墙，简单重复，呈现出强烈的秩序感和气势不凡的视觉效果，某些杂乱无章的城市真应该来王家大院学习一下规划设计。

现在红门堡内还辟有王氏博物馆、书画馆、珍宝馆、王家醋坊、豆腐坊等，游人顶多蜻蜓点水而过，其实珍宝馆内的各种圣旨，王氏博物馆的王氏家谱还

王家大院

是能让人大开眼界。三雕虽然比高家崖略逊色些，也不乏精品，例如三甲最东侧松竹院的“招财进宝”门枕石和“天官赐福”砖雕门楣，旁边绿门院的木雕挂落“满床笏”和石雕“四爱图”（王羲之爱鹅、陶渊明爱菊、周敦颐爱莲、林和靖爱鹤），以及底甲清芬院门两侧砖雕，有鹤、鹿、麒麟、龙和蝙蝠等图案，雕工精美。

走在高大的堡墙上，红日西沉，似有似无的轻雾笼罩着王家大院和它旁边的民居。想当年这深宅大院中也曾经灯火通明，人来人往，如今已铅华褪尽、物是人非。纵然有寓意美好的精雕细刻，有避邪求福的镇宅之宝，有防备森严的崇门高墙，终究挡不住无可奈何花落去，挡不住光阴荏苒、盛衰无常。王家以勤俭持家、艰苦创业兴起，因贪图享受、沉迷鸦片而衰落的过程，是对“生于忧患，死于安乐”的最好注解，曾经的辉煌留给我们一处雕梁画栋的民居瑰宝，而其兴衰的教训恐怕更值得后人引以为戒。

小贴士 / TIPS

交通： 可先到山西灵石或介休。从灵石火车站出来向南200米乘1路公交车可达；在介休火车站前的“供贸宾馆”乘坐公交11路去往王家大院更为方便。

门票： 66元，包括大院和祠堂。文庙门票10元。

作者手记：

1. 两个建筑群各有特色，个人以为：高家崖宜近看，红门堡宜远观；高家崖看细节，红门堡看气势；高家崖“三雕”精美，红门堡规划严谨。
2. 强烈建议聘请导游，或者蹭听，挂胸牌的王家大院自己的导游普遍比挂导游证的旅行社导游讲得更细。有兴趣的朋友可以先跟导游走一遍，然后再独自细细欣赏。
3. 游览路线上有明显的箭头指示，严格按指示方向前进可以保证既不错过精华，又不走冤枉路。
4. 可顺便游览静升文庙。乡村一级设有文庙颇为罕见，规模堪与县级文庙媲美。建于元惠宗至元二年（1336年），最出色的是工艺细腻的双面镂空砖雕“鲤鱼跃龙门”元代影壁，就在停车场北侧，等车时即可细细欣赏。

老獅院，走马板上密密麻麻的官衔彰显着主人的身份

郭峪

推荐指数：▲▲▲▲

交通指数：▲▲▲

美食指数：▲▲

住宿指数：▲▲

解读郭峪

晋东南明清古村落的典范，现存40处明代民居。明崇祯十一年修建的蜂窝城墙，高20米，宽5米，长1400米。元代修建的汤帝庙，尚存20米高的挑角戏台及罕见的九开间大殿。在这个五六百户的山村里，明清两代共出了18名举人和15名进士，当地民谚称“郭峪三庄上下伏，秀才举人两千五”。

地理位置：山西省晋城市阳城县北留镇。
推荐理由：中国传统农业社会“耕读传家”的缩影。
特色看点：北门及城墙、预楼、地道、老狮院、小狮院、汤帝庙。

沁河是山西仅次于汾河的第二大河流。沁水县端氏镇至阳城县润城镇之间长不过15公里，四百里沁河却毫不吝惜地将它所有的文运才思与钟灵毓秀赐予了这里。这里的润城、端氏、郭峪等地自古以来就是晋东南名村。丰富的煤铁资源，优越的自然条件，盛行的经商之风，使得这里繁荣富庶。当地也极为重视教育，文风鼎盛，明清之际科举人数冠于全省。郭峪、黄城共产生了15位进士和18位举人。两村距离仅数百米之遥，虽同是古村落，但与黄城村的浓厚旅游气氛不同，郭峪村基本上还保持着普通晋南村庄的本色。

郭峪村是一个古堡式村落，有城墙、城楼、瞭望防御的预楼和地道。城墙修建于明末崇祯十一年，那时候正是匪患迭出的年月，通过“耕读传家”富庶起来的村民利用修筑防御建筑来保护自己的家园，这在晋东南一带古村落很常见。城墙大部分已经残破了，城楼也只剩下西门和北门，而北门仿佛是最近才重修过的，预楼也是近年才修缮过。20世纪90年代后期拍的照片上的预楼就没有最顶层的屋顶。

时值春节，从村东口进村，就感受到了节日的气氛，主要街巷上挂着成串的大红灯笼。或许这大红灯笼也是旅游意识萌动的表现吧。村口一个已经褪色的指示牌，标明地道和预楼的方向。顺着指示的方向走进了一条巷子，来到一个过街楼一样的建筑前，过街楼下有一口带辘轳的水井，想必那可能就是地道的入口了。

转过过街楼不远，就来到了挂满红灯笼的巷子，两侧是高大的古院落，向北通向北门城楼，向南两侧分布着预楼、小狮院和老狮院。预楼是仿照黄城村的河山楼建的。据说当年黄城村建筑防御性河山楼的时候，匪患还没有闹得那么厉害，郭峪村的村民觉得建那么大的高楼简直就是杞人忧天，还劳民伤财。当黄城村的河山楼建起后，匪患闹大了，郭峪村的村民不堪其扰，也觉得黄城村的陈家有先见之明，于是也建起了7层楼高的预楼。可是，郭峪的预楼建起

汤帝庙和主持道长

预楼

后，匪患就再也没来过。

小狮院和老狮院据说都是陈廷敬的祖上曾经住过的。陈廷敬家族“积德一门九进士，恩荣三世六翰林”，他祖上在黄城村修建中道庄之前是住在郭峪村的。目前老狮院和小狮院都是村里保存最完好的明代古院落。老狮院高大的门楼上的跑马板多达3层，上面刻着陈廷敬的祖上陈秀、伯父陈昌言、父亲陈昌期，还有陈廷敬的名号的官位，以彰显家族的荣耀。

老狮院位于村子的中心地带，通向北门、西门和村东口的3条大巷子在这里交汇，是村民聚集、闲聊的地方。老狮院门口一位中年妇女和她的孙子一起玩耍。妇女说，现在她的姨家住在老狮院里，可能是她的姥爷或者姥爷的上辈从陈家买下的老狮院。妇女又说，老狮院有好几进院落，布局象一个棋盘，所以也叫棋盘院。我尝试着从前院前往后院，推开前院正房旁边的一扇虚掩着的门，来到一个窄小的短巷子，一侧是一个锁着的门，从另一侧走出来，我发现已经到了3条大巷子的交汇处，原来又到了老狮院的正门了。

郭峪村另一个不容错过的地方是西门附近的汤帝庙。由于村东口是进出村子的主要路口，西门就是距离村口最远的角落，因而是最清静的地方。在这个清静的半山坡上坐落着一座道观，供奉商汤王。修建于元代的道观建制宏伟、规模庞大，大殿九开间，对面有一座远近闻名的20米高的大戏台。戏台旁有一个供奉儒释道三教的殿堂，巧妙地与西门城楼结合在一起。

汤帝庙早年曾经荒废，1999年郭峪村出资修葺，并从北武当请来一位道长主持。道长是一位清风道骨的老者，洁白的长髯垂在胸前，牙已经掉光了，但说起话来声音洪亮。

当再次走过挂满长串红灯笼的街巷时，虽然我们旅游的脚步还很孤单，但似乎感觉到了旅游大潮已经开始迫近这个还算沉静的古村落，说不定不久之后，这里也像黄城村一样，村子里到处都是旅游者，却不见了中年村妇和她的孙子。

○ 秋天的收获

小贴士/TIPS

交通： 可由山西阳城县或晋城市乘坐前往北留镇的公交汽车，在北留镇路口即有前往郭峪村的昌河面包车。

门票： 20元。

作者手记：

1. 没见到村里有接待游客的食宿设施，好在距离皇城相府不远，那里有不错的食宿设施。
2. 清华大学楼庆西编写的《郭峪村》详细地记载了20世纪90年代后期考察和测绘郭峪村时的情况，图文并茂，有参考价值。

康百万庄园

河南

马氏庄园

郭亮村

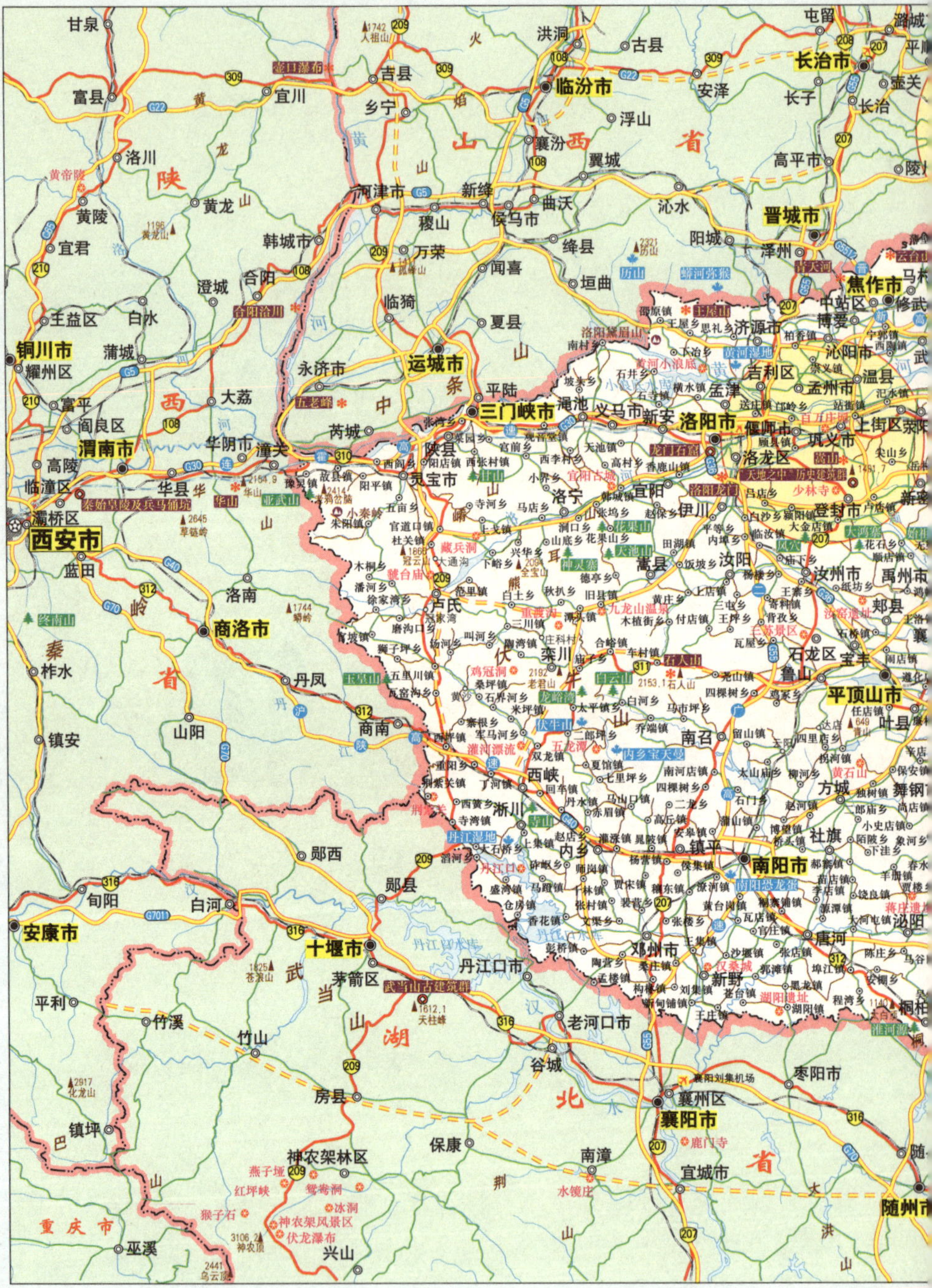

山西省
陕西省
河南省
湖北省
重庆市
临汾市
长治市
晋城市
焦作市
运城市
三门峡市
洛阳市
铜川市
渭南市
西安市
商洛市
安康市
十堰市
南阳市
平顶山市
襄阳市
随州市
济源市
沁阳市
孟州市
偃师市
巩义市
登封市
汝州市
郑县
禹州市
新郑
许县
叶县
舞钢
方城
社旗
唐河
泌阳
桐柏
邓州市
新野
内乡
镇平
南召
鲁山
宝丰
石龙区
汝阳
嵩县
伊川
宜阳
洛宁
栾川
西峡
淅川
卢氏
灵宝市
陕县
义马市
渑池
新安
孟津
吉利区
温县
武陟
修武
博爱
中站区
焦作市
马村
沁水
阳城
泽州
高平市
陵川
壶关
长子
长治
屯留
潞城
平顺
安泽
古县
洪洞
浮山
襄汾
翼城
曲沃
侯马市
绛县
垣曲
闻喜
夏县
平陆
芮城
永济市
临猗
万荣
稷山
新绛
河津市
乡宁
吉县
宜川
富县
甘泉
洛川
黄陵
黄龙
宜君
王益区
耀州区
白水
澄城
合阳
韩城市
蒲城
大荔
富平
阎良区
高陵
临潼区
灞桥区
华阴市
潼关
华县
蓝田
洛南
丹凤
商南
山阳
镇安
柞水
郧西
郧县
旬阳
白河
平利
竹溪
竹山
房县
丹江口市
茅箭区
老河口市
谷城
枣阳市
襄州区
宜城市
南漳
保康
神农架林区
兴山
巫溪
镇坪
秦始皇陵及兵马俑坑
黄帝陵
壶口瀑布
少林寺
龙门石窟
武当山古建筑群
神农架风景区

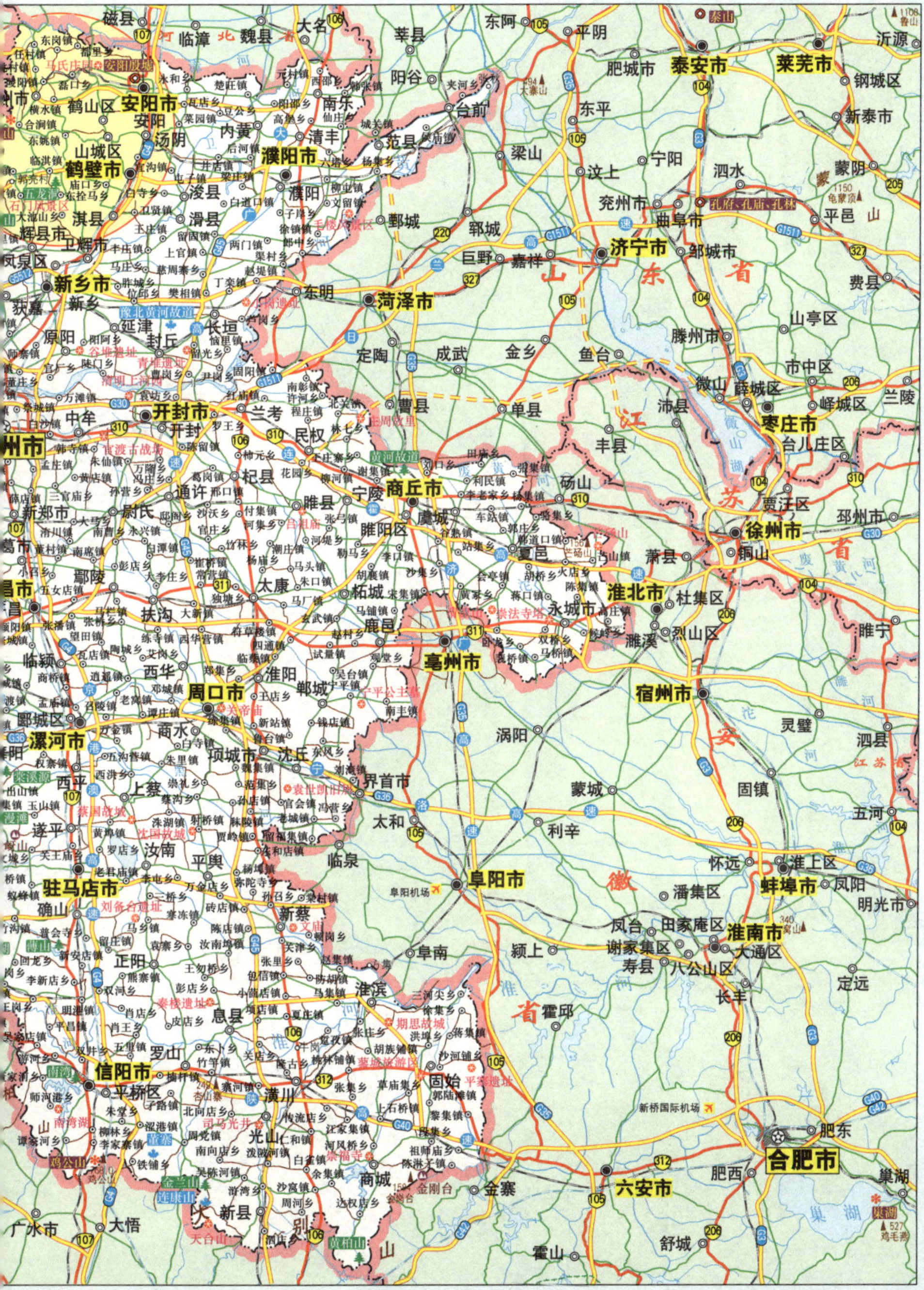
安阳市
鹤壁市
新乡市
濮阳市
开封市
商丘市
周口市
漯河市
驻马店市
信阳市
菏泽市
济宁市
泰安市
莱芜市
枣庄市
徐州市
淮北市
亳州市
宿州市
阜阳市
蚌埠市
淮南市
六安市
合肥市
山东省
江苏省
安徽省

正厅

康百万庄园

推荐指数：▲▲▲

交通指数：▲▲▲

美食指数：▲▲▲

住宿指数：▲▲▲

解读康百万庄园

全国重点文物保护单位。康氏家族前后12代人在这个庄园生活，纵跨了明、清、民国三个时期400余年，庄园也从最初的山腰建至山顶，是一处典型的堡垒式建筑。它背依邙山，面临洛水，因而有“金龟探水”的美称。它是全国三大庄园之首，比山西乔家大院大19倍，被誉为中原古建典范。

地理位置：河南省郑州市巩义市康店镇南村。

推荐理由：带着探寻财富秘诀的想法去看康百万庄园，也许会让你的整个旅程充满兴味。

特色看点：石雕、木雕、砖雕。

康百万庄园就在巩义市，这里是诗圣杜甫的故乡，也是人民艺术家常香玉的出生地。庄园座落在邙山上，门前是缓缓流淌的伊洛河水，而山的另一面就是奔腾不息的黄河。很多看过庄园的人，都说这里是一块风水宝地，在这里出现康百万这样的活财神不足为奇。

“康百万”是明清以来对巩义地区康应魁家族的统称。都说富不过三代，康应魁家族却一直富裕了12代、400多年。康家有多富呢？1901年，因八国联军入侵西逃的慈禧太后路过巩义。康家斥巨资修建御道、浮桥和行宫为慈禧太后接驾，用满汉全席招待两宫，并献白银百万两，被慈禧赐封“康百万”。从此康家名扬天下。

康家从明朝开始动工兴建庄园，按照“天人合一，师法自然”的中国传统建筑思想，在蜿蜒起伏的邙山上，靠山筑窑洞，临街建楼房，濒河设码头，据险垒寨墙，先后建成了包括宅居、书院、戏楼、祠堂、花园、菜园、林场、石牌坊、造船场、陵园等不同用途的建筑群。鼎盛时期的庄园，屋舍几乎修到了邙山山顶，而康家的大船可以从自家的码头经过黄河，一直行驶到京城和杭州。全国三大庄园（还有四川大邑刘氏庄园、山东牟氏庄园）中，康百万庄园的规模是最大的，乔家大院只有它的1/19。

屏住心神，推开厚重的大宅门，走过幽暗深长的青石门洞，庄园打开400年尘封的记忆，为你讲述一个时代的变迁。青砖灰瓦，依稀可辨当年巨贾豪宅之气度，雕梁画栋，更掩盖不住昔日的富丽堂皇。现存的康百万庄园只是原规模的1/6，它身旁的学校、村庄、街道都曾是庄园的一部分。每每在院内房间流连，我便忍不住深深叹息，如果一切都能保存下来，它的规模、内涵、影响将不亚于山西的乔家大院。但如今它一年的门票收入还不及乔家大院的零头。

康百万庄园内的石雕、木雕、砖雕多如繁星。一座楠木顶子床耗费了1700多个工日才完成，相当于10个能工巧匠3年的工作量。床内外雕刻人物、松柏、花卉等36幅图案，不仅有供主人休息的地方，也有供丫环伺候主人的地方，是不可多得的木雕艺术品。

在院内徘徊，最吸引眼球的是两株200多年的葡萄树，枝繁叶茂，果实累

重檐斗拱

◎ 庭院深深，锁得住寂寞几许？

累。据说葡萄是生命力的象征，康家却没能把自家的财富神话延续下来。到了民国时期家道中落，庄园四分五裂，被一点一点剥蚀，成了如今的样子。

历史是无情的车轮，碾碎的中原文化不计其数。庄园是康家财富神话的建筑遗存，那么康家400年的财富秘诀是什么呢？庄园有一块镇园之宝——主宅区过厅里的“留余”匾。匾上刻有康家的祖训：“临事让人一步自有余地，临财放宽一分自有余味……若辈知昌家之道乎？留余忌尽而已”。这道出了康家四百年浮华的原因。话不算多，足以让人且思且行，且行且思。

小贴士/TIPS

交通：可在巩义市火车站乘“浮戏山—康百万庄园”的旅游公交车前往。

门票：40元。学生、60岁以上老人凭证半价。讲解费20人以下，40元/次。

作者手记：

在巩义市不妨尝尝当地小吃。巩义市当地流传有四大名吃：回郭镇肉盒（新华路南段），老虎烩面馆（现更名清香斋，新兴路），老君烧鸡（在道北），西义兴卤肉。巩义还有一道很有意思的菜肴—闲食，据说它的意思并不是指休闲的时候吃的零食，而是指端不上大宴席的小食品，趁热吃，味道相当诱人。

○ 庄园有四合院风格

地理位置：河南省安阳市安阳县蒋村乡西蒋村。

推荐理由：中州大地绝无仅有的封建官僚府第建筑标本。

特色看点：四合院建筑。

马氏庄园

解读马氏庄园

清末两广巡抚马丕瑶的故居，号称中原第一大宅。马氏庄园占地面积2万多平方米，既有典型的北京四合院宽敞明亮的建筑风格，又有晋商大院深邃富丽的建筑艺术，还有中原地区蓝砖灰瓦、五脊六兽挂走廊的建筑特色，被誉为“中州大地绝无仅有的封建官僚府第建筑标本”。

推荐指数：▲▲▲

交通指数：▲▲▲

美食指数：▲▲▲

住宿指数：▲▲▲

马氏庄园位于安阳市以西的安阳县蒋村乡西蒋村，建于清光绪至民国初期，是清末两广巡抚马丕瑶的故居。马氏庄园的建筑群主要由北、中、南三区组成，共分六路。占地面积2万多平方米，建筑面积5000多平方米，有厅、堂、楼、廊、室等401间，规模大过山西乔家大院。其中北区一路，建有2个四合院；中区四路，其中西三路为住宅区，每路前后又均建4个四合院，每条中轴线上各开九道门，俗称“九门相照”。整个庄园全为砖木结构，灰瓦盖顶，布局严谨，古朴典雅，既有典型的北京四合院宽敞明亮的建筑风格，又有晋商大院深邃富丽的建

○ 马氏庄园家庙

筑艺术，还有中原地区蓝砖灰瓦、五脊六兽挂走廊的建筑特色。

马氏庄园曾经的主人是一群传奇之人，马丕瑶从一个贫寒的农家子弟一路苦读走上仕途，官至两广巡抚、兵部侍郎，被清光绪皇帝褒奖为“实心爱民，忠心朝廷”，堪为“百官楷模”。马丕瑶长子马吉森是一位著名的实业家，曾首创安阳广益纱厂，开创了河南的民族工业。次子马吉樟，进士出身，深得朝廷器重，在辛亥革命后，任袁世凯总统府内史、北洋政府总统府秘书等职。最传奇的是小女儿马青霞，她嫁给河南首富，却在25岁成为拥资千万的寡妇。她把所有的资产都用来捐助公益事业，创办了北京“豫学堂”、河南第一所私立女校“华英女校”和“蚕商学校”，还资助孙中山的革命活动。她被光绪皇帝诰封为“一品夫人”，被鲁迅先生赞为“才貌双全”、“中国女杰”，被孙中山先生赞誉为“巾帼英雄”，被后人评价为“南有秋瑾，北有青霞”。

因为这些传奇的主人，马氏庄园和中国近代史有着千丝万缕的联系。1900年八国联军打入北京，慈禧太后和光绪帝仓惶西逃，途径安阳时就在马氏庄园

马丕瑶故居

下榻。在解放战争时期，作为刘邓大军司令部所在地，在这里召开了著名的“鲁西南作战会议”，做出了“强渡黄河，千里挺进大别山”的重大战略决策。

我对马氏庄园最深刻的是庄园西院的“龙抱槐”：紫藤缠绕着撑天的国槐，相依相存数百年。当年，马家子孙在树下读书，学习如何做“一等人忠臣孝子”；解放后，幸运的安阳学子继续在这里吸取知识的养分；如今，我抚摸着古老的树干，想象它们百年来守卫着庄园、目睹近现代传奇人物，也经历岁月变迁……

小贴士/TIPS

交通：从安阳公交西站、东站公交或者总公司乘坐发往水冶的班车，让司机在马氏庄园的路口提醒下车，从路口步行需要半个小时。

门票：40元

作者手记：

游览后可以乘坐“正北桥—马氏庄园”的红色公交车去看水冶镇，每10分钟一班车。

郭亮村

珍藏指数：▲▲▲▲

交通指数：▲▲▲

美食指数：▲▲▲

住宿指数：▲▲▲

解读郭亮村

绝壁上的村庄。历史上村民出山只能走“天梯”，危险异常。1972年，13名青年农民历时5年，用掉12吨钢钎，打烂了4000把铁锤，打出一条长1250米、宽6米、高4米的绝壁隧道，这就是号称“太行隧道之父”的南太行山第一个绝壁长廊——郭亮洞。这几乎是个愚公移山的现代版本，也因此得到了“世界第九大奇迹”的美誉。

地理位置： 河南省新乡市辉县。

推荐理由： 尽览太行绝壁风光，感受郭亮人愚公移山的精神。

特色看点： 郭亮洞、天梯。

郭亮民居

○ 郭亮洞

郭亮村，一个被称作“绝壁上的村庄”的小村子。之所以这么说，是因为从山下你只会看到太行山90度的垂直石壁。然而等你穿过了在绝壁上开凿出的1公里长的郭亮洞，才发现刚才的绝壁就在你的脚下，而郭亮村正在你的眼前，远处还有又一重的绝壁在俯瞰着你。这么说来，是不是有点“山外有山”的味道？

进入郭亮村，首先要经过著名的郭亮洞，这是郭亮人历经6年，在绝壁上用手、用钢钎开凿出的石洞。站在洞中，你不能感叹郭亮人的坚韧，和太行山一样不屈不挠。

郭亮村由于在群山之中，历史上村民出山只能走“天梯”，高百余米，建在悬崖之上，危险异常。1972年，为了改变交通闭塞、穷困隔绝的生活处境，村民自发组织起来，卖掉山羊、山药，集资购买钢锤、钢锉，在无电力、无机械的恶劣条件下，由13名青年农民硬是用钢钎凿赤岩，铁锤破石壁，在119米高的绝壁中间一锤一锤凿去了2.6万立方米石方，打出一条长1250米、宽6米、高4米的绝壁隧道。这就是号称“太行隧道之父”的南太行山第一个绝壁长廊——郭亮洞。

历时5年，用掉12吨钢钎，打烂了4000把铁锤，这几乎是个愚公移山的现代版本。站在郭亮洞内，精神上的震撼，远大于风景带给你的冲击。不少来郭亮参观的外国游客，都为绝壁上的隧道感到震惊，他们称郭亮洞为“世界第九大奇迹”。

从郭亮村向东，过了一个“碉楼”，就到了天梯。天梯高达百米，720级台阶，梯势险峻，蜿蜒曲折，宽处1.2米，窄处0.4米，仅可容一人通过，稍不留神，就有坠崖之险，故称天梯。始修于宋，元、明、清代多次扩修，自古是两省边界的交通要道。如果你留意的话，在天梯的崖壁上可以看到一块40厘米见方的石刻，虽然被风雨侵蚀的字迹有些模糊，但仍然能分辨出“道光叁拾年叁月立，岭西村赵昌立施”等字样。天梯是郭亮苦难、封闭、贫穷的象征。当年郭亮村十三壮士开凿郭亮洞之前，曾面对天梯举拳宣誓为了郭亮的新生，为了郭亮人的后代不再走天梯，不惜用生命横断绝壁，凿通太行。

第一次去郭亮是多年前一个月光如水的冬夜，下了车，四周是群山暗蓝色的影子，偶尔有几声狗吠，在山谷里随着灯火一起摇曳。一溜20余人在大通铺上好容易才安顿下来。我出去散步，哈一口气，眼前蒸腾着一团乳白。我戴上耳机，随身听传来天籁一般的声音：“是谁，在敲打我窗？是谁，在撩动琴弦？那一段，被遗忘的时光，渐渐的，会升出我心坎。”当时的我竟有点痴了，蔡琴的声音如此干净和纯粹，仿佛就在我的身边，是群山的回声吗？我的眼睛突然有点模糊起来。那时我觉得这大山之中的小村，有一种洗涤心灵的力量。

如今的郭亮村越来越热闹了，宽阔的水泥路修进了村子，家家户户都在搞旅游接待。周末山谷里全是游人，让人怀念当年山村的寂静。全国100多家艺术院校和团体把这里定为写生创作基地。尤其每年的春秋两季，你可以随处看

◎ 太行大峡谷

到身背画板的学生和肩扛三角架的摄影爱好者。这里同样是攀岩爱好者的乐园，如果在山崖上看到绝世高手，你完全不必意外，这里也是他们大显身手的舞台。

走进山村深处，细细寻找，慢慢品味，还能找到一点当年纯朴的味道。在石头搭就的旧屋外，在桃花盛开的石桌旁，你坐下来，让阳光洒满整个胸怀。不经意地，你就放下了心上的石头。

小贴士/TIPS

交通： 可先乘火车到新乡，出火车站步行10分钟可到达新乡市客运总站，那里有去往郭亮村（万仙山景区）的长途车，70公里路程，用时1小时50分。

门票： 65元。

作者手记：

1. 早晨和傍晚是郭亮村最美的时候，光线正好，炊烟袅袅，村子里还是一片寂静。山里气温较低，请带件外套。
2. 郭亮村里几乎家家户户都提供食宿，标间15—20元一个床位，豪华套间80元，冬季开暖气的话要加钱。也有每床10元的三人间，没有独立卫生间。
3. 郭亮村有些农家和山野菜非常有特色，主要有芝麻叶、草鸡鸡蛋、野生木耳、天然香菇。拌芝麻叶、灰灰菜、米谷菜。另外还可以请农家烙饼子、摊柴鸡蛋，味道是香飘万里啊！

夕佳山

8 四川

大邑刘氏庄园

甲居藏寨

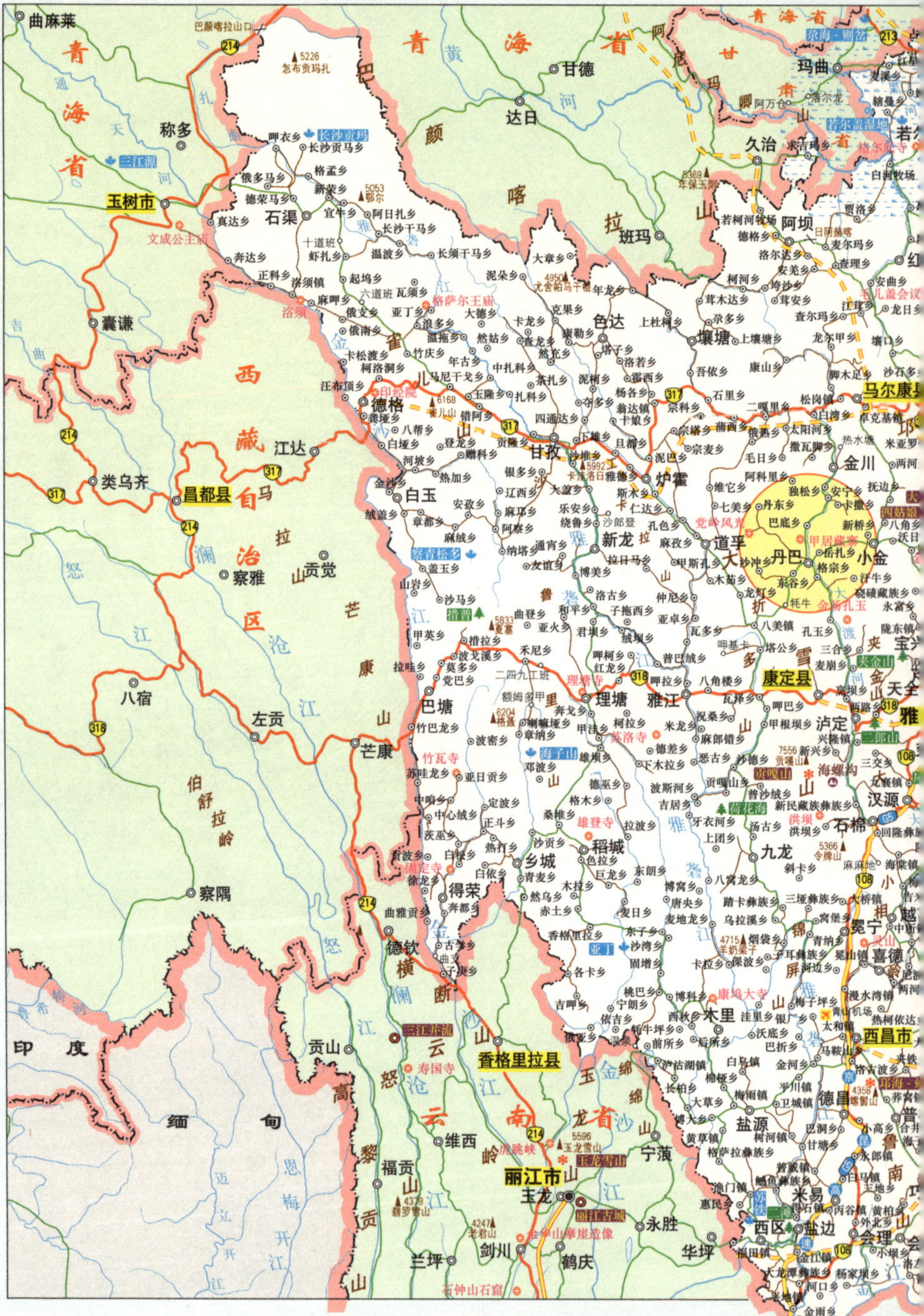

青海省
西藏自治区
甘肃省
四川省
云南省
印度
缅甸
曲麻莱
称多
玉树市
三江源
文成公主庙
囊谦
类乌齐
昌都县
江达
察雅
贡觉
左贡
八宿
察隅
芒康
伯舒拉岭
芒康山
他念他翁山
达日
甘德
玛曲
久治
阿坝
班玛
壤塘
色达
石渠
长沙贡玛
德格
印经院
白玉
察青松多
巴塘
竹瓦寺
得荣
乡城
稻城
理塘
雅江
新龙
炉霍
道孚
丹巴
甲居藏寨
小金
金川
马尔康县
康定县
泸定
九龙
木里
康坞大寺
西昌市
冕宁
德昌
盐源
盐边
米易
会理
西区
德钦
贡山
福贡
兰坪
维西
香格里拉县
丽江市
玉龙
丽江古城
永胜
华坪
剑川
鹤庆
宁蒗
三江并流
寿国寺
虎跳峡
玉龙雪山
金沙江
澜沧江
怒江
雅砻江
大渡河
雀儿山
沙鲁里山
横断山
云岭
高黎贡山
大雪山
海螺沟
贡嘎山
海子山
雄登寺
理塘寺
格萨尔王庙
措普
石钟山石窟

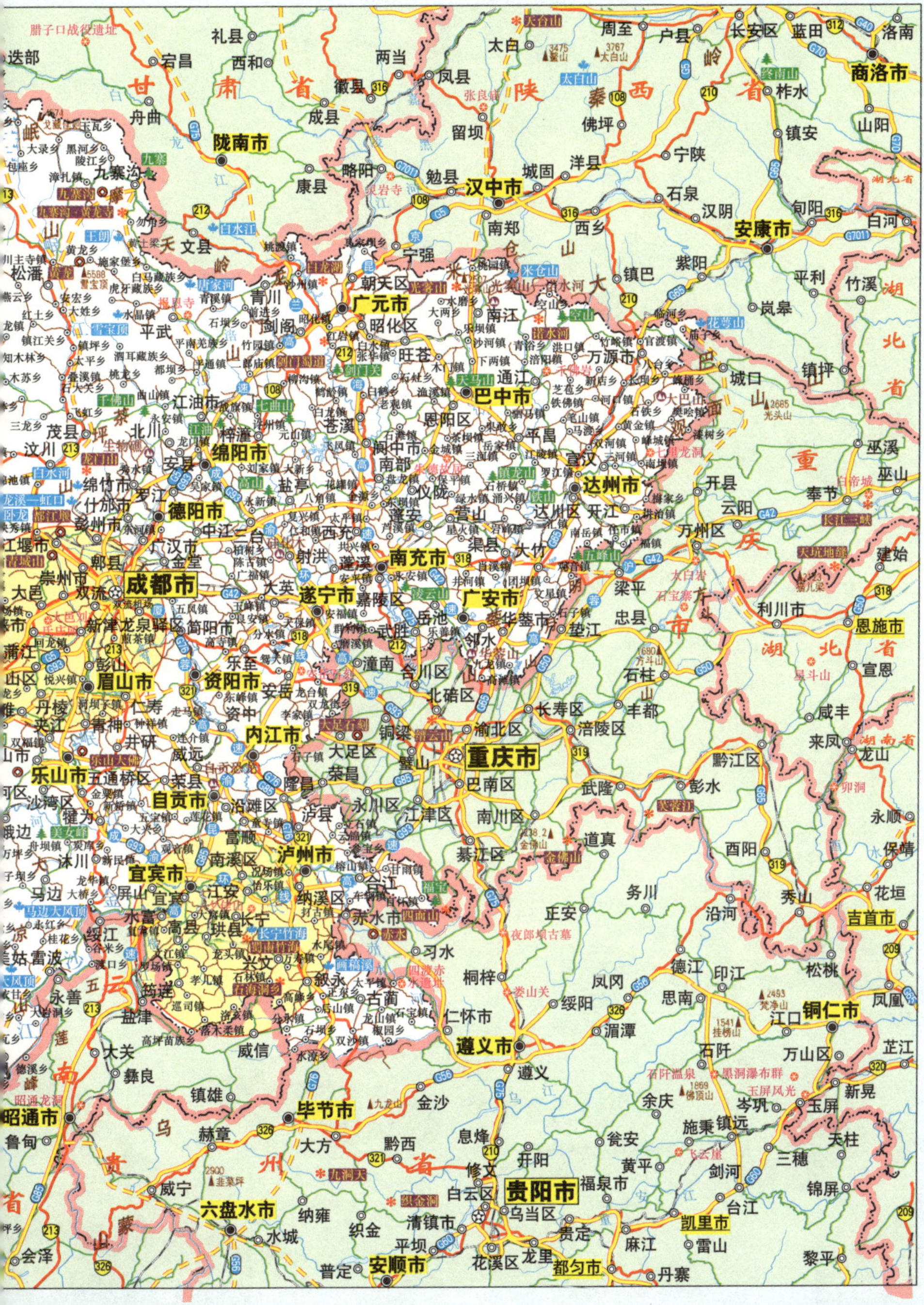
甘肃省
陕西省
重庆市
湖北省
贵州省
云南省
陇南市
汉中市
安康市
商洛市
广元市
巴中市
达州市
绵阳市
德阳市
成都市
遂宁市
南充市
广安市
资阳市
眉山市
内江市
乐山市
自贡市
宜宾市
泸州市
重庆市
昭通市
毕节市
遵义市
贵阳市
六盘水市
安顺市
凯里市
都匀市
铜仁市
吉首市
恩施市
利川市
万州区
九寨沟
宕昌
礼县
西和
徽县
成县
两当
凤县
太白
周至
户县
长安区
蓝田
洛南
柞水
镇安
山阳
佛坪
宁陕
洋县
城固
勉县
略阳
康县
文县
宁强
南郑
西乡
石泉
汉阴
旬阳
白河
紫阳
镇巴
岚皋
平利
竹溪
城口
镇坪
巫溪
巫山
奉节
云阳
开县
梁平
忠县
垫江
石柱
丰都
长寿区
涪陵区
武隆
彭水
黔江区
咸丰
来凤
龙山
酉阳
秀山
松桃
江口
万山区
铜仁市
沿河
印江
德江
思南
务川
正安
道真
凤冈
湄潭
绥阳
桐梓
仁怀市
习水
赤水市
金沙
息烽
开阳
修文
黔西
大方
织金
纳雍
水城
普定
清镇市
平坝
花溪区
龙里
贵定
福泉市
瓮安
余庆
施秉
镇远
岑巩
三穗
天柱
锦屏
黎平
剑河
台江
雷山
麻江
丹寨
黄平
石阡
玉屏
新晃
芷江
凤凰
花垣
保靖
永顺
宣恩
咸丰
威宁
赫章
镇雄
彝良
大关
盐津
永善
绥江
水富
屏山
筠连
珙县
兴文
叙永
古蔺
威信
高县
长宁
江安
纳溪区
合江
泸县
隆昌
荣昌
大足区
永川区
江津区
綦江区
南川区
巴南区
璧山
铜梁
合川区
潼南
北碚区
渝北区
安岳
乐至
简阳市
仁寿
井研
威远
荣县
富顺
南溪区
犍为
沐川
马边
峨边
沙湾区
五通桥区
夹江
丹棱
青神
彭山
蒲江
双流
新津
龙泉驿区
金堂
中江
三台
射洪
蓬溪
大英
安居区
武胜
岳池
邻水
华蓥市
大竹
渠县
营山
蓬安
仪陇
南部
阆中市
苍溪
剑阁
旺苍
南江
通江
平昌
宣汉
开江
达川区
万源市
青川
平武
江油市
北川
安县
梓潼
盐亭
西充
罗江
广汉市
什邡市
绵竹市
彭州市
郫县
崇州市
大邑
茂县
汶川
松潘
舟曲
迭部
朝天区
昭化区
利州区
顺庆区
高坪区
嘉陵区
前锋区
恩阳区
巴州区
通川区
游仙区
涪城区
旌阳区
东坡区
市中区
翠屏区
江阳区
龙马潭区
自流井区
贡井区
大安区
沿滩区
船山区
雁江区
太白山
秦岭
米仓山
大巴山
光雾山
剑门关
峨眉山
乐山大佛
蜀南竹海
九寨沟
黄龙
三星堆
都江堰
青城山
华蓥山
大足石刻
芙蓉江
金佛山
赤水
四渡赤水
遵义
娄山关
梵净山
黑洞瀑布群
石阡温泉
九洞天
织金洞
黄果树

月亮门内的庭院

夕佳山

解读夕佳山

夕佳山民居为国家重点文物保护单位，是我国目前保存最完整的古代民居建筑群之一，被誉为“中国古民居活化石”。这里有上千只白鹭翔集，构成一大景观，使夕佳山成为“天然鹭鸟公园”。

地理位置： 四川省宜宾市江安县夕佳山镇坝上村。
推荐理由： 成千上万只鹭鸟栖息在明清古民居旁，成为人、鸟和谐共处的典范。
特色看点： 一行白鹭上青天。

推荐指数： ▲▲▲▲

交通指数：▲▲▲
美食指数：▲▲▲▲
住宿指数：▲▲▲

每次经过北京北四环，我都要对那座著名的鸟巢体育场行注目礼。明明是只钢铁巨兽，偏偏取了个如此亲近自然的名字，设计师真的很擅长偷换概念，哪只鸟会喜欢这样的鸟巢呢？真正的鸟巢既不够规整，也顾不上美观，它们远离繁华而充满危险的大都市，处在大自然温柔的怀抱中，茂林修竹、流水潺潺，那里才是它们真正的天堂。看着“鸟巢”周围稀稀落落、柔若无骨的小树，我开始怀念那个人类与野生鸟类和谐共处的地方，遥远的川南村落——夕佳山。

夕佳山原本只是我行程中可有可无的一站，虽然有众多光环围绕，什么“中国民间建筑活化石”、“川南农耕文化缩影”之类，看惯了宣传词的我已经有了免疫力。从蜀南竹海出来返回成都，反正顺路，时间允许就停一下呗，不料在夕佳山竟遭遇了令人叹为观止的壮丽景象。还没进庄园大门，就听到鸟儿此起彼伏的欢叫声，不是一两只笼中鸟精致婉转的歌喉，而是成群结队的啁啾歌唱。抬眼望去，只见院墙围绕着的小山上，古木参天，遮天蔽日，无数白鹭云集林中，自由嬉戏，宛若片片白云浮动于林间树梢。枯枝构成的无数个鸟巢，远远望去一团团黑影，占据了高高低低的每一个树杈。白鹭时而轻翔云天，美若流云；时而振翅起舞，高贵如公主；时而站在树梢左顾右盼，那飘逸潇洒的样子，不禁让我想起了《卧虎藏龙》里发哥背着剑站在竹梢轻轻起伏的镜头。白鹭天生丽质，身材修长，羽毛胜雪，非常引人注目。在四川乡村旅行，经常看到白鹭迈着长腿，在水田里逍遥漫步，但密度这么大的白鹭群，我闻所未闻。杜甫居住在成都时，曾经写下不朽名句："两个黄鹂鸣翠柳，一行白鹭上青天。"我从小就会背这首唐诗，却只能从充满画面感的文字中想象那份美景，在诗圣身后1000余年，在远离喧嚣的川南农村，终于得以亲眼目睹诗圣当年描绘的景象，让我悲喜交加。

夕佳山位于川南丘陵地带，是黄氏家族的庄园。据说庄园创建了人为风水的要求，在宅后广植桢楠，于是引来群群鹭鸟安营筑巢，几百年来，当地的老百姓与这些特别的邻居和睦相处，使夕佳山成为了鹭鸟的天堂。如今园中那几千株桢楠林已枝繁叶茂，鹭鸟数量也达到数千只。日出之时，鹭鸟展翅离去，傍晚时分，夕阳西照，千鸟归林，"夕佳山"因此得名。

绕过斑斑点点的鸟粪阵，才是庄园的大门，深院高墙，屋宇轩昂，悬山穿斗式木质结构，是传统的川南民居建筑形式。从明万历四十年（公元1612年）开始营建，到公元1930年最后一次大规模修缮，跨越3个朝代、300余年，黄氏家族共11代人的心血凝结而为这座庞然巨构。建筑面积1万多平方米，大小房屋123间，纵深三进，一座座四合院连缀成片，池塘、花园分布其中。整个建筑布局严谨，主次分明，开合有序。高耸的双斗桅杆，幽香的绣楼，静谧的学馆，典雅的戏台，还有碉楼、金库、粮仓……无不显示出当年黄氏家族的名望和显赫的地位。

黄家是世代书香门第，始终遵循"耕不停，读不厌"的祖训，将"耕读"作为传家之本。在庄园中徜徉，随处可以感受到主人的良苦用心。正厅置28扇

夕佳山庄园

木制的棱花格窗门，正中四扇镂刻渔、樵、耕、读四幅图画，配以福、禄、寿、喜四个篆字，暗示子孙后代要以耕读为本，才能福寿满堂。其余门上分别雕刻着“麒麟吐玉书”、“梅兰竹菊”、“连升三级”、“双喜临门”等吉祥图案或民间传说，以雕刻的方式讲故事，用谐音和象形来表达美好的愿望。此处虽不著一字，胜过千言万语，让子孙在出入之间，一遍遍接受这无声的教诲。走进一个个院落，跨过一道道门槛，那些蒙满尘埃的门窗桌椅、褪尽铅华的雕栏画栋、苔痕累累的青砖黛瓦，以及带着些许霉味的空气，无不裹挟着历史的讯息，让人不由自主地屏息凝神，唯恐惊动了附着在上面的古老精魂。过去的几百年间，这里是黄氏的家园，是花开花落、生老病死的地方，是迎来送往、聚散离合的地方，是体会风云变幻、世事沧桑的地方，我总在担心，黄家的某位先人会忽然从门扇后面走出来，举着一盏昏暗的油灯，带我们去开启一段沉寂已久的前尘往事。

黄家从曾经的风华绝代到如今的落寞忧伤，那些祖辈的荣耀早已烟消云散，那些精致的生活也成为了镜花水月，只有鹭鸟依旧在这里繁衍生息。出门

屋檐下悬挂着搜集来的匾额

○ 精美的窗棂

时正是黄昏，倦鸟归林，林中的鹭鸟愈加显得人丁兴旺，叫声也愈加嘈杂起来，忽然想起了五柳先生的名句“山气日夕佳，飞鸟相与还”，大概这才是夕佳山名字的真正来源吧。鸟儿年年如期来到这里，历数百年从不曾爽约，而庄园的主人，乃至王朝天下，却终不免于兴衰更替、一去不返，只留下无忧无虑的鹭鸟，百年不移地守望着这片天堂。或许在鹭鸟看来，我们才是匆匆过客，它们分明已经在这里生活了千万年，它们才是这片土地真正的主人，所谓人类与野生鸟类的和谐共处，靠的不是人类的恩典，而是它们的忍让。

小贴士/TIPS

交通： 可在宜宾南门客运站乘坐班车到江安，每15分钟1班，车程1小时。江安至夕佳山车程约40分钟。

门票： 30元。

作者手记：

1. 鹭鸟密度极大，走过鸟粪遗迹最集中的路段时，最好快速通过，以免被轰炸机袭击。
2. 拍摄鹭鸟以每年5～10月为宜，以凌晨或黄昏为最佳。
3. 跟个导游吧，甭管是请的还是蹭的，这样才能在庄园迷宫般的房屋中走出最合理的路线。

○ 碉楼

地理位置：四川省甘孜藏族自治州丹巴县。

推荐理由：坐落在山谷间的传统嘉绒藏民居村落，与山林绿树交织成一幅优美抒情的天然画卷。

特色看点：藏式民居、碉楼、丹巴美女。

甲居藏寨

解读甲居藏寨

“甲居”，藏语是百户人家之意。藏寨从大金河谷层层向上攀缘，一直伸延到山脚下，在相对高差近千米的山坡上，一幢幢藏式楼房洒落在绿树丛中，蔚为壮观。甲居藏寨完整地保存了嘉绒民居的基本特征。2005年，在《中国国家地理》杂志组织的“选美中国”活动中，以甲居藏寨为代表的“丹巴藏寨”被评为“中国最美的六大乡村古镇”之首。

推荐指数：▲▲▲▲

交通指数：▲▲▲

美食指数：▲▲▲

住宿指数：▲▲▲

丹巴是大渡河上的第一座县城，桥头矗立的红军纪念碑记录着这座城市英雄的往昔记忆。而如今的丹巴在人们眼中更多的已经演绎为一个关于美女的神话。丹巴出美女，丹巴有座美人谷。

康定汉子，丹巴美女，甘孜州的土地地灵人杰。这里是嘉绒藏族的分布地，嘉绒藏族信仰苯教，崇拜世间一切万物，认为神灵无所不在。他们生活的区域海拔不高，所以不像西藏的大多数藏族同胞一样过着牧民生活，而是要建造房屋，安营扎寨。

甲居藏寨就是嘉绒藏族民居一个精彩隽永的缩影。

卡帕玛群峰敞开怀抱，大金川脚下流淌，就在这山谷之中，从下往上，一层层攀缘而去，一座座藏式民居如散落的星辰缀满这片倾斜的山坡。看似无序，却又和谐共生。这里就是甲居，藏语的意思就是百户人家，如今这山坡上分布着大大小小一百多户人家，传统的黑白红三色主调的藏式碉房并不是虚假的道具外景，这里是真真正正鲜活生动的藏居生活。

沿着盘山道蜿蜒而上，梨树桃树簇拥在房屋周围，春天时这里该是一片绚

绿树掩映中的甲居藏寨

丽迷人的童话世界。甲居的热木错家已经名声在外了，人人都知道他家有朵石榴花。丹巴的选美分为金花、银花、石榴花。石榴花就是选美的第三名，他家的石榴花是他的二女儿，据说他还有个小女儿长得更漂亮，现在没在家，无缘得见。虽说如今不少的丹巴美女都人才输出了，但仔细的走访，当地还是能见到不少天生丽质的女孩子。看美女成了丹巴旅游的一大焦点，以至于后来我们坐热木错的车游中路碉楼，一路上不断地有人惊艳，看，那儿有一个美女，看，这个也是个美女。一车人都成了好色的登徒子。

热木错的家就是典型的嘉绒藏民居。三层楼，四方结构，木头、石头、粘土就地取材，楼顶四角是凸起的小碉，上面插有飘扬的经幡。窗户是木制的，绘着红色、黄色、绿色的图案，挂满辣椒和玉米，色彩绚丽喜人。一根窄窄的小木梯通往二层平台，登平台四望，四周绿树掩映中点缀着白色醒目的房屋碉角，屋顶上则是一片金灿灿的晾晒玉米。想在哪里发呆？不用去拉萨，不用去丽江，就在这藏民居的屋顶，面对是蓝天白云映照下如诗如画的村寨美景。

酥油茶、青稞酒、香猪肉、

○ 在碉楼前玩耍的少年和顽童

烧馍馍，宽敞的院坝里聚集了来自天南地北的游客，杯盘交错中响起悠扬的歌声。这是一个能歌善舞热情爽朗的民族，这是一处亲切周到迎纳四方来客的村寨。

又一个清晨来临了，柔和明亮的阳光温柔的撒向这片山谷，一点一点地掀开黑暗的面纱，树木、梯田、房屋、碉楼以一种自然流畅的构图呈现眼前，绿色的树木，金黄的玉米，红色的窗楞，白色的屋顶，汇成天然描绘的抒情画卷，美得让人屏住呼吸，犹如一位情窦初开的丹巴少女的笑脸，又或者，这才是真正的康巴之花。

有缕缕炊烟升起来了，藏寨又一天的生活开始了。即使没有那些最美乡村的噱头名号，它们也始终是鲜活的，生动的，犹如那年复一年盛开的梨花，在这片土地的滋养下，在那高高碉楼的守护下，默默地存在，静静地绽放。

小贴士/TIPS

交通：从丹巴县城可搭乘小面包车前往。

门票：30元。

作者手记：

1．住宿可以在丹巴县城，也可以在甲居藏寨。藏寨条件虽然差一些，但能更好地体验当地民风，早晚看风景也好。

2．早起日出时藏寨的风光最好。

3．丹巴香猪肉、烧馍馍都是当地特色。

4．甲居旅游开发已经比较商业化了，不少民居接待户都是要收费参观的，建议事先问好，以免发生不愉快的事情。

大渡河谷的烟云

○ 混合了哥特建筑和川西豪门风格的庄园大门

地理位置： 四川省成都市大邑县安仁镇。

推荐理由： 哥特式的尖顶，巴洛克式的直柱，中国式的瓦顶和装饰，刘氏庄园中西合璧的独特建筑风格让人过目难忘。

特色看点： 庄园建筑、收租院雕像。

大邑刘氏庄园

解读大邑刘氏庄园

中国现存最为完整、规模最大的地主私人庄园之一，将西方哥特式建筑和川西传统豪门建筑风格完美融合。庄园分为南北两大建筑群，占地总面积7万余平方米，建筑面积2.1万余平方米，房屋共545间。

推荐指数：▲▲▲

交通指数：▲▲▲▲

美食指数：▲▲▲

住宿指数：▲▲▲

提起大地主刘文彩，大凡三四十岁以上的人都有印象。地处成都平原大邑县的刘文彩庄园，算得上文革时期最热门的国人出游目的地之一。去问问咱们的父辈，很多人都曾经满怀激情参观过那个红遍全国的收租院雕像——是的，就在刘氏庄园——他们坐着火车，乘着汽车，甚至走路前去，就为了一睹这颗当年“中国美术界的原子弹”（华君武语）。几十年来，刘文彩庄园数易其名，从上世纪60年代社会主义大教育背景下的收租院，到上世纪80年代阶级斗争已成昨日黄花的刘氏公馆，直至上世纪90年代商业大潮冲击下的刘氏庄园博物馆，如今甚至连地主牛皮糖、刘氏公馆菜等衍生产物的名头也逐渐叫响，时代变迁之巨由此略窥一斑。

在那个年代，刘氏庄园是阶级斗争和苦大仇深的代名词，交租农民的悲惨遭遇和收租地主的奢侈生活形成鲜明对比，国人被阶级仇恨冲昏了头脑，有谁会对这个将此仇恨展现得淋漓尽致的地方产生美好联想？时光飞逝如电，忽忽转眼几十年，当我第一次走进这座庞大的地主庄园，带着新鲜和好奇的眼光，在感叹地主生活的富贵与奢侈之余，不禁被这组精美的建筑深深吸引。

刘氏庄园始建于清朝末年，由刘文彩及其兄弟陆续修建的五座公馆和刘氏家族祖居构成，历经几次大规模扩建，至民国末年形成现在的规模。虽然刘文彩是个臭名昭著的官僚地主，其审美情趣还是值得部分肯定，其庄园将西方哥特式建筑和川西传统豪门建筑风格完美融合，过目难忘。感谢非常时期的社会主义教育运动，使这组本该被破除四旧的精美民居建筑群保存如此完好。

作为中国现存最为完整、规模最大的地主私人庄园之一，刘氏庄园不乏看点。走入老公馆，最吸人眼球的无疑是刘文彩及家人奢侈生活的现场复原，福特小汽车、新式洋沙发、雕梁画栋的寝室、景德镇的特制瓷碗，甚至连抽鸦片的房间也分为冬夏两季。富贵生活让人咋舌——那可是20世纪30年代啊！据说老公馆是刘文彩霸占23户农民房产修建而成，每霸占一户人家，他就修一层墙，开一道门，因此整个庄园重墙夹巷，宛若迷宫。

几十年过去，《收租院》依然是震撼人心的作品。从今天的眼光来看，它仍不失为一件艺术佳作。被迫交租、验租盘录、算帐追租，矛盾次第展开，冲突日渐激烈，栩栩如生，惟妙惟肖。这件顺应当年历史潮流的作品赢得了整个国家的喝彩，高峰期的参观者据说每天数以万计，热门程度直逼现在黄金周的九寨沟。别有意味的是，在1999年举行的第48届威尼斯双年展上，现代艺术家

绿荫长廊

○ 川西民居雕刻馆

蔡国强对《收租院》进行了行为主义复制并获奖，这大概是红色年代的创作者始料不及的事情。

新公馆位于老公馆以北300米，馆内的民俗陈列生动再现了刘文彩的日常生活以及川西民风民俗。在刘文成、刘文昭公馆旧址举办的文物珍品馆馆藏精品陈列、川西民居雕刻以及近现代书画陈列也值得一看。欣赏过这些琳琅满目的珍品陈列，再走进刘氏家族的发家起源地——刘氏祖屋，简单的大门、朴素的院落、简陋的家具让人倍感落差。

安仁镇现在也开起了像模像样的古镇公交，崭新明黄的巴士显示了地方政府对旅游开发的信心和决心——尽管乘客稀少，和大城市的公交拥挤程度不可同日而语。沿着新建的仿古街行驶，仅仅几分钟就可以来到古色古香的刘氏庄园售票处。庄园外的摊点热闹非凡，地主糖、牛皮糖、豆腐乳们竞相在货架上争奇斗妍。买点唐场豆腐乳带回家吧，尝尝那种古老的味道。

小贴士 / TIPS

交通：安仁镇距成都50公里左右，成都金沙车站每天有班车直达，车程约1小时。

门票：50元

作者手记：

1. 作为大邑县最负盛名的土特产，唐场豆腐乳是极好的的佐菜佳品。
2. 刘氏庄园内有一家庄园餐厅，可以品尝到极具地方特色的刘氏公馆特色菜，如文彩排骨、文清鸭璞、庄园鱼丝、石磨豆花等。据说文清鸭璞是刘文彩的五姨太文清为刘文彩特制，仅仅这些名字就让人浮想联翩。

小程村

党家村

陕西

袁家村

姜氏庄园

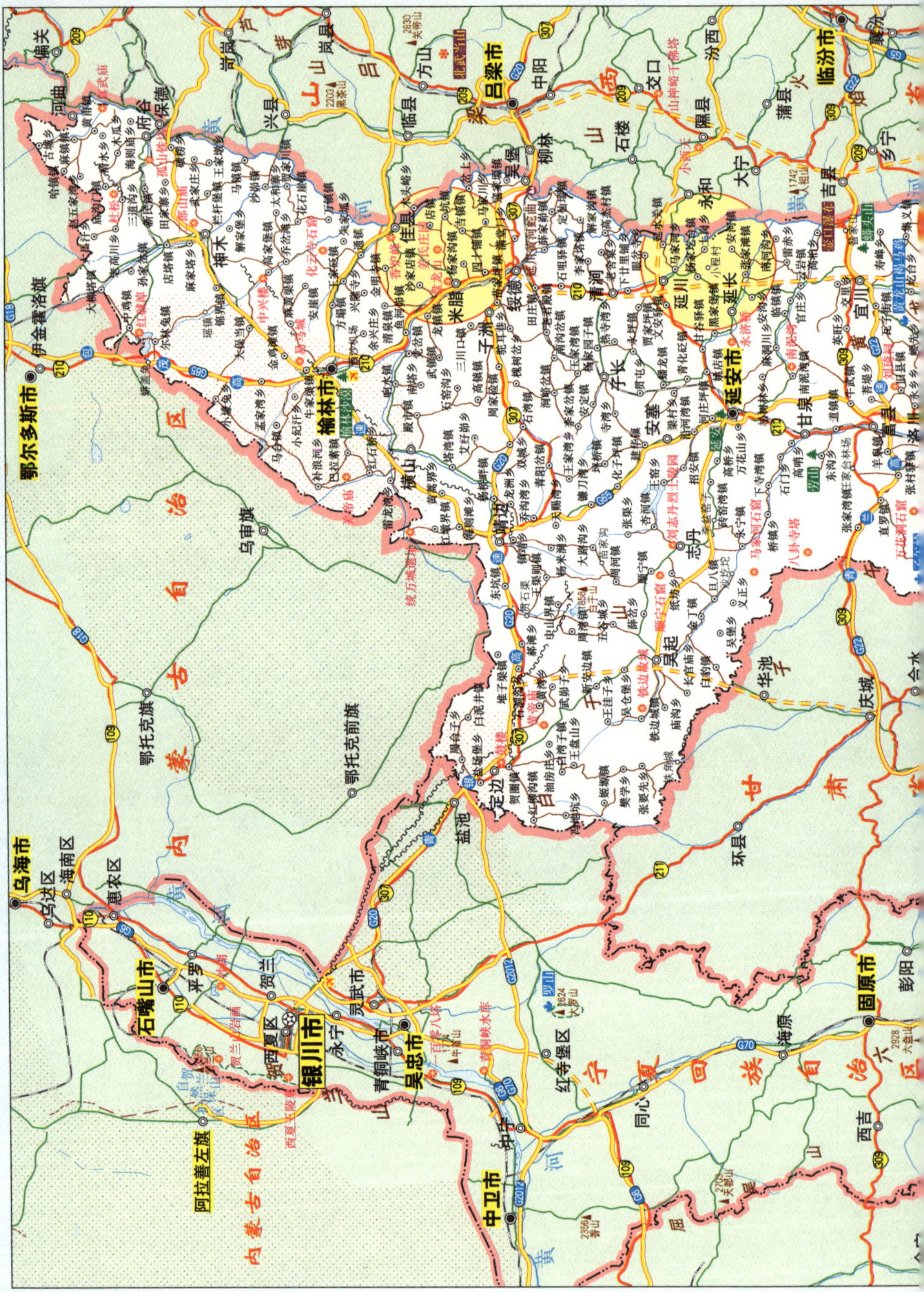
鄂尔多斯市
伊金霍洛旗
乌审旗
鄂托克旗
鄂托克前旗
乌海市
海南区
乌达区
惠农区
石嘴山市
平罗
贺兰
银川市
永宁
灵武市
青铜峡市
吴忠市
红寺堡区
中卫市
中宁
同心
海原
固原市
西吉
彭阳
盐池
阿拉善左旗
内蒙古自治区
宁夏回族自治区
榆林市
神木
府谷
横山
靖边
定边
米脂
佳县
绥德
子洲
清涧
吴堡
延安市
安塞
志丹
吴起
延川
延长
甘泉
宜川
富县
庆城
环县
华池
吕梁市
临县
兴县
柳林
石楼
永和
大宁
吉县
蒲县
隰县
汾西
交口
中阳
方山
岚县
保德
河曲
偏关
临汾市
乡宁
甘肃
山西

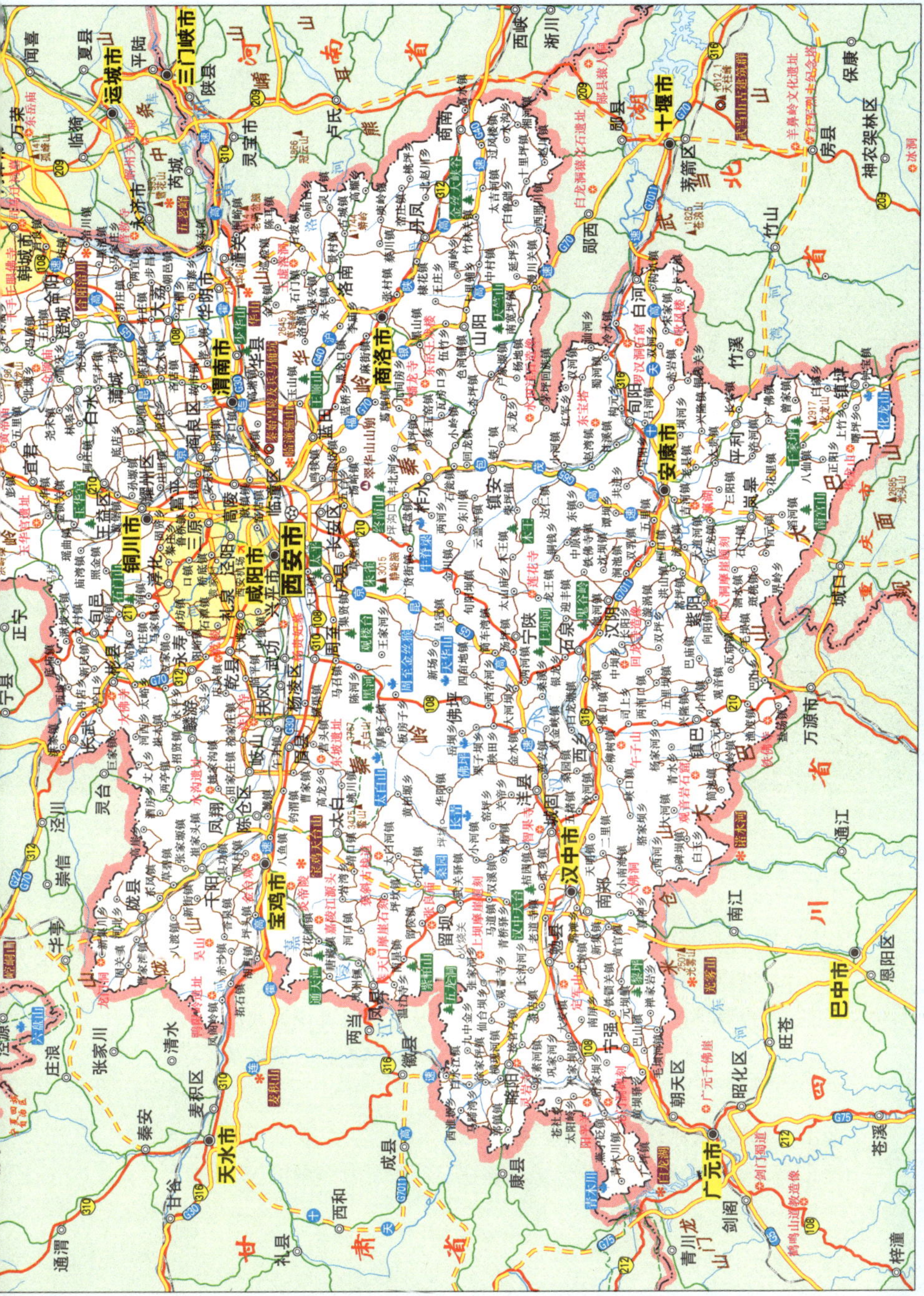
西安市
咸阳市
宝鸡市
汉中市
安康市
商洛市
渭南市
铜川市
天水市
广元市
巴中市
十堰市
三门峡市
运城市
万源市

在乾坤湾留个影

地理位置： 陕西省延安市延川县土岗乡。

推荐理由： 这里有黄土地文化的根，用最真诚原始的民间艺术构筑出了一个传统文化演绎的空间。

特色看点： 剪纸艺术、乾坤湾。

小程村

解读小程村

深藏在延川黄土岗中的小村落。2001年，中央美术学院靳之林教授前往小程村采风，选出28位民间艺术家，后来经美国福特基金会资助，创建了小程民间艺术村。小程村其实是一个小型的陕北民俗博物馆，是黄河原生态文化博物馆。

推荐指数：▲▲▲▲

交通指数：▲▲▲

美食指数：▲▲

住宿指数：▲▲

就在陕北黄土高原与山西吕梁山脉交界的黄河大峡谷西侧，黄河水奔涌而来，激流蜿蜒回荡在黄河大峡谷中，形成了一道著名的“乾坤湾”。这里据说是伏羲的家乡，黄河在这里呈现出了S性的两个大弯道，酷似阴阳八卦图，传说中的伏羲正是在这里“仰头观天象，低头看河山”，从而创造发明了八卦图和阴阳学理论。

小程村就坐落在这黄河边上。这个深藏在延川黄土岗中的小村落，原本也和陕北众多平凡的小村子一般，每日里重复着单调简单的农村生活。来自于民间纯朴的美总是先被艺术家灵敏的触觉所发现，一些摄影家和画家来到延川的黄河边采风了，他们目睹了乾坤湾壮观雄浑的同时，也走进了小程村村民的土窑洞。土炕头上一住几十天，秧歌、剪纸、布堆画、农民画，只有小学文化甚至那些并不识字的陕北婆姨们给艺术家们展现了一份似乎与生俱来的传统民间艺术技能。这里有黄土地文化的根。

一位中央美院的教授靳之林先生来到了小程村，对民间艺术情有独钟的他改变了小程村默默无闻的历史。办起了剪纸培训班，让本来就心灵手巧的婆姨们不再只是剪一些普通的小窗花，她们也开始走向了艺术创作道路。成立了民间艺术活动室，搜集各方面的艺术人才，小程民俗艺术村的名声终于传扬开来了。

游客们纷至沓来了，晋陕大峡谷的九曲十八弯原来在延川境内形成了最壮美的神来之笔，层层叠叠的吕梁山脉矗立岸边，黄河绵延而去，像母亲的乳汁，滋养着这片黄土地的子民。聚集天地之灵气，汇集黄河之神韵，小程村静静的守候在土岗的沟沟坎坎中，一条山路，一湾大河，几片枣子树，三十来户窑洞人家，成日里守着的就是这无尽的山和无穷的天。

农民剪纸

村子里很静，窑洞很静，几对半新不旧的窗花，挂在土窑，镂空光阴，刻下岁月，道出心意。一把快剪，一方红纸，巧手慧心，铰下的花花，却是激荡在整个大西北黄体高原之上，繁衍生命之美，孕育天地相通的最绚烂的祈愿。那是剪花娘子滋补身子的陈年佳酿，是剪花娘子超尘脱俗的胸中乾坤。

就住在这窑洞中，炕上摊开剪纸，拿出剪刀，一炕红彤彤鲜活的艺术符号跃然纸上。锅台上开始揉面做花馍，揉好的面块剪一剪，捏一捏，搓一搓，扭一扭，猴子、老虎、花篮、元宝栩栩如生。朴素的日常生活中到处充满了对美好情感的追求，荒瘠的土地和贫穷的生活并不能阻挡文化艺术力量的生生不息。

○ 千年古窑洞

就是这样一个小程村，用最真诚原始的民间艺术构筑出了一个传统文化演绎的空间，处处有歌舞，处处有艺术，处处有美的生活。

小贴士/TIPS

交通： 到达延安后转乘去往延川的班车，发车很频繁，一般晚6点前都有车。去小程村要到南关车站坐去土岗的班车，9点、11点、13点和15点有四班去往土岗乡的车，但冬季通常只发早上和下午两班车。由土岗乡到达小程村需要包车。

门票：无

作者手记：

1. 如果运气好，正月里能在小程村里看到扭秧歌，但已经不是村民的自发行为了，一般是团队的有偿服务。但在正月十五在延川县城里，会进行秧歌队的比赛表演。
2. 小程村食宿可选择老程农家乐，这里人一般一天只吃两顿，喝小米粥，睡大炕，感觉很舒坦，只是村中入厕用水较为不便。
3. 延川县城有不少红枣专卖店，鲜的干的都有，回家时别忘带些大枣特产。
4. 乾坤湾不远就是黄河蛇曲地质博物馆，有兴趣可以进去转转。另外，距小程村最近的村子是4公里外的碾盘村，是个可以俯瞰黄河的宁静小村，村里有不少旧碾盘依然还用于日常生活。另外村上窑洞还有个小型民俗博物馆，展览了不少生活用具实物，但窑洞一般上锁，需要找专人拿钥匙参观进入。

党家村

地理位置： 陕西省渭南市韩城市东北9公里。

推荐理由： 独特的村寨合一的建筑形式，保存了完整成片的古民居，以及传统生产方式和生活文化氛围，“东方人类古代传统居住村寨的活化石”的称号当之无愧。

特色看点： 明清民居。

党家村

解读党家村

中国历史文化名村，国家重点文物保护单位。党家村民居四合院是韩城民居的典型代表，被誉为“东方人类古代传统居住村寨的活化石”。韩城在乾隆年间曾经被称为陕西的“小北京”，而党家村因农商并重经济发达则又被称为“小韩城”，可见当年之盛况。

推荐指数：▲▲▲▲▲

交通指数：▲▲

美食指数：▲▲

住宿指数：▲▲

从国道边到党家村有2公里，我谢绝了拉客的司机，决定走过去，因为路上有我最喜欢的北方农村冬日的苍凉。阡陌纵横的田地上，秋玉米早就收割完了，连秸秆也没能逃过火舌的洗礼，翻过的土地上还看得到黑褐色的草木灰。有的地块已经种上了冬小麦，叶子精神抖擞地立着，绿油油地充盈着来年的丰收希望。行道树则呈现出一派属于冬天的萧索味道，掉光了树叶的枝条孤零零地伸向天空，好像一排大扫帚，把云彩扫了个一干二净，只留下幽深纯粹的蓝天。太阳已经西斜了，我的影子拉得长长的，像是根孤苦伶仃的铅笔，在路面上划过，却一个字也写不出来。

砖雕牌楼

○ 门头装饰——墀头子

告别壁垒森严的泌阳堡，我徜徉在古村的黄昏里。那些将一座座四合院紧紧相连的巷道，由青石板或灰砖铺就，巷道本来就窄，两旁高大气派的门楼和院墙，使巷道更显深长。门楼是家庭的脸面，于是各家都比着赛着把最好的雕刻功夫拿出来，门楣、门墩和墀头，无处不雕花，木雕、砖雕、石雕，精美奇巧，炫耀着主人的审美情趣和财富，“登科”、“经明”、“吉庆有余”等文字直抒胸臆，琴、棋、书、画等隐喻典雅精美。我常常站在门口光滑的青石台阶上，举头端详良久，任古朴幽远的意境包围着我。复前行，街巷一侧陡然立起一座高大的节孝碑，石碑有基有楼，三龙捧旨图案中嵌着“皇清”二字，隽美的花边以透雕、圆雕手法表现，梅、鹤、鹿等图案栩栩如生，欲绽欲腾，华美无比。据说碑主16岁丧夫，守了一辈子节，而且孝顺长辈，邻里和睦，终于获得立碑的殊荣。看来这样一座如花的节孝碑背后，其实埋葬了一个女人如花的人生。

布局规整的四合院，考究精美的上马石，庄严肃穆的祠堂，还有那些隽永的家训格言，“志欲光前，惟以读书为先务；心存裕后，莫如勤俭作家风”、“动莫若敬，居莫若俭；德莫若让，事莫若咨”、“勤俭治家之本，和顺富家之因；读书成家之本，循理保家之根”……堪称字字珠玑，历史的气息浓郁可闻。我流连于党家村的街头巷尾，仿佛置身于寂寂苍然的前朝岁月，啧啧赞叹中，不知不觉已是月上西楼。

党家村的夜安静而恬淡。村里人歇得早，不待夜色阑珊，街头已人迹罕

○ 巷子里的少年

见，温暖的灯光从高高的窗户里透出来，把精美的窗花映得更加漂亮，磨得溜光的石子路在暗夜里反射着清冷的光。老屋的隔音效果极好，长长的巷子里只有我的脚步声在回荡，高墙深院中偶尔传出几声苍凉的蒲州梆子，竟似是从深邃的夜空中直接砸下来的，让人心头一凛，转眼间又飘散得无影无踪。行至村口，如钩的残月下，泌阳堡只看得到剪影般的轮廓，它犹如站在高处的卫士，尽显神秘威武。

这样的冬夜还是呆在屋子里跟房东聊聊天的好。倚着温暖的炕头，抓一把花生、大枣，剥几颗核桃，房东会指着装满照片的像框一个接一个地介绍家庭成员，说说儿孙们的工作和学习状况，脸上盈满笑意，语气带着自豪。1991年，由日本九州大学某教授撰写的《党家村》一书出版，将这个在黄土塬下寂寞了数百年的乡村重新发掘出来。如今开发旅游已有多年，距离韩城市仅仅9公里的党家村却依然没有开通从市区直达景区的班车，党家村人坚持着自己的节

○ 院落

奏和生活方式，他们就像接待自家亲戚一样接待着远方的客人，不会为了迎合游客的需求而大兴土木。客人来了请进家门，歇一歇脚，喝几口茶，到了饭口儿就发出邀请："跟额们一起吃饭呗，额们这里也木有生猛海鲜，婆姨们做的面食好吃得很哩，住宿和吃饭的价钱村上都规定好了的，不会乱收钱的。"高高的土塬把功名利禄都挡在了村外，一切似乎都是百年前的样子，正是因为有了知足常乐、淡定闲适的党家村人，党家村才愈发显得珍贵迷人。

小贴士/TIPS

交通： 从北京、西安等地有直达韩城市的火车，西安到韩城约4至5个小时。在市内转乘开往下峪口的中巴到党家村路口，每10分钟一班，到党家村大约20分钟。路口到村口需要步行2公里，沿着"党家村欢迎您"的标志牌走即可。

门票： 30元。

作者手记：

1. 民居分为甲乙数级不等，等级越高，民居保存的越完好，价值越高。由于民居众多，赶时间的游客可根据门口挂的分级木牌有所取舍。
2. 村里的花馍展览馆值得一看。花馍是陕西人联系亲友关系的纽带，不论逢年过节，还是串亲戚、办喜事，都要蒸各种各样的花馍，当作礼品，互相馈赠。每种花馍都有着不同的寓意，却个个玲珑剔透，活灵活现，件件都是民间手工艺品。
3. 当地特产有大红袍花椒、核桃、山楂、苹果等，花椒尤以粒大、色红、香麻而著名。

袁家村

珍藏指数：▲▲▲▲

交通指数：▲▲▲▲

美食指数：▲▲▲

住宿指数：▲▲▲▲

解读袁家村

袁家村坐落在礼泉县烟霞镇北面的九嵕山下，被人们称为“关中印象体验地”。村子南部是现代建筑，而北半部全是明清以来关中地区传统的民居，走进去，映入眼帘的是一幅幅近似于原生态的农家生活画面，仿佛回到了19世纪五六十年代。

地理位置：陕西省咸阳市礼泉县烟霞镇。

推荐理由：名副其实的“古老关中传统生活体验地”。

特色看点：关中老房子、民俗生活体验。

○ 关中传统民居

如果说关中民俗艺术博物院以收集周秦汉唐以来关中的民俗物件为静态的民俗艺术体验的话，那么位于陕西礼泉关中平原上的袁家村，则是以鲜活的关中民俗生活体验而闻名于世。

沿着关中环线西行，过了泾河走到一个叫烟霞镇的地方，右手边有路牌指示北向去袁家村。一眼望去，有群峰横亘东南，天际的丘陵下散布着大片的油菜花田，其上群山峰峦如聚，一座两角孤峰擎天屹立，刺破青天，犹如盛唐衣冠之顶部两突。这座山名叫九嵕山，正是唐太宗李世民的昭陵。这座据说是倡导“薄葬”而因山为陵，实则是“好盗息心”的盛唐帝陵，恰恰是唐十八陵中规模最大的一座，其地宫据五代军阀温韬所云：宏丽不异人间。昭陵左右的陪葬陵墓据说有180余座，著名的昭陵六骏即出自此陵，盛唐以下，无出其右者。

从烟霞镇沿乡路北行，两边的苹果园里开满了苹果花，眼望着九嵕山越来越近，越来越险峻。走到九嵕山南面不到2公里的一座小村庄，车越来越多，以致很多车主直接把车停到远离村庄的乡路上。这里就是袁家村，很多人好奇的是，它跟咫尺之遥的昭陵有什么关系呢？它怎么就一下子成为关中印象体验地的呢？恐怕很多老陕都不太明白其中的故事。

翻过唐代礼泉县志，才晓得袁家村有座皇家寺院叫保宁寺，是唐天宝年间（公元742—756年）为守护昭陵供奉香火而建。200多年后的北宋建隆二年（公元961年），袁氏避战乱迁入此地，在保宁寺周围聚居成村。其后明清两朝，郭、王、张等族相继迁入，袁家村作坊发达而生意兴旺，成为方圆几十里的货物贸易集散地。上世纪70年代，古村落一分为四，上古村、下古村再分为西周村和东周村、袁家村。这袁家村，当年多为外来户聚居地，所以土地相当贫瘠羸弱。以致上世纪70年代初，袁家村整个儿所有财产折合人民币不过5000元。当时，袁家村的老支书郭郭裕禄带领全村人挖坡填沟、打井修渠，把村里500多亩旱地先改成水浇地，解决了大家的温饱问题。80年代初，又带着大伙儿办水泥厂，90年代成立农工商总公司等等，涉及房产、医药化工、餐饮旅游、影视文化等产业，此后他们一个村的年产值就有一亿多。1984年，华国锋为他们写下了“袁家村”三个大字，至今仍然挂在袁家村村口的牌坊下。当时的国家领导人李瑞环视察袁家村时曾说：劳动致富，无尚光荣啊！现在进入袁家村，从毛主席的汉白玉雕像开始，一路向东，你可以看到村子南半部一溜的平房绵延相接近千米。就是上世纪90年代袁家村创业初期的家产，当时一个村子人均50多平米的住房已经是很了不起了。

行到尽头北转，才发现柳暗花明又一村。南边是现代的水泥建筑，而北半部杨柳飘倏，流水潺潺，爬满地锦和凌霄花的老墙里，全是明清以来关中地区

手工织布作坊

传统的民居，木骨泥墙黑瓦，其间游人络绎不绝，每个角落里都充满了古老关中的民俗风情。

这就是后来袁家村的第二次创业。2007年，袁家村的领路人们依着唐昭陵得天独厚的人文地理条件，建成了包括唐保宁寺、关中民俗体验地、村史博物馆、农家乐在内的民俗旅游胜地。这个村现在大约有近70%的农户都在搞农家乐，一天就是一个万元户，真正是民富村富啊。

看到袁家村关中民俗印象体验地最核心的历史作坊街区，很多人以为这都是袁家村原有的古建筑、古遗迹。这也说明袁家村的古作坊街区设计确实做得好，和周围的自然地理环境融合得天衣无缝，直以为袁家村看起来像个千年古村。其实呢，2007年，袁家村决定发展本村的乡村旅游事业，关中印象体验地需要建设一片古老的历史作坊街区，那么他们就根据设计在全国来寻找需要的素材，包括整体收购古建。而这些醋坊、油坊、布坊、豆腐坊、版画等全部配以关中古老的工艺做法，甚至是豆腐脑、驴拉磨盘碾辣子面、茶馆、酸奶等小吃都是现做现卖，街头一吼秦腔的豪气让人拍掌叫好，说书的、算命的、掏耳朵的、按摩的。这里展现的无一不是古老关中秦人的生活场景。

驴碾辣子面

要体验关中民俗生活艺术，一是去秦岭山下的关中民俗艺术博物院，第二就是位于陕西礼泉烟霞镇的袁家村。这一南一北两个关中民俗艺术体验地，正如秦岭和九嵕山为南北对峙的两座高峰一样，是关中地区周秦汉唐明清以来在民俗艺术上并峙的两座高峰。

小贴士/TIPS

交通： 西安城西客运站到礼泉县有11:00、15:10两班车，然后从礼泉老年活动中心坐面的去袁家村。

门票： 无

作者手记：

1. 袁家村南大道西去便是唐昭陵陵前大路，自驾、骑行、徒步皆可有此前行登昭陵。昭陵博物在袁家村南关中环线北侧。
2. 唐肃宗李亨的建陵也在袁家村境内，东与昭陵九嵕山相对，西与乾陵隔河相望，可就近游览盛唐诸陵。
3. 袁家村节假日游人众多，很多人把车停在村南很远地方的乡路上，建议起早游览景区，那样可以停进景区里面。
4. 袁家村食宿接待能力强大，人均每餐30~50元，住宿则多是100元/间起。

姜氏庄园全景

地理位置： 陕西省榆林市米脂县刘家峁村。

推荐理由： 陕北黄土地上最豪华、最经典的窑洞院建筑，设计精巧，布局精湛，是一座罕见的汉民族建筑瑰宝。

特色看点： 堡垒城墙、暗道、石雕、“明五暗四六厢窑”式窑洞院落。

姜氏庄园

解读姜氏庄园

姜氏庄园的主人是清光绪年间陕北最大的地主姜耀祖，当年他请来北京的专家，集中各路能工巧匠，前前后后花了16年时间才建成。这座窑洞庄园已经不仅仅是一处简单奢华的私宅，它是一座雄踞山头的城堡，在这片荒凉的黄土地上俨然有一丝占山为王的霸主气质。

推荐指数：▲▲▲

交通指数：▲▲

美食指数：▲▲▲

住宿指数：▲▲▲

这里是米脂的腹地，米脂古称银州。银州的名字让人不自觉地联想到女子的妆奁、发簪、首饰以及凤冠霞披，可能这是因为那句“米脂婆姨绥德汉”吧，米脂原是个出美女的地方。地处黄土高原丘陵沟壑区，米脂的水好，米脂的小米好，虽然陕北毒辣的日头和苍凉的风沙是多么容易催皱青春的面颊。可是这里还有驴板肠呢，那鲜香美味的驴板肠啊，我相信这是孕育美女的一种天然养料。

在这片黄土地上，高达8米的寨墙将整座庄园紧紧围护，高处甚至砌有炮台，戒备森严，这在战乱期间也是个易守难攻的安全堡垒。但走入庄园的大

窑洞人家

门，当这座“明五暗四六厢窑”的陕北景点窑洞院落展现眼前的时候，那冷酷威严的外表氛围立刻又软化在那些牌匾雕刻垂花门的文化气息中了。

虽然仍然是窑洞的格局面貌，但这和普通村落中常见的土窑洞民居已然不可同日而语。上下三层院落暗道相通，石窑洞配备五脊六兽硬山顶，大门两侧有石鼓门墩，门内是水磨青砖影壁月亮门，雕刻的花纹是琴棋书画，门匾上题着“大夫第”。这一切，若不是四周这片黄土的颜色，若不是窑洞那拱形的门窗式样，也许你会以为这是在江南的某个古村落，某个辞官归隐的大户人家，或者某个书香门第的庭院深深。也难怪，建筑的细节一丝不苟，即使一座马棚里喂马吃草的石槽都是精雕细琢，又怎不叫人对这座庄园浮想联翩叹为观止。

可是纵览姜家主人的祖上足迹，也并没有太多丰功伟绩可以夸耀。既不是名人之后，也不曾缔结任何传奇。姜耀祖的曾祖父也只不过中过武举，所以如今中院的门额上悬挂着“武魁”匾以作炫耀。姜耀祖的祖父只是务农出身，完全是靠着自己吃苦耐劳审时度势，做小买卖积累财富，又籍灾年粮贵地贱收买土地，鼎盛时期拥有土地达到12000余亩，但即使这样，他也仍然勤俭度日，自己仍然下田劳动。到姜耀祖这一辈也只是继承了祖上的巨大财富，从而修建起了这座豪华壮丽的庄园。

这是一座石筑的庄园，石砌的寨墙涵洞拱窑，石铺的台阶道路，石做的锅台炕沿米仓，石雕的鹤鹿松竹流云花草，还有石水槽、石鱼水道、石马槽、栓马石。石头的冷硬营造出富丽堂皇的美感，冷色调的渲染也符合这片黄土高原的色彩。除了建筑本身的风采，这里还有不少独具匠心的设计，比如井楼内安置有手摇辘轳，不出寨门即可保证用水；比如厢房两侧通道可与仓窑、碾磨房和通往后山地洞相连。水房的地板装有排水装置，先进而科学，而水房的内壁的两个不起眼的小深洞据说曾是主人藏宝之地。如果细细探访，这座庄园不知

精美的垂花门

道还能挖掘多少让人惊叹的秘密呢。

16年造一宅的信念，虽然归根到底，姜氏一族只是富甲一方的土财主罢了，但是留下的这座庄园建筑却并不仅仅是金钱堆积的浮夸俗物，这一点上，陕北的土财主还有那些山西富商们都远比今日的阔佬大款们有品味得多。花了金钱，也花了心血，建筑凝结了艺术的智慧，建筑也体现了人文的精神，它们不随金钱而流失，不随时代而淹没，甚至也不因为砖瓦破落木料腐朽而凋零，建筑的灵魂在时光中永恒。

小贴士 / TIPS

交通： 姜氏庄园距离县城约15公里，可以在中心广场处乘坐开往桃镇和坑镇方向的班车前往，但是车不多，车次也不定，返回时就在路边等车，一般下午3点后就没有返回的班车了。可以包小面前往，往返30元左右。

门票： 20元。

作者手记：

1. 游览庄园有半天时间足够，景区没有什么吃饭的地方，可自带饮食和水。游览后可在附近的村落走一走，看看真实而纯朴的陕北农村风光。
2. 住宿可在米脂城内，推荐米脂宾馆。
3. 米脂城内有很多驴肉馆，这里的驴板肠是特色，不妨一尝。

大旗头

11 广东

鹏城村

桂林市
灵川
象山区
临桂区
雁山区
永福
阳朔
恭城
融安
融水
柳城
鹿寨
柳州市
柳江
金秀
象州
来宾市
武宣
平南
桂平市
覃塘区
贵港市
港南区
横县
兴业
福绵区
玉林市
北流市
陆川
博白
浦北
灵山
容县
岑溪市
藤县
龙圩区
梧州市
苍梧
昭平
蒙山
荔浦
平乐
钟山
富川
贺州市
江永
江华
道县
蓝山
临武
宜章
乐昌市
乳源
连州市
连南
连山
阳山
英德
怀集
广宁
清远市
清新区
封开
郁南
德庆
云安
云浮市
罗定市
肇庆市
高要市
四会市
鼎湖区
三水区
广州市
佛山市
南海区
番禺区
花都区
高明区
顺德区
鹤山市
江门市
新会区
新兴
开平市
台山市
恩平市
斗门区
金湾区
阳春市
阳东
阳江市
阳西
信宜市
高州市
茂名市
电白区
化州市
吴川市
廉江市
遂溪
湛江市
霞山区
坡头区
雷州市
徐闻
海口市
铁山港区
北部湾
川山群岛
广西壮族自治区
广东省
湖南省

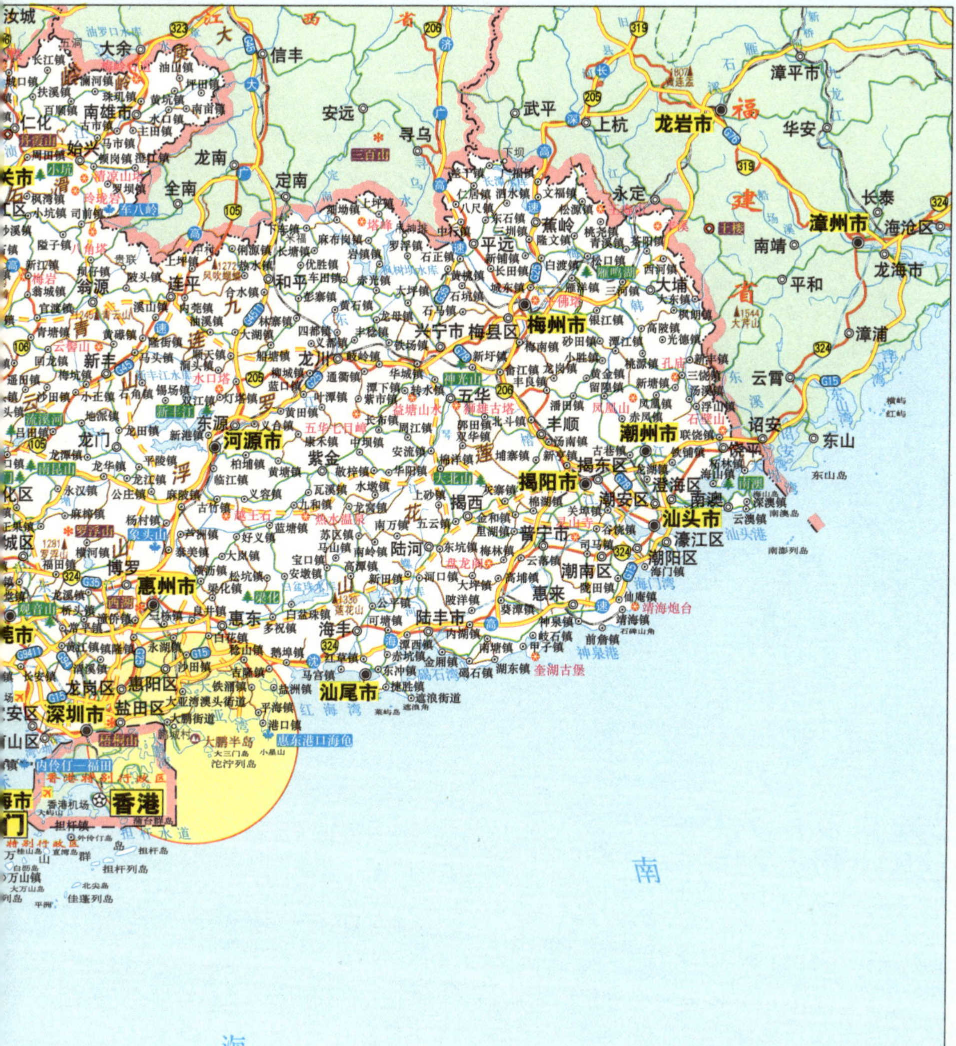
大余
信丰
南雄市
安远
寻乌
武平
上杭
龙岩市
漳平市
华安
始兴
龙南
定南
全南
永定
长泰
漳州市
海沧区
南靖
龙海市
平和
漳浦
连平
和平
平远
蕉岭
大埔
翁源
新丰
龙川
兴宁市
梅县区
梅州市
五华
丰顺
潮州市
饶平
云霄
诏安
东山
龙门
东源
河源市
紫金
揭阳市
揭东区
潮安区
澄海区
南澳
汕头市
濠江区
揭西
普宁市
潮阳区
潮南区
陆河
惠来
博罗
惠州市
惠东
海丰
陆丰市
汕尾市
龙岗区
惠阳区
深圳市
盐田区
大鹏半岛
香港
南
海
东沙群岛
东沙岛
北卫滩
南卫滩
东沙礁

○ 振威将军家庙

地理位置： 广东省佛山市三水区乐平镇。

推荐理由： 城市化中留存的岭南古村，几乎被遗忘的桑基鱼塘。

特色看点： 郑氏宗祠、振威将军家庙。

大旗头

解读大旗头

全国首批历史文化名村之一。始创于明嘉靖年间，原名叫大桥头，是广东粤中地区典型的、最具独特建筑风格的清代村落，据说古村由清朝广东水师提督郑绍忠所建，至今保存完整。村庄是一个聚族而居的建筑群，内部布局采用广东民居典型的“三间二廊”式。

推荐指数：▲▲▲

交通指数：▲

美食指数：▲

住宿指数：▲

珠江三角洲是一片河道纵横、池塘密布的土地。我从小跟着爷爷奶奶在农村长大，故乡的老榕树、大祠堂，还有走亲访友时常常见到的古老大屋，都在童年的脑海里留下了深刻的印象。然而改革开放以来，随着现代化步伐的快速推进，工厂商铺逐渐覆盖了桑基鱼塘，花园洋楼大量取代青砖老宅，连同那些曾经的记忆，都慢慢地消磨淡忘了。

直到离开老家十余年，我才得知，就在一河之隔之邻县，有个大旗头村被列入了首批国家级历史文化名村，于是借回乡探亲之机，慕名前往，以期能重拾那份时隔久远的童年记忆。

一棵老榕，半亩水塘，那是珠三角一带极为寻常的村头景象。塘边麻石铺成的广场，曾是村民收割时期晒谷的场所。老榕树下，一座三层文塔巍然矗立，塔下还有两方石。若非有人告知，真想不到这文塔、水塘、晒坪、方石，竟组成一幅象征“文房四宝”的景象，寓希望于后代“读书做官”。更出乎意料之外的是，这一构思出自一位武将，他就是大旗头村的始建者，清光绪年间水师提督郑绍忠。

郑绍忠虽是一介武夫，但对宗族观念极为重视，大旗头村的这一片古建筑，大都和他有密切关系。其中最为宏大的，自然要数郑氏大宗祠，那是整座村子的核心所在。不光祭拜祖先、商议村务，旧时每逢婚丧嫁娶，都会在此大排筵席，款待村里老幼及亲朋好友。逢年过节，更少不了舞狮迎新。看墙上挂着的几个黑色的狮头，虽已沾满灰尘，却也可以想见曾经的热闹场景。

一族之下，支派繁衍，宗祠之外，又有各公祠和家庙。和宗祠并排的郑裕礼公祠和振威将军家庙，就是分别供奉郑绍忠祖父和父亲的祠堂。规模虽较宗祠有所缩小，局部雕刻却极为细致。看那横梁上的石狮、木雕里的人物，虽然不会说话，却分明在告诉你其主人曾经有过的荣光，不得不让人叹服。

通过祠堂一侧的门楼，走进那一条条青石板铺就的小巷，恍如回到从前的乡下。两侧此起彼伏的蜗耳山墙，是岭南民居的典型特征，一切是那么的熟

○ 大旗头民居蜗耳山墙

悉。这一排排经历家族繁衍，分房分户逐渐建造起来的青砖大屋，能如此整齐划一，即使在过去也并不多见。这一户，大门深锁，透过门缝一看，里面杂草丛生；那一户，门户洞开，内部格局依旧，却早已人去楼空。天井墙上的“天官赐福”，似曾相识，只不过儿时所见多为红纸黑字的春联，跟这精雕细琢的砖雕相比，望尘莫及了。

○ 砖雕

村内最豪华的大宅，当然还是郑绍忠的建威第，不单墙头高出一筹，就连蜗耳都是三叠式的，相当少见。旁边是他的私人住宅，因他曾任兵部尚书，称之为尚书第，可惜仅存第一进，其余都已被毁，沦为村小学的篮球场。若非正逢假期，这里应该会有孩童们天真的笑脸，和矫健的身姿吧？那也将是古村仅余的人气了，因为村里的居民，早在上世纪八九十年代就已陆续迁往新村居住。大概也是缘于此故，大旗头躲过了被后人拆毁改建的命运，成了珠三角一带所剩无几的保存完好的古村，或许也是一种意外的幸运吧。

小贴士/TIPS

交通：在广州市内省汽车站乘大巴，约50分钟到三水，再乘中巴到乐平大旗头村，约30分钟。

门票：旺季60元，淡季30元。

作者手记：

村内已没有人居住，也没有任何服务设施，餐饮和住宿需要回附近的乐平镇上。

○ 大鹏所城城门

地理位置： 广东省深圳市龙岗区大鹏镇。

推荐理由： 深圳特区唯一拥有悠久历史的地方，全国保存最完整的明清海防卫所。

特色看点： 城墙及城楼、镇威将军第。

鹏城村

推荐指数：▲▲▲

交通指数：▲▲▲

美食指数：▲

住宿指数：▲

解读鹏城村

全国首批历史文化名村之一，国家级文物保护单位。内有大鹏古城，是全国保存最完整的明清海防卫所，占地11万平方米，始建于公元1394年，是明代为了抗击倭寇而设立的“大鹏守御千户所城”，简称“大鹏所城”。深圳今又名“鹏城”源于此。村内分布着数座建筑宏伟、独具特色的清代“将军第”，其中以抗英名将赖恩爵的振威将军第最为壮观。

“深圳原是一座小渔村，一位老人在此画了一个圈，于是摇身一变成为了经济特区。”这是人们盛传中的深圳历史，屈指算来也不过只有区区30年而已。

走在深圳市区的街头，满眼是鳞次栉比的高楼大厦，马路上车辆川流不息，就连路旁的行人也是步履匆匆，好一派现代都市景象。那传言中的小渔村，怕是挖地三尺也无从寻觅了。近来虽然有人为此不平，然而在如今繁华的背后，它的前身究竟是什么样子，似乎已经无足轻重了。

深圳别号鹏城，却很少有人知道它的出处。从市区沿着海滨公路东行，经过1个多小时的车程，路过游人如织的大小梅沙，到达大鹏湾和大亚湾之间的大鹏半岛，在一个小站下了车。再沿着小路往里走，穿过一片杂乱无章的现代商铺和民房，一座城门出现在眼前，那就是大鹏所城。毫无疑问，这就是深圳之所以称为“鹏城”的起源。

城虽不高，然而那斑驳的条石和城砖，揭示了它至少已经有了数百年的历史，饱经了无数风雨沧桑却仍坚固如初。城楼也依然屹立，这是东南西北四座城门中保存最为完好的一座。两旁雉堞间的几尊大炮早已锈迹斑斑，只有在供游客拍照的时候，才能重拾到往日的一点威风。

这座“大鹏守御千户所城”，早在朱元璋建立大明王朝之初，就已经守卫在这里。明朝中后期的抗倭之战中，它曾身经百战；明末清初的抗清斗争，它作为据点长达十年；清末的鸦片战争，它也立下了汗马功劳。大鹏所城的历史，就是中国明清及近代抵御外来侵略的可歌可泣的爱国历史。曾经与它并肩作战的东南沿海众多卫所，大都早已沦为残垣断壁，甚至无迹可寻，它却完好地保存了下来，向后人诉说着自己的苦难与功绩。

出于与生俱来的军事用途，这座面积不大的古城，没有市楼，没有县衙和城隍庙，甚至连商铺也难觅踪迹。城内的街巷，也几乎都是曲折多弯，以利于巷战。昔日的都统署、守备署等，都已仅剩遗址，唯有几座将军第，以及参将署等尚存。

沿着青石板铺就的小巷前行，路过一座青砖灰瓦的老宅，大门上立着“威

◎ 街巷

◎ 将军府

武将军第”的牌匾，那是古城内最大的府第了。虽然身系战事，没有过多繁复的雕梁画栋，但整座大宅仍拥有数十栋屋宇厅房，非常壮观。尤其是其中牌匾众多，在广东省内，也算是不可多得的大型古建筑。

镇威将军第的主人，是大鹏赖氏“三代五将”中最为显赫的赖恩爵。他曾率众取得鸦片战争首战——九龙海战的胜利，在中国近代史上可算十分难得。可惜这样的胜利，在晚清风雨飘摇的大局之下，几乎可以忽略不计。鸦片战争战败后，香港及九龙半岛先后被英国占据，大鹏所城也被殃及，被裁撤以至废弃。

府门之前，站着一位身着清朝装束，拄着长枪无精打采的“兵勇”。想象着血雨腥风的年代，这样的精神面貌是肯定无法上阵厮杀的。今天的大鹏所城，早已没有了当年的守卫森严，远离战争的居民在破旧的老房里悠闲地生活着，大概心里也在盘算早日离开这里，搬到那百里之外的繁华都市。所城的前世今生，恐怕只有我们这些远道而来的游客，才会聊发思古之幽情吧。

小贴士/TIPS

交通： 从深圳福田或银湖汽车站乘坐到大鹏镇的汽车，再转乘往核电站的公交车可到。

门票： 20元

作者手记：

古城的服务设施不太完善，餐饮店铺不多，最好回到深圳市区住宿。

奇乾

11 内蒙古

临江屯

克孜勒
乌兰乌德
苏赫巴托尔
木伦
达尔汗
额尔登特
布尔干
乌里雅苏台
乌兰巴托
宗莫德
车车尔勒格
阿尔泰
巴彦洪戈尔
阿尔拜赫雷
乔伊尔
曼达勒戈壁
赛音山达
蒙
古
达兰扎达嘎德
新疆维吾尔自治区
额济纳旗
七道桥胡杨林
额济纳胡杨林
巴丹吉林沙漠风光
曼德拉山岩画
阿拉善右旗
阿拉善左旗
乌拉特后旗
乌拉特中旗
乌拉特前旗
巴彦淖尔市
包头市
乌海市
石嘴山市
银川市
吴忠市
中卫市
鄂尔多斯市
鄂托克旗
鄂托克前旗
榆林市
瓜州
玉门市
嘉峪关市
酒泉市
金塔
高台
肃南
临泽
张掖市
山丹
金昌市
民勤
民乐
永昌
武威市
祁连
天峻
刚察
门源
古浪
德令哈市
乌兰
托素湖
青海省
甘肃濒危野生动物繁育中心
西夏王陵
贺兰山
盐池
定边
靖边
横山
米脂
神木
伊金霍洛
达拉特旗
固阳
杭锦旗
杭锦后旗
磴口
五原
平罗
惠农区
海南区
吉兰泰镇
雅布赖镇
哈日苏海
温图高勒苏木
乌力吉苏木
塔木素格布格镇
古日乃苏木
马鬃山苏木
巴彦宝格德苏木
赛汉陶来苏木
苏泊淖尔苏木
阿日嘎拉音赛日
三座孤里山
红石山
布隆希别尔图伊山

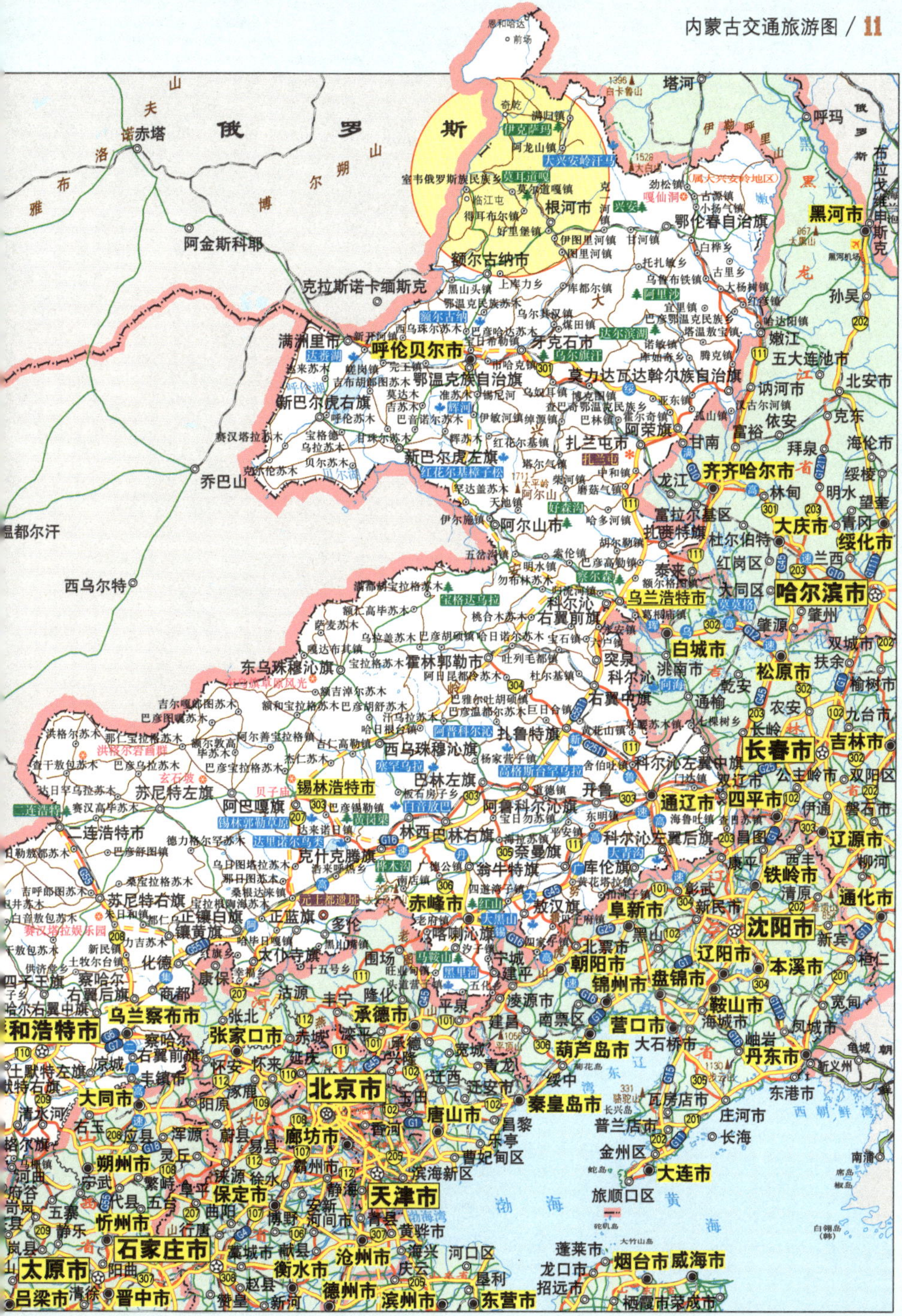
俄罗斯
阿金斯科耶
克拉斯诺卡缅斯克
乔巴山
西乌尔特
额尔古纳市
根河市
鄂伦春自治旗
黑河市
满洲里市
呼伦贝尔市
牙克石市
莫力达瓦达斡尔族自治旗
新巴尔虎右旗
新巴尔虎左旗
扎兰屯市
阿荣旗
齐齐哈尔市
大庆市
绥化市
哈尔滨市
阿尔山市
乌兰浩特市
科尔沁右翼前旗
白城市
松原市
东乌珠穆沁旗
霍林郭勒市
突泉
科尔沁右翼中旗
长春市
吉林市
西乌珠穆沁旗
扎鲁特旗
锡林浩特市
阿巴嘎旗
苏尼特左旗
二连浩特市
巴林左旗
阿鲁科尔沁旗
开鲁
通辽市
四平市
辽源市
林西
巴林右旗
克什克腾旗
奈曼旗
翁牛特旗
库伦旗
科尔沁左翼后旗
铁岭市
苏尼特右旗
正镶白旗
正蓝旗
镶黄旗
多伦
赤峰市
敖汉旗
阜新市
沈阳市
太仆寺旗
喀喇沁旗
宁城
朝阳市
锦州市
盘锦市
辽阳市
本溪市
鞍山市
乌兰察布市
张家口市
承德市
营口市
丹东市
呼和浩特市
北京市
大同市
唐山市
秦皇岛市
葫芦岛市
廊坊市
天津市
朔州市
保定市
大连市
忻州市
石家庄市
沧州市
太原市
衡水市
烟台市
威海市
德州市
滨州市
东营市
晋中市
吕梁市
渤海
黄海
东港市

通往奇乾的森林公路

奇乾

推荐指数：▲▲▲▲

交通指数：▲

美食指数：▲

住宿指数：▲

解读奇乾

地处中国最北界，大兴安岭最深处，三面环山，一面临水，是蒙古族先祖躲避战乱、休养生息的好地方。村里现在只有7户人家，旁边是一个驻军的军营，守护着国土的边境。

地理位置： 内蒙古自治区呼伦贝尔市额尔古纳市最北端。

推荐理由： 一个只有7户人家的落寞小村，却有着让人无法忽视的美景和遗世独立的化外境界。

特色看点： 大兴安岭最原生态的村居生活。

关于奇乾，我至今不知道该如何表达对它的感觉——深锁大兴安岭秘境深处，景色如此让人迷醉，而它的村庄，却更像是一个遗址，一个生息尚存的遗址。这个只有7户人家的村子，木刻楞房子大多已经破败，木篱笆腐烂不堪，庭院里荒草一人多高，只剩下铁架子的吉普车扔在院外兀自生满铁锈，猫儿幽灵一样从草丛里倏然窜出。黄昏来临时，只有稀疏的几缕炊烟淡然升起，清晨时分，鲜有鸡鸣狗跳的嘈杂。

9月24日，我们离开临江屯，沿着额尔古纳河继续北行，这一路要经过经太平、腰店、加疙瘩林场、荒火地，往返最少2天。河对岸的俄罗斯是丘陵舒缓，桦林优雅，临江的一段泥巴路却是异常颠簸。过了老鹰嘴之后，车开始进入丛林，落叶松、白桦林以及各种杂乱的灌木纠结，司机说我们是在大兴安岭北麓的密林深处了。过太平屯不久，从一处三岔路口进入莫尔道嘎森林公园，一直到著名的白鹿岛，左转拐上“拉不大林-伊木河”公路，道路陡然缩窄变成了一车道砂石路，道路两侧，兴安落叶松林仿佛千仞壁立。我们好似在逼仄的林间小道穿行一般，森林组成的厚实墙壁顿时带给我们强烈的压迫感。这里是泰加林的南延部分，此时，金黄色已经成为绝对的主色调，大兴安岭，那满山的金黄无边无际，山谷里簇拥着高大稳健的松树，黄色的波涛滚滚翻卷，主宰着一切。山风过处，惊雷般的涛声响起，神秘，浑厚，大气磅礴。

从白鹿岛开始，近百公里路上，我们再也没有遇见一个路人或车辆。奇乾真是一个远离尘世的地方。我想象不出它如何从一个上万人的县，一路降格至乡、屯，直到最终被裁撤，乃至荒废。

1920年，建室韦县和奇乾设治局。

1921年，设奇乾设治局为奇乾县。

1933年，伪满洲国改室韦县和奇乾县为额尔古纳左翼旗和额尔古纳右翼

寂静的奇乾，红色的房子是部队的营房

旗，当时，奇乾伐木、淘金，盛极一时。后来，水运停止了，公路兴起了，莫尔道嘎设镇，而奇乾县变成了奇乾乡。

再后来，为了保护额尔古纳原始林区，奇乾乡变成了奇乾屯，每年2000立方米的采伐限额取消了，人员撤到拉布达林（即额尔古纳市）。不久，在撤乡并镇大潮中，连奇乾屯也撤销了。

现在，奇乾只剩下7户人家，连同很多因为荒废而渐渐腐烂歪斜的木刻楞房子。

仿佛穿越了无尽森林，黄昏时分，我们仍在激流河畔的密林深处兜兜转转，没有手机信号，没有路人，没有过路的车辆，更不用指望有路店，一辆趴

○ 奇乾村里的景象——废弃的车子东倒西歪的木篱

窝的小汽车被扔在路边，轮胎早已不见，车身锈迹斑斑。此情此景，让我们不禁心生忐忑，我忍不住问司机：我们走的路对吗？他底气不足地回答：应该对吧？车内陷入长长的沉默，奇乾似乎还在遥不可及的天涯。

天将黑，雨也淅淅沥沥下了起来，就在道路的左侧，一个几乎隐藏在密林里的边境关卡出现了，停车，开门，所有人都要出示证件，接受盘问，然后，栏杆吊起，放我们过去。后来司机告诉我，如果报不出去奇乾找什么人，是不会被放行的。

到奇乾时已是黑夜，阴沉的夜色中，一间间倾斜的房屋唯余影影绰绰的黑影，没有星光，没有月亮，也没有如豆的灯光，只有额尔古纳河水远远地发出一缕幽幽蓝光。

奇乾，仿似一座空城。

我们跟着司机，深一脚浅一脚地来到一家院落门前，用力敲了几下，屋里亮起了微弱的烛光，一个女子的声音响起：怎么这么晚才到呀？女孩子姓陈，她的家就是我们的司机提前订好的住宿点。

奇乾现在的7户人家里，有2户是始终不肯搬迁出去的“钉子户”，他们无法想象一生过惯渔猎生活，怎么去过所谓的现代生活。后来，又有搬出去的5户人家，因为无法适应外面的世界也偷偷搬了回来。

奇乾人至今仍然过着非常古老的采集渔猎生活，他们只种些土豆、白菜之类的蔬菜，粮食和调味品从莫尔道嘎买，夏天采蘑菇，江上结冰就凿冰打鱼。采蘑菇是个人行动，打鱼却是集体行为。他们会烙上好多饼，带上狗，结伴去江上打上一个多月的鱼，由此获得万把块钱的收入。

奇乾至今没有电。

人少房多，这一个夜晚，我们几乎可以一人独占一铺大炕。我摸着黑和衣钻进睡袋躺下，却根本没法入睡。此刻，寂静和黑暗是如此锐利，仿佛能够在瞬间划破我的肌肤，我一直在想，如果让我在这个没有电没有手机信号、几乎与世隔绝的地方生活，我会感觉惬意还是难以忍受？半夜，透过窗棂上破烂的窗户纸，北斗七星仿佛低低的垂在眼前，那么亮，那么近，真有伸手可摘的感觉。

小贴士 / TIPS

交通： 去奇乾没有班车，必须从室韦或临江屯包车前往。

门票： 无

作者手记：

1．去奇乾之前一定要委托包车司机订好食宿，否则半路派出所盘查时，要是报不出去奇乾找谁，边防站是不会让你进去的。
2．奇乾村没有电，有微弱的联通信号。
3．因为是边界地带，有部队驻守，因此不要随意走动，更不要在部队驻地附近随便拍照。
4．这里饮食比较简单，没有“点菜”一说，房东做啥你就吃啥，因为地处偏远，菜价自然有些贵，不要太计较。

美丽宁静的临江屯

地理位置： 内蒙古自治区呼伦贝尔市额尔古纳市室韦民族乡。

推荐理由： 额尔古纳河边一个安静的小村，淳朴自然的原生态生活，独特的俄罗斯风情，岁月静好，安然世外，一派桃源景象。

特色看点： 界河、木刻楞民居。

临江屯

解读临江屯

位于中苏界河额尔古纳河边。屯子里只有80多户人家，有2/3是俄罗斯血统。他们除了保留汉族的一些风俗外，还沿袭一些浓厚的俄罗斯特有习俗，如居住木刻楞、过俄汉两个民族的主要节庆日等。

推荐指数：▲▲▲▲

交通指数：▲▲

美食指数：▲▲▲

住宿指数：▲▲▲

我们在一个雪雾的黄昏抵达临江屯，彼时的乡间极是安静，云雾缭绕在村外的白桦林间，天地好像就有了飘飘欲仙的气息，朴素的木刻楞房中光晕开始洇出点点豆黄，雪，无声纯白地落在院外的秋千架上。白雪茫茫之中，牧人骑马归家，炊烟袅袅升起，一片恬淡宁静氛围，而暮归的鸦雀，倏忽之间便没入路边丛林之中，再也觅不得踪影。

临江屯，是一个三面环山一面滨水与俄罗斯隔河相望的小村庄。听村里人说，它原先的名字叫“下葛溜奇”，上世纪80年代，处于战备及生产需要，由沿额尔古纳河散居的牧民汇集而成。现在的临江屯总共不过80来户人家，一条土路把整个村子一分为二，从路这头走到那头不过10分钟。

我们住在热妮娅的家庭旅馆里。热妮娅和她的老公都有1/4俄罗斯血统，据说他们的祖父辈当年从俄罗斯越境过来打草随后定居在此，但乍看上去，热妮娅并不似欧罗巴人种那么脸部轮廓鲜明。相反，她的老公宝乐则是一个典型的俄罗斯帅哥，鼻梁俊挺，眼窝深陷，碧蓝的眼珠笑意盈盈。热妮娅体型微胖，面目温和，手脚麻利，每天都把炕烧得热乎乎的，而且做得一手好菜。其中有一道俄式烙鸡蛋，是用平底铁锅烙好鸡蛋，再撒上西红柿和青椒，红黄绿相间让人惊艳。院子里有一个砖砌的烤炉，外面涂成白色，烤炉的主要功能就是烤制“大列巴”，我们每天的早餐都是热妮娅亲手烤制的“大列巴”配蓝莓酱——这种俄罗斯特有的大面包，曾经被作家秦牧形容为“面包像锅盖”，一个列巴的体积比半个篮球还要大上一圈。

第二天，雪霁初晴，晨光微露，走出热妮娅家的院子，四下里一片寂静。此时，小村的一切都笼罩在静谧和稀薄的寒气之中。爬上村后的一座小山，从这里俯瞰临江屯，俯瞰静水深流的额尔古纳河，以及对岸俄罗斯的广袤土地。这是种史诗般的壮美。太阳尚在山后，额尔古纳河上升起一片轻柔的雾霭，白皑皑的雾色把一切渲染得朦胧而迷幻，天地间时而合为一片白色的浑沌，时而又似撩开几处面纱，露出岸边各色木刻楞房子和木篱笆。白桦树隐约露出身形，樟子松刻下一道道黑色的线条，山上牧场、山下小径，都仿佛在薄薄的晨雾中

额尔古纳河日落

○ 俄罗斯族的牵马少年

轻盈浮动，而我的思绪也随着额尔古纳河静默流淌。

这个初霜的早晨，用“世界尽头与冷酷仙境”来形容再恰当不过了，大地凝霜，河面轻雾飞扬，雀鸟的影子点点掠过。村东的山坡上有一座木制的天主堂，称得上是世界上最小的天主堂了吧，通高只有1米多，门小得容不下一个婴孩进入。但它却是这个村迎接第一缕阳光的建筑，伴着袅袅腾起的炊烟，更增添了神圣与静谧。忽然就想起了迟子建的《额尔古纳河右岸》，这一片饱得天地之灵气的土地，天高地阔，安恬朴素，莫非真是旷世大爱的上苍为疲惫的人们点燃归航的明灯？

小贴士 / TIPS

交通： 从额尔古纳市有发往室韦乡的班车，每天早上9:30发车。临江屯距离室韦只有10公里路程，两个村庄之间有砂石公路连通，不通班车，可从室韦再包车前往。但大多数旅行者都会选择从呼伦贝尔市或额尔古纳市包车前往，因为沿途风光无限，实在不忍错过。

门票： 无

作者手记：

1. 临江屯是蒙东旅行环线上的一个点，通常去临江的驴友都会顺路去室韦、恩和、莫尔道嘎等几处。
2. 临江所有的家庭旅馆都挂着一种由当地政府统一设计制作的“幌子”，住宿方便、干净，每年的7–9月是这里的旅游旺季，房价较高。个人觉得9月之后的景色同样非常美，而且房价、菜价都较低，只要不是在极寒季节，临江都适合旅行者前往。
3. 临江村西边的小山坡是俯瞰额尔古纳河夕阳的最佳地点，黄昏的额尔古纳河静水深流，河水汤汤，天地间的静谧给额尔古纳河平添了几分沧桑。
4. 临江与室韦之间的10公里砂石公里就是传说中的“摄影小道”，一路都是白桦和红松交相辉映的美丽景色，强烈推荐徒步。

北红村

雪乡

绿江村

楠溪江村落

12 其他

德夯苗寨

罗布人村寨

基乌村

彭家寨

○ 中国的最北端——乌苏里浅滩

地理位置： 黑龙江省大兴安岭地区漠河县。
推荐理由： 中国最北端的一个尚未开发的淳朴村庄。
特色看点： 黑龙江第一弯、乌苏里浅滩、小村田园风光。

北红村

推荐指数：▲▲▲▲

交通指数：▲

美食指数：▲

住宿指数：▲

解读北红村

坐落于中国的最北端、大兴安岭群山之中、中俄交界处，中国最北的没有被开发过的原始村庄，比“北极村”更北。南北面环山，东西黑龙江穿村边而过，四周均为未开发的原始森林。除了小村内外的田园自然风光，附近的黑龙江第一弯和乌苏里浅滩之美超过诸多收费景点。

从漠河到北红村的道路穿行于大兴安岭之间，林区小路弯弯曲曲向前延伸，沿途不少岔道，却没有任何路标或指示，极少碰到车辆，更别说人家了，陪伴我们的只有森林、落叶和头顶上空的蓝天，还有无声的寂静。手机没有信号，问路也属奢望，这样的路要是走错怎么办？从漠河过来的司机小王师傅大概心里也没底，一路走得有些忐忑。

到了一处管护站，小王师傅居然没开防火证，幸好嘴巴甜，外加帮人捎一

○ 牛羊也走在回家的路上

张小纸条，侥幸过关。那张皱巴巴的纸条上是歪歪歪斜斜的字体："门三哥你好，领导让我到下面干了一天活，使油锯。家里的小狗由你看管，其余见后再谈。——国臣。"这张纸条被嘱咐捎往前方620公里处的另一个管护站，寥寥几字，呈现出大兴安岭林区护林员的寂寞生活。

走了没多久，碰到一辆路边抛锚的大卡车，河南的牌照。一个男人正费劲地换着轮胎，旁边站着老婆和年仅几岁的小女孩。这样荒僻的地方，这样寒冷的天气，若是汽车坏在半途，晚上该怎么办?

终于快要接近我们的目的地。北红村外的小桥边坐了两个身穿军大衣的士兵，无所事事的模样，也不知发呆还是检查。"棒打狍子瓢舀鱼，野鸡飞进饭锅里"，这曾是北红村的真实写照。距离漠河县城160多公里的这个小村，因为地处偏远交通不便，几乎仍处于与世隔绝的状态。村里共有191户村民，526人中有112人拥有俄罗斯血统，不过却和恩和、室韦等地的华俄后裔很不同。北红村居民的汉化程度较高，大多数已经不会俄罗斯语言，俄罗斯的民族文化在他

○ 拖拉机突突归家，沐浴在夕阳的霞光中

们身上几乎已不留痕迹。

我们在村口第一家挂着“旅饭店商店”招牌的农户落下脚来，村里的条件都比较简陋。主人石大叔非常和善，老婆去了漠河照顾坐月子的女儿，现在家中只有他一个人。屋里有口水井，屋后建有厕所，竟然还喂养了不少鸡和猪，一副热热闹闹的生活场景，跟我之前想象的世界偏僻角落有所不同。

趁着尚未日落，赶紧到村子里随便逛逛。石大叔屋后不远就是黑龙江，对岸已经是俄罗斯的土地，河岸树林茂密，落叶却很少，绿意盎然的模样跟沿途的萧索秋景大相径庭。下午4点的阳光投射在河岸的树林，发散出温暖的光芒，在小山坡上投射出柔和的阴影。堤坝上面残留着曾经红彤彤的“八一”油漆字样，还有废弃的船艇和船管所，想来北红村曾是一个边陲重镇，如今却已败落。

松木做成的栅栏把小村的每一户农家和每一条道路分隔开来。堤坝旁边的牛栏中，有人甩着长长的绳索正在费劲地套牛，我兴致勃勃地看了半天，看他使尽九牛二虎之力才终于把那头黄牛拴住。拖拉机在村头小路上突突开动，路边几只小牛睁着迷茫的大眼睛，傻乎乎地瞪着我这个外乡人。农户家的狗儿闻见生人气息不停吠叫，有一只大狗虎视眈眈地瞪视着我，在它凌厉目光的逼视之下，我顿时胆怯，主动灰溜溜地改道，回到了堤坝边上。

下午5点左右，太阳从地平线迅速落下，留下晚霞染红了天空。村里的发电机下午5点半才开始工作，晚上10点准时熄灯。每户人家都有一台电视和一盏电灯，每月上交27元电费，过着规则而寂寞的小村生活。北红村夜晚的温度没有想象中冷，晚上熄灯之后，走出屋外去看星星——哇，漫天繁星，梦幻夜空！小王师傅的父亲老王师傅也在当晚拉着客人来了北红村，这是个经验丰富的老

神秘的黑龙江第一弯

司机，他指点着我看清楚牛郎星、织女星，还有北斗七星，灿烂的银河横贯天际，壮丽无比。是夜，躺在温暖的火炕上，在漫天星光中入眠。

第二天清晨，一大早就被窗外的亮光打醒。披上衣服走到屋后黑龙江边，已经有勤快的村民开始打渔。天色不算太好，没有想象中的晨雾。打渔的老头正站在河中收网，两只网全是一尺来长的鱼儿，总得有好几十斤。老婆跑来帮他装鱼，两个人心满意足地拎回了家。我很好奇这鱼的去向，如此新鲜的细鳞冷水鱼，得有多好吃啊！

今天由老王师傅带队前往乌苏里浅滩和黑龙江大拐弯。乌苏里浅滩，乍听还以为是乌苏里江边浅滩，哪知根本不搭边，其实只是黑龙江边的一个浅滩。

浅滩自身风景并不十分惊艳，清晨的阳光下，岸边郁郁葱葱的森林倒映在河中，以绿色不落叶品种为主。乌苏里浅滩的特殊之处在于，这里才是中国的最北点，只有来到这里你才算真正找到北。好吧，我也庸俗一回，靠在写有“北国擎天石”和“恭喜您，找到北啦”的两块大石旁留了个影。

接下来的时间，汽车继续在空寂无人的金黄森林中穿行，林路非常狭窄也没有路标，幸好老王师傅来过，还记得大概路线。40多分钟以后，我们来到一条土路尽头。拨开乱糟糟的树丛，下面连接着两把简陋的木梯，顺着木梯颤巍巍爬下去，站到了下面一个小坡，其实就是几块巨大的石头，黑龙江第一弯就这样突然呈现在眼前。

“惊艳”不足以描述我第一眼看见黑龙江第一弯的心情。在这个叫做红旗岭的地方，黑龙江在这里折成了一个神奇巨大的Ω形。远远望去，河岸的那一边，是美丽的俄罗斯金环岛，金色的沙滩环绕着密林，外层一圈是已经凋落的兴安落叶松，里面一层则是郁郁葱葱的绿色森林。更为神奇的是，在作为两国

○ 清晨在黑龙江的收获

分界线的黑龙江中心线的两侧，中国这边的河水呈现清澈的碧蓝，而俄罗斯那边则是浑浊的土黄。两种色彩泾渭分明，蔚为奇观。

站在陡峭的乱石坡上，秋天的风吹得狂野，心中充满了苍凉、寂寥和豪迈的感觉。仅仅眼前这番风光，这一路的辛苦和跋涉便完全值得。

小贴士/TIPS

交通： 漠河县和北红村之间有班车，但不定期，可提前打电话与村长小来（13846568187）联系。包车比较方便，可从北极村或图强县出发进行环线游。

门票： 无

作者手记：

1. 北红村已有很多人家可接待游客，包括老刘客栈（15945708531）、友家客栈（13845792996）、福顺客栈（13846566416）、乡村旅店（13555070884）、翠花轩客栈（13845767517）、吉祥旅店等，客栈的普通房间30/人左右，套间80-100元左右，条件相对比较简陋，无自来水，不能洗澡。其中福顺客栈和友家客栈条件较好。
2. 吃饭就在自己投宿的客栈解决，可点菜也可包餐，记得事先跟老板谈好价钱，离开时一起结账。
3. 北红村已在2012年通电，但供电限时，从下午5点到晚上10点。村里虽有自来水管，却并没有自来水，还是得用压井取水。
4. 若包车前往乌苏里浅滩和黑龙江第一弯，一定要找熟悉山里道路的当地司机，森林土路没有标识很易迷路，费时费力还具有一定的危险性。现在政府已经修建了一段景区大道通往第一弯所在的山坡——红旗岭，可以把车开到山脚然后徒步登上红旗岭，来回需3小时左右。或者直接开车走大道抵达山顶，但雨天道路泥泞道路可能封闭。
5. 若是冬天，可随村民的拖拉机到黑龙江凿冰下网捕鱼，那是非常有趣和难得的体验。

宁静的村庄

雪乡

解读雪乡

原名双峰林场，雪期长，降雪频繁，有“天无三日晴”之说。积雪期长达7个月，从每年的10月至次年5月积雪连绵，年平均积雪厚度达2米，雪量堪称中国之最，且雪质好，粘度高，素有“中国雪乡”的美誉。国家滑雪训练基地八一滑雪队就在雪乡。

地理位置：黑龙江省牡丹江市海林市长汀镇双峰林场（实际位于吉林省敦化市）。
推荐理由：一个有着中国最美雪景的东北小村，一份冰天雪地中的温暖记忆。
特色看点：民居雪景、滑雪场、雪塑。

推荐指数：▲▲▲▲
交通指数：▲▲
美食指数：▲▲▲
住宿指数：▲▲▲

“去雪乡的吧？”当我悠闲地踱到大海林车站时，一位卖糖葫芦的大娘问道，“嗯”，我点点头，“车已经开走了！”什么？怎么可能？明明还有半小时的时间呢！“都坐满了，全是旅游的，还有老外呢。”我当即傻眼了，心中飞快地盘算，下一班车是4点半，那么我就要晚上才能到雪乡……正想着，大娘又催我，“赶紧去车站里问问，看能不能撵上。”也许这种状况出现得比较频繁，所以车站里的调度一看到我不由分说就抓起电话打给班车司机：“这儿还有一个旅游的，你给落下了！”然后有人紧急召来一辆小面包，叮嘱好司机赶到某某收费站赶雪乡的班车，我在这里似乎变成了一个木偶，听任别人的一切安排，开车前，那位大娘还不失时机地探问：“来串糖葫芦吧？”

他们都以为我和那辆车上的游客是同一团队，他们都比我还要着急，其实我只是个散兵游勇，无所谓追上或者不追，可是班车仍然在收费站口耐心等了我15分钟。“多少钱？”习惯性的问道，其实知道票价14元，“从这里上车，就收13元。”卖票的小伙子老实地答到，我服了，这可亲可爱的雪乡人啊。

后来，我就住在班车司机家里了，司机师傅和卖票的小伙子是父子俩，并不为了任何回报，是真心觉得这里温馨舒适洁净得像家的感觉。摸着黑在雪乡里探索了一下路线，等回来时却已经是饭香扑鼻，围桌吃饭的感觉真好。炖冻茄子、酸菜炖冻豆腐、土豆炖粉条、肉炒猫爪子、刺五加炒鸡蛋，就着油香的东北大米饭，一顿狼吞虎咽。这一晚，我在灼热的火炕上翻来覆去，出了一身汗，终于在劈柴渐渐烧尽之后缓缓睡去了。

清晨赶在太阳初升之前出门，一回头才看清了门前的这片风景。屋顶门框上都压着厚厚的白雪，一旁高挑着两盏红灯笼，背后的小山坡上遍是披着点点银装的松树，树梢之上挂着一轮明月。雪乡还没有醒来，空气中蕴藏着的是一种阴郁的冰寒，满街游走的是些穿了鲜艳冲锋衣的色（摄）友，或在寻觅，或在等候，在夹紧肩膀哆哆嗦嗦一张口就是白气氤氲的行走中，开始了一天的征程。

不经意地拐入一条小路，柴门紧闭，我孤单地踏雪而行，脚步声惊动了院中拴着的烈犬，一阵阵不停的狂吠，叫人心惊胆颤。偶尔有一两条流浪狗从身边懒散地经过，我祈求它们不要注意到我。它们都走过去了，却原来在路口处大集结，十几条大狗在群起斗殴，我看得惊心动魄，路过的村民却只是淡淡地说：“它们不咬人。”就在这么一会儿功夫，就在激烈的犬吠声中，我突然注意到地上已现出了自己的影子，一缕柔和的阳光已披洒肩上，太阳出来了！

赶紧向着那光明奔去，一转弯，我被眼前这片壮观的景物震撼了，再也抬不动脚。太阳刚刚爬过峰顶，斜斜地射向山坳间那一大片顶着厚厚雪帽子的房屋，家家的屋顶烟囱呼哧呼哧地冒着白烟，在风中摇摆成一条条妩媚的白练，远远地挥散而去。朝阳灿烂，我在这样一个清冷的早晨迎着风流着眼泪，用冻得麻木的手指按下了相机的快门，来来回回，反反复复，却又如何能够记载下

雪爬犁“突突”地开向夕阳里

那种有如朝圣般的感激涕零？

雪乡苏醒了，一位老大爷走出房门挥舞着斧头劈柴，栅栏门的影子投映在一尘不染的白雪地上，谁肯忍心践踏？卖特产的小贩挂上了狐狸皮，开始了一天的生意，戴着皮帽子的车把式赶着马拉爬犁走过，留下一串清脆的铃铛声。就这样，在短短1个小时内，雪乡也随着太阳的温度一起慢慢地热闹起来，晚起的人们沐浴在大好的阳光下，他们可能并不知道错过了什么。也或许只有经历的人才能懂得，那种月挂梢头的属于夜的宁静和阴郁，那种一瞬间揭开面纱的白日初现的惊艳，对我而言，仅仅这样一个清晨，在雪乡的记忆里，已经足够，足够。

下午3点钟以后，白天的使命就基本告一段落了，大家开始了炕头上的唠嗑生涯，更多的还是听房东大姐的演说，说雪乡的趣闻、雪乡的日常生活、雪乡的牢骚和苦恼。唠嗑的时候手脚也不停下，似乎她的身影从没有离开我们的视线，可是晚饭的各种材料就在瞬间准备齐全了。我几乎爱上了她的每一种烹调手艺，简单凉拌的土豆丝细得仿佛嚓出来一样，浓香的牛肉辣酱赛过阿香婆，自家蒸的大馅豆包和腌制的各色小咸菜，这让我在离开雪乡之后肠胃总有一种空落落的失意。相逢于同一屋檐下的陌生人，同桌吃饭高谈阔论推杯换盏，在热炕头上斗纸牌的嬉笑怒骂中渐渐睡去了，黑暗中只听得木柴燃于炉火噼啪的声音，我模糊地想着，这一屋子人不知道前世修了多少年的缘分，而才有今世相聚的一天呢。

也因此，虽然走遍了雪乡的角角落落，拍尽了那些雪蘑菇冰凌柱、挂在门

雪乡

○ 红红火火好日子

上金黄灿烂的老玉米棒子、压着雪的红灯笼、陷在雪窝中的摩托车……，可是脑海中鲜活如初的还是一些动感的画面：和一位沈阳大姐四处寻觅雪乡招牌画的拍摄地点、为了守候日出扑倒在齐腰深的雪中、遭遇一只大黄狗的侵袭、因为三位哈尔滨学生天黑未归急得房东差点报警……，于是雪乡在我的记忆中不得不化作了一种想念，想念那一推门暖融融的笑脸，炉火永远烧得旺旺的温度，房东大姐在炕头捣蒜的声音，山野菜的清香。这些将一个冰冻三尺大雪压境的双峰林场浓缩成了温情厚意的一片热土，雪景美，雪乡的情更浓。走笔至此，我仿佛仍然清晰地听到寂静深夜中劈柴在炉灶中燃烧的声响，噼啪，噼啪……

小贴士/TIPS

交通：哈尔滨到雪乡有直达班车，从牡丹江也可以乘坐长途汽车前往。

门票：60元。

作者手记：

1. 雪乡的交通不算很便利，路也不是很好走，如果没有赶上直达车，有可能要在路上耽误一整天。回程的班车也要提前问好，以免错过。
2. 雪乡全村分布着几十家家庭旅馆，平常包吃住一般每人50-70元。春节期间去一定要提前预订。
3. 雪乡没有单独营业的餐馆，吃饭都是住在哪一家旅馆就在该家解决，不知是水好蔬菜无污染还是手艺好，虽然都是些家常口味，但是主妇们各有各的看家本领，做出的菜都堪称美味，会让你久久难忘。
4. 一定要做好防寒准备，穿防滑的雪地靴，有雪套更好，要戴厚的围巾和手套。
5. 雪乡没有什么医疗设施，最好自备药品，感冒药和黄连素等止泻药必备。如无必要最好不要洗澡，以免感冒。

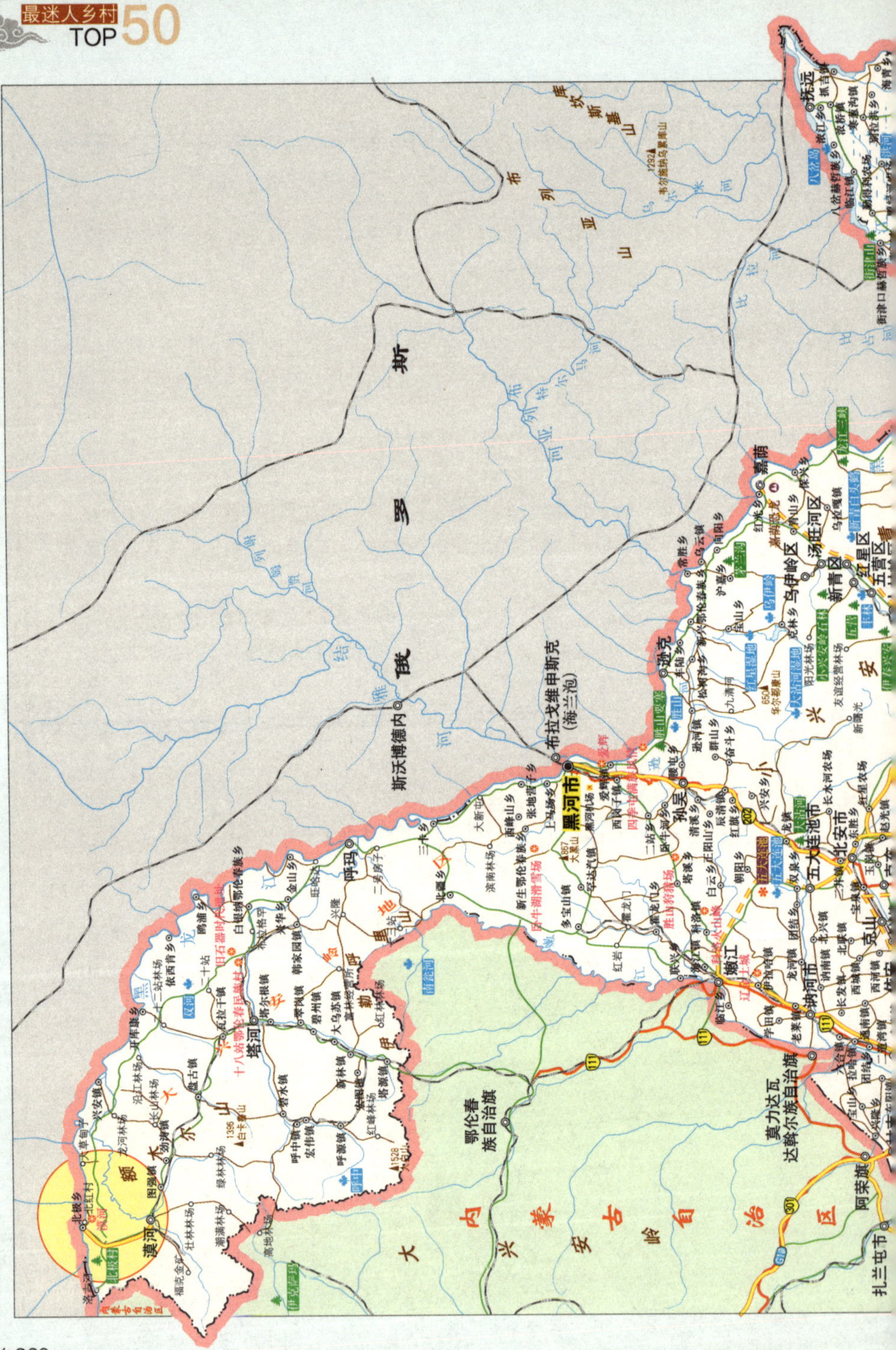
俄罗斯
斯沃博德内
布拉戈维申斯克
(海兰泡)
布列亚山
黑河市
漠河
塔河
呼玛
嫩江
孙吴
逊克
嘉荫
北安市
五大连池市
讷河市
克山
乌伊岭区
汤旺河区
新青区
红星区
五营区
抚远
鄂伦春族自治旗
莫力达瓦达斡尔族自治旗
阿荣旗
扎兰屯市
大兴安岭地区
内蒙古自治区

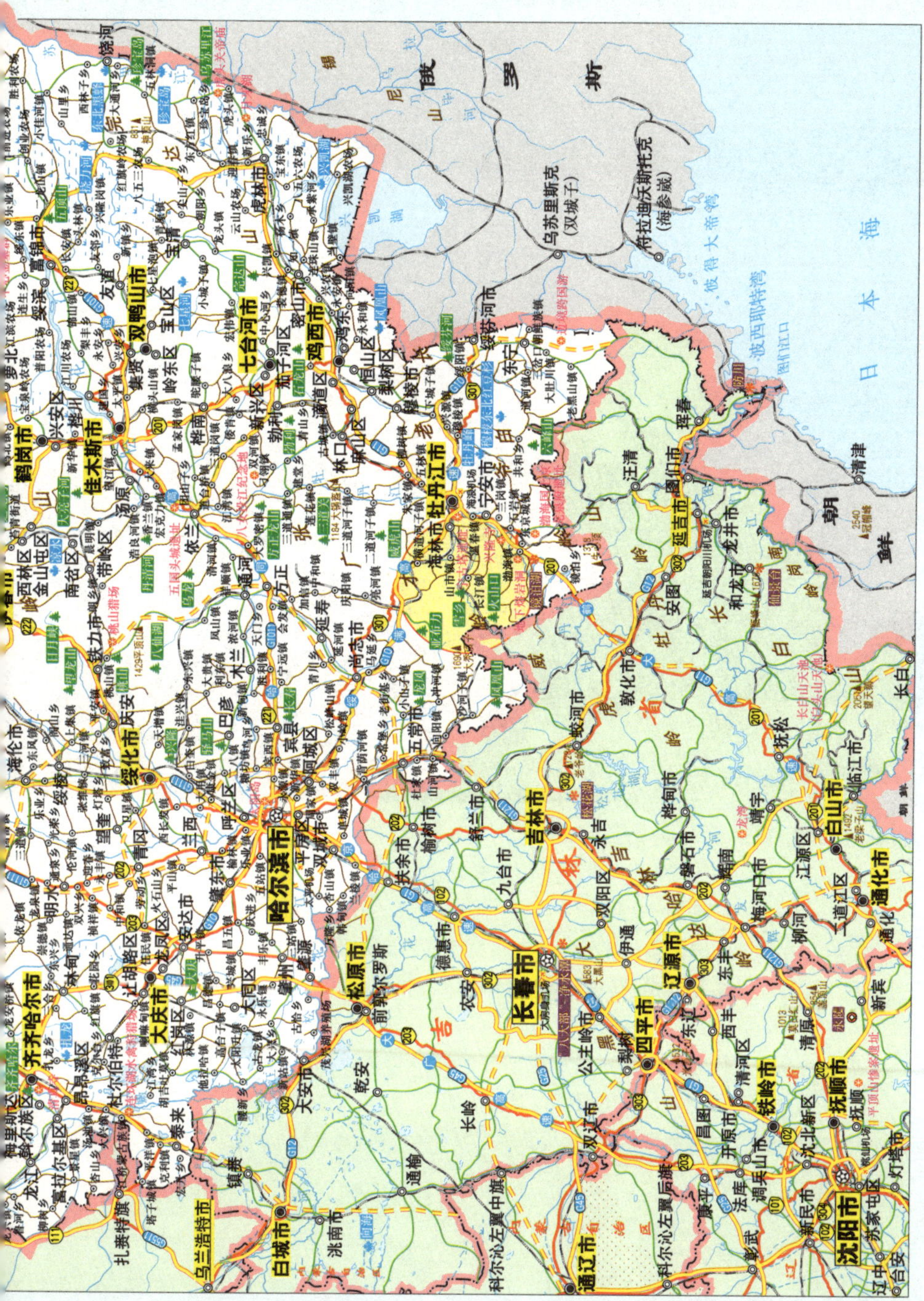

俄
罗
斯
日本海
彼得大帝湾
乌苏里斯克
(双城子)
符拉迪沃斯托克
(海参崴)
朝
鲜
哈尔滨市
齐齐哈尔市
大庆市
绥化市
佳木斯市
鹤岗市
双鸭山市
七台河市
鸡西市
牡丹江市
伊春市
长春市
吉林市
四平市
辽源市
通化市
白山市
松原市
白城市
延吉市
图们市
敦化市
蛟河市
舒兰市
榆树市
扶余市
德惠市
九台市
公主岭市
梅河口市
铁岭市
抚顺市
沈阳市
通辽市
乌兰浩特市
洮南市
大安市
安达市
肇东市
尚志市
五常市
海林市
宁安市
穆棱市
东宁
绥芬河市
虎林市
密山市
宝清
富锦市
同江
饶河
抚远
依兰
方正
通河
延寿
宾县
阿城区
双城市
兰西
青冈
明水
海伦市
庆安
铁力市
汪清
珲春
龙井市
和龙市
安图
桦甸市
磐石市
永吉
双阳区
伊通
东丰
东辽
西丰
开原市
昌图
清河区
新宾
桓仁
柳河
辉南
靖宇
抚松
临江市
长白
江源区
二道江区
科尔沁左翼中旗
科尔沁左翼后旗
扎赉特旗
镇赉
通榆
乾安
长岭
农安
前郭尔罗斯
泰来
杜尔伯特
林甸
富裕
龙江
甘南
依安
克东
望奎
巴彦
木兰
呼兰区

○ 江边的惬意时光

地理位置： 辽宁省丹东市宽甸满族自治县振江镇。

推荐理由： 鸭绿江畔的原生态村落，中朝边境上最美的村庄。

特色看点： 水没地里盛开的油菜花、鸭绿江上的日出日落以及打渔船。

绿江村

解读绿江村

位于宽甸满族自治县东部山区，60%的农户以打渔为生，主要有汉、满、鲜三个民族构成。这里被国务院确定为全国六大无污染地区之一。由于风光秀丽，景色宜人，被誉为“辽东第一村”和“东北的香格里拉”。

推荐指数： ▲▲▲▲▲

交通指数：▲▲

美食指数：▲▲▲▲

住宿指数：▲▲

到达绿江村那一夜是中秋的第二天。从丹东沿着鸭绿江和浑江一路北上，我们在202省道上被如画的江山迷了眼，走走停停直到天黑才转上615县道。夜色中蜿蜒的山路上只有我们两辆车，越过一个又一个山头，层峦叠嶂的山峰和密林在车窗外忽闪而过。2个多小时的时间中，一轮圆月始终伴随着我们，在右前方的山岗上安静地散放出明亮的光芒，照耀着幽静的江面，随着山势和江水的变幻，大有“江流宛转绕芳甸，月照花林皆似霰”的意境。

一边继续往村子里赶路，一边大发感慨“十一”旅行选择到这里真是明智。入夜才抵村子，预定了房间的家庭旅馆的大叔骑着摩托车到村口来接。进门才知道他家两幢房都已住满，我们只有一个房间，另外一家人得到附近的村

○ 农家院里的花儿与狗儿

民家借宿，不禁感叹原来我们其实赶上热闹了。

大叔家人马上为我们热了饭菜，大厅里其余各桌的菜肴跟我们的都一样，仿佛回到儿时到乡村参加婚宴的场景，凑够了人数就能享用八大碗的美食。这样也好，免了每餐点菜的麻烦。我们4个大人2个小孩子，面前碗碗碟碟的摆满整桌，怎么也吃不完。

晚饭后去了对面的一处平房，主人特意为我们烧热了炕，我累得倒在炕上就睡着。次日凌晨醒来时不到5点，看着窗外天色已明，激动得赶紧穿戴整齐出得门去。向来爱懒觉的我一到乡村就很自觉地早起早睡，为的是不能错过一天中最美的时光。

穿过屋外的庄稼地，沿着山脚下的小径一路往下，村里的人告诉我很快就能走到江边。路过一个水边的院子，不过5点多的光景，主人竟然已经打渔归来，正在整理渔网。

赶紧到了江边，几艘小木船斜在水面，一位村民正收网捡鱼，大的一条有十多斤，小的如同拇指大小，都是模样熟悉却叫不出名字的鱼。江面上远远的还有几艘小船，在清晨的雾色中穿梭于江面，仿佛一副淡雅的水墨画。

索性坐在岸边跟打渔人聊天。听他说那十多斤的大鱼要如何吃法，说这绿江村最美的季节是春天，说可以乘船出江也可以爬上高山去看日出。听得我就想住在村子里不再赶路。

后来陆续又来了几位游人，其中有熟悉江鱼种类的一位，跟打渔的大哥请教那鱼网里和船舱中大小鱼儿的品种，还有鸭绿江上撒网打渔的种种事项。我也在边上学习了一回。

恋恋不舍回到旅馆吃早饭，仍然是按人头管够的农家饭菜。为了不跟朋友一家分两地居住，我们另找了一个家庭旅馆，饭后跟大叔商量搬家事宜。原本我预定的是3天住宿，临时改变主意，大叔不怒也不恼，笑眯眯地送我们出门，我反倒觉得不好意思了。

搬到另一个农家小院，整洁的院子里绽放的黄色花朵旁立着只白色小狗，金黄的玉米棒子晒了一地，弥漫着浓郁的农家气息。当时我路过时得知这院子新近开张，知道的人还不多，因此有余房，一看到那院子我立刻决定就是它了。

两个孩子们在院子里跟狗儿嬉耍，捧起玉米棒子就送到嘴里去啃，主人赶紧端出自家的榛子给他们解馋，还有新晒的苹果干酸甜可口。孩子们顽皮地开了后院的篱笆门走到地里，看着枝条上沉甸甸的大红苹果就挪不开了步子。主人家慷慨地说想吃就摘吧，孩子们于是毫不客气地挑了两个最大最红的，乐得合不拢嘴。削了皮切一块放进嘴里，又脆又甜的滋味顿时弥漫开来。

清晨的渔人

午饭是榛蘑炖鸡、闷油豆角、炸小鱼儿。吃完饭在院子里躺着晒太阳。接下来的几天，我们尝遍了农家院的各种美食。更有一天，早起上山看日出的几个姑娘，竟然带回一种野生的小果子，两个孩子吃得不亦乐乎，我也尝了一个，酸甜的滋味非常可口。

及至黄昏，带着孩子们到村子边上水没地旁看风景。这个季节没有油菜花，但夕阳的金色光芒洒在碧蓝的江面上泛起粼粼微波，远处连绵起伏的山峦也沐浴在晚霞之中，大人和孩子们的脸庞都光芒四射。一行人在村外的江边打够了水漂，开车沿着水边的土路往回走，透过窗户突然就见到了传说中的彩霞满天，红彤彤的太阳正逐渐往山巅处下沉，水天一色的绚烂之中，一艘渔船远远伫立。我急忙一边伸手跟身后另外一辆车上的朋友打招呼，一边停车打开相机。面对美景如此，素来不喜拍照的我也忍不住想留下那动人心魄的时刻。

晚饭后带着孩子们到村里散步。我们走到江面上的石桥上，走过长满灌木和青草的乡间小径，远处天空中月亮逐渐升起，头顶的星星也还明亮，孩子兴奋地追逐着地上自己的影子，这样乡居的日子恬静而安逸。

第二日，我们放不下来时路途上的各种风物，驱车往回走了一程，拣了处宽敞的平台停车赏景。白日的风光与夜晚完全不同，盘山公路一侧是霜叶红于二月花的漫山秋色，另一侧是碧蓝的鸭绿江水，江面出奇开阔，远远近近的山峰上都长满树木，深深浅浅的红色黄色和绿色非常养眼。

○ 看风景的父子俩

朋友从后备箱取出随身携带的野餐用具，高脚玻璃杯里斟满果汁，佐以点心和小食以及水果，真想就那样一直坐着看江面上偶尔的渔船，天空中掠过的鸟儿。

○ 路边的红叶

这一天的午饭，我们上了村里的渔船餐厅，一条新鲜的江鱼，几盘时令蔬菜，还有当地啤酒。享受着绿江村的美好时光。

小贴士 / TIPS

交通： 目前最佳到达方式是自驾，从丹东前往约200公里，从本溪前往约270公里。两条路沿途的景色都非常秀美。

门票： 无

作者手记：

1. 如果由丹东方向前往，快到绿江村的盘山公路旁有多处观景台。如果是秋天由本溪方向前往，可顺带游览有名的本桓大道的金秋红叶盛况。
2. 水没地里种植油菜花是当地最具特色的景观，分多批多次播种使油菜花期能够延长到7月初。
3. 观赏日出的最佳方式是请村民做向导，早起乘车到村庄附近爬到高山之上。日落则在绿江村里就可看到，具体位置可咨询村民。
4. 村子里也有人提供包船服务，可带游人出江赏景。
5. 村中农家院很多，姜家大院和张家大院是其中的老字号，远兴东家园2012年开业。食宿价格是包吃包住每人每天80元左右，标间除外。
6. 绿江村的菜肴是典型的东北风味，榛蘑炖鸡是最具代表性的美味，运气好还能碰到新鲜的猴头菇。村民把土鸡和土鸡蛋称为笨鸡笨鸡蛋，是当地一大特色。此外推荐强烈鸭绿江的新鲜江鱼。

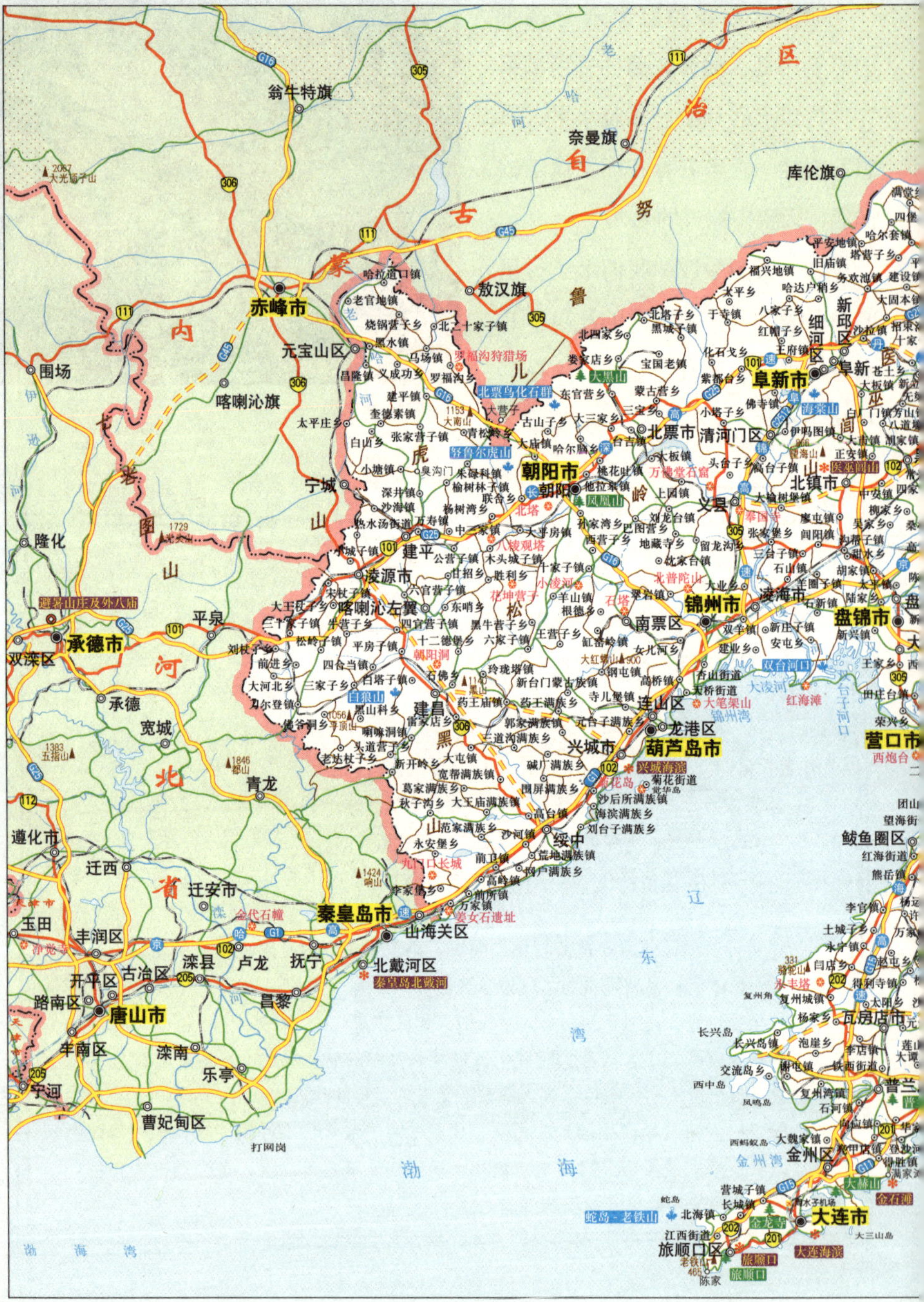

内蒙古自治区
河北省
七老图山
努鲁儿虎山
松岭
黑山
辽东湾
渤海
渤海湾
金州湾
锦州湾
翁牛特旗
奈曼旗
库伦旗
赤峰市
敖汉旗
元宝山区
喀喇沁旗
围场
宁城
隆化
平泉
承德市
双滦区
承德
宽城
青龙
遵化市
迁西
迁安市
玉田
丰润区
古冶区
开平区
路南区
唐山市
丰南区
滦南
乐亭
宁河
曹妃甸区
滦县
卢龙
抚宁
昌黎
秦皇岛市
山海关区
北戴河区
秦皇岛北戴河
金代石幢
避暑山庄及外八庙
凌源市
喀喇沁左翼
建平
朝阳市
朝阳
北票市
阜新市
清河门区
细河区
新邱区
彰武
义县
北镇市
锦州市
凌海市
盘锦市
南票区
连山区
龙港区
葫芦岛市
兴城市
绥中
建昌
营口市
鲅鱼圈区
瓦房店市
普兰店
金州区
大连市
旅顺口区
长兴岛
蛇岛 - 老铁山
北票鸟化石群
罗福沟狩猎场
努鲁尔虎山
大黑山
海棠山
医巫闾山
万佛堂石窟
奉国寺
凤凰山
北塔
八棱观塔
小凌河
花坤营子
北普陀山
石塔
朝阳洞
白狼山
大笔架山
双台河口
红海滩
大凌河
兴城海滨
菊花岛
九门口长城
姜女石遗址
西炮台
大赫山
金石滩
大连海滨
旅顺口
龙王塘

○ 矴步上传来放学孩童的欢声笑语，鸭群也嘎嘎地凑着趣

地理位置： 浙江省温州市永嘉县。

推荐理由： 中国山水诗的发源地，山明水秀的自然风光和书香人文的古村落交相辉映，演奏出一首清新动人的田园牧歌。

特色看点： 石桅岩、大若岩、狮子岩、古村落。

楠溪江村落

推荐指数：▲▲▲▲▲

交通指数：▲▲▲

美食指数：▲▲▲

住宿指数：▲▲▲

解读楠溪江村落

楠溪江古村落至今仍保持着比较完整的历史风貌和传统文化遗迹，其中最著名的当属芙蓉、岩头、苍坡、蓬溪四个宋村。在这里，不但可以了解到中国古代社会耕读文化、宗族文化演变情况，而且可以感受到村寨建筑艺术的动人魅力。

永嘉的山水恁地多情，吸引着一代又一代的文人墨客留下锦绣的文字。三百里逶迤曲折，烟树横碧，滩林如黛。所谓水秀、岩奇、瀑多、村古、滩林美，这样笼统概括的赞美之词仅仅是支起了楠溪江风景粗略的骨骼，无论是丹青水墨，还是诗词颂咏，都无法完整还原这片山水佳音的灵犀风华。

我为一幅楠溪江上渔舟唱晚的图画而打动，想象中是那断霞残照之下，一叶扁舟轻帆卷，半江渔火舞愁红。我奔波千里而来，只为登上这一叶江上竹排。可惜天公无情，等到暮云黯黯，未见夕阳的半点灿烂，葭苇萧萧风淅淅，一任锁清江，只我们一方孤零零的小舟无助地漂流，哪里有渔灯一盏为我们燃起火焰？暮色苍茫，隐约中只见得远山披着纱衣的影子，层层叠叠，渐渐地与江水融为一体。夜色漫过来的时候，依然执著地不愿离去，瑕思翩翩，也许幻想着那江面的远方蓦然吹响一声清笛，那滩林的深处亮起一袭渔火，可是，终究，还是只等到失落。

次日清晨，拨开薄雾冥冥，终于看清了这溪水的颜色，日复一日的竹筏漂流，人声鼎沸的噪杂喧闹，却丝毫没有混杂了江水天然明净的本色。再度泛舟而去，狮子岩畔风光如画，江心的大石上早已绿树成荫，多少个朝朝暮暮，年华共，混同江水，流去几时回。

天空突然飘过厚重的云彩，一瞬间阴雨霏霏，风淅淅，雨织织，整条楠溪江啼泣不止。纵有无限伤心事，一种烟波各自愁。

烟轻雨小，打着伞走过丽水长街，一条明嘉靖年间的蓄水堤，曾经只许莳花种树建亭的风雅之所慢慢演变为繁荣的商业街巷，只是那一湾临水的弧线，那古朴的屋檐披盖，在时光流逝的沧桑中依旧透露出婉约的优雅。

走进芙蓉古村，一本《楠溪江中游的古村落》让不少天南地北的游客手持此书寻迹而来，

山清水秀的自然环境成为避世者的桃花源。芙蓉、枫林、苍坡、鹤湾，一个个有着灵秀动听名字的古村在江畔扎根繁衍，牛角挂书，亦耕亦读，山水情怀和书香气质相互融合，蕴育出了楠溪江流域浓厚毓秀的乡土文化。

背靠芙蓉崖，面向楠溪江，芙蓉村是一座方形的堡垒村寨，蛮石砌起坚固的寨墙抵御外敌，内中格局“七星八斗”，街巷沟渠形成密织的网络结构。古村的整体布局规划以及建筑形式都无所不在的体现着某些人文思想的精粹，这亦是楠溪江古村落共通的特色。民居、祠堂、书院，古老的建筑依旧穿越时光活在今天的日常生活中，没有皖南古村那些深宅大院的雕梁画栋，更多的是一间间朴素简洁的田园农舍，少了精致贵雅的官宦之气，多了疏朗洒脱的自然之风。

芙蓉池中芙蓉亭，这里是古村的中心广场，纳凉聊天的老人，洗涤衣物的

古老宅院里心浮时光

妇女，趴在地上打盹的小黄狗，四处昂首阔步的大公鸡，缓慢悠闲的生活节拍就这样淡然随意地渗透于古村风物的细枝末节。就停在这旁边的村里人家，尝一碗楠溪江素面，简简单单清清香香，舌尖回味的是这份山水情怀的味道。

辗转进入大若岩，天色终于渐渐明朗起来，雨歇天高，望断翠峰十二。那十二峰景区内烟雾缥缈，人迹罕至，只有那些硕果累累的柚子树在雨露的滋养

丽水桥畔

下宫腰低压，楚楚动人。前路茫茫，只这一组山峰高低错落，相伴万重烟水，尽无言，谁会凭高意。

就宿于大若岩，夜晚与两个孩童走在田埂小路上，不期然真的邂逅流萤，好像是一盏盏小灯从田野中飘忽而来，在这漆漆的黑夜里，格外的亮眼，追逐而去，只恨手中无有轻罗扇，只得眼睁睁地看它飞入田间无觅处。就是这样一个夜晚，有着草香虫鸣的夜晚，孩童天真开心的笑声回荡在静寂的田间，我在这笑声中找回的是都市中迷失已久的真情流露。

还有，还有，还有木舟横渡小三峡，看四壁青山揽翠，一池潭水幽深，分明画出春色；还有九祭石门台的飞瀑溪流，白练当空，珠矶四射，空谷回音；也有苍坡的古柏戏台，琵琶井边旧日的雕梁画栋，一条小路走过落日和烟雨，一种心情抛开相思和离愁。

我想我有一天我还要重返楠溪江，这孕育了谢灵运山水诗的楠溪江，也许我会从仙居一路南下走过她所有最美的流域，将百感千愁齐都付与流水。也许有一天，这种寄情山水、耕读传家的审美情怀会再一次穿越历史的洪流，在现代社会的复古轮回中翻

守着收获，守着快乐

开一页新的篇章。

烟残照，摇曳溪光碧，昨夜扁舟泊处，波声渔笛。再见，楠溪江，凭阑悄悄，目送春光，多情不惯相思苦。休惆怅，好归去。

小贴士/TIPS

交通： 先乘坐飞机或火车到达温州，温州有开往楠溪江的班车。上海和杭州有直达楠溪江的班车。

门票： 石桅岩50元，芙蓉古村20元，苍坡古村10元，九漈石门台30元。

作者手记：

1．楠溪江的行程至少要安排两天，石桅岩和大若岩景区都需要坐车前往，古村落距离岩头镇都不远，可以步行或者乘坐三轮车前往。

2．岩头镇是住宿餐饮中心，各类档次的宾馆旅社都有，节假日价格稍有提高。

3．漂流是从岩头镇东的小港码头坐竹筏到狮子岩，最好能赶到在狮子岩看日落。漂流时候最好穿防水的鞋或者凉鞋。漂流价格可以砍价。

4．古村落主要是苍坡村、芙蓉村、岩头村，都具有很丰富的人文内涵，在村里可以品尝一些当地土家风味，如小溪鱼、楠溪粉干等，还有著名的楠溪江素面。

芜湖
繁昌
铜陵
铜陵市
狮子山区
南陵
宣城市
郎溪
广德
池州市
枞阳
青阳
泾县
宁国市
安
徽
省
九华山
黄山区
旌德
石台
绩溪
祁门
黟县
歙县
徽州区
休宁
黄山市
长兴
湖州市
南浔区
嘉兴市
桐乡市
德清
安吉
余杭区
杭州市
临安市
萧山区
柯桥区
绍兴市
富阳市
桐庐
诸暨市
淳安
建德市
浦江
义乌市
东阳市
兰溪市
金华市
金东区
磐安
永康市
武义
衢州市
龙游
常山
江山市
开化
婺源
德兴市
玉山
上饶市
上饶
横峰
弋阳
铅山
广丰
遂昌
松阳
缙云
丽水市
云和
龙泉市
景宁
青田
永嘉
温州
文成
平阳
苍南
泰顺
庆元
寿宁
福鼎市
柘荣
福安市
周宁
政和
松溪
浦城
武夷山市
光泽
邵武市
建阳市
建瓯市
江
西
省
福
建
省
江
苏
省
太湖

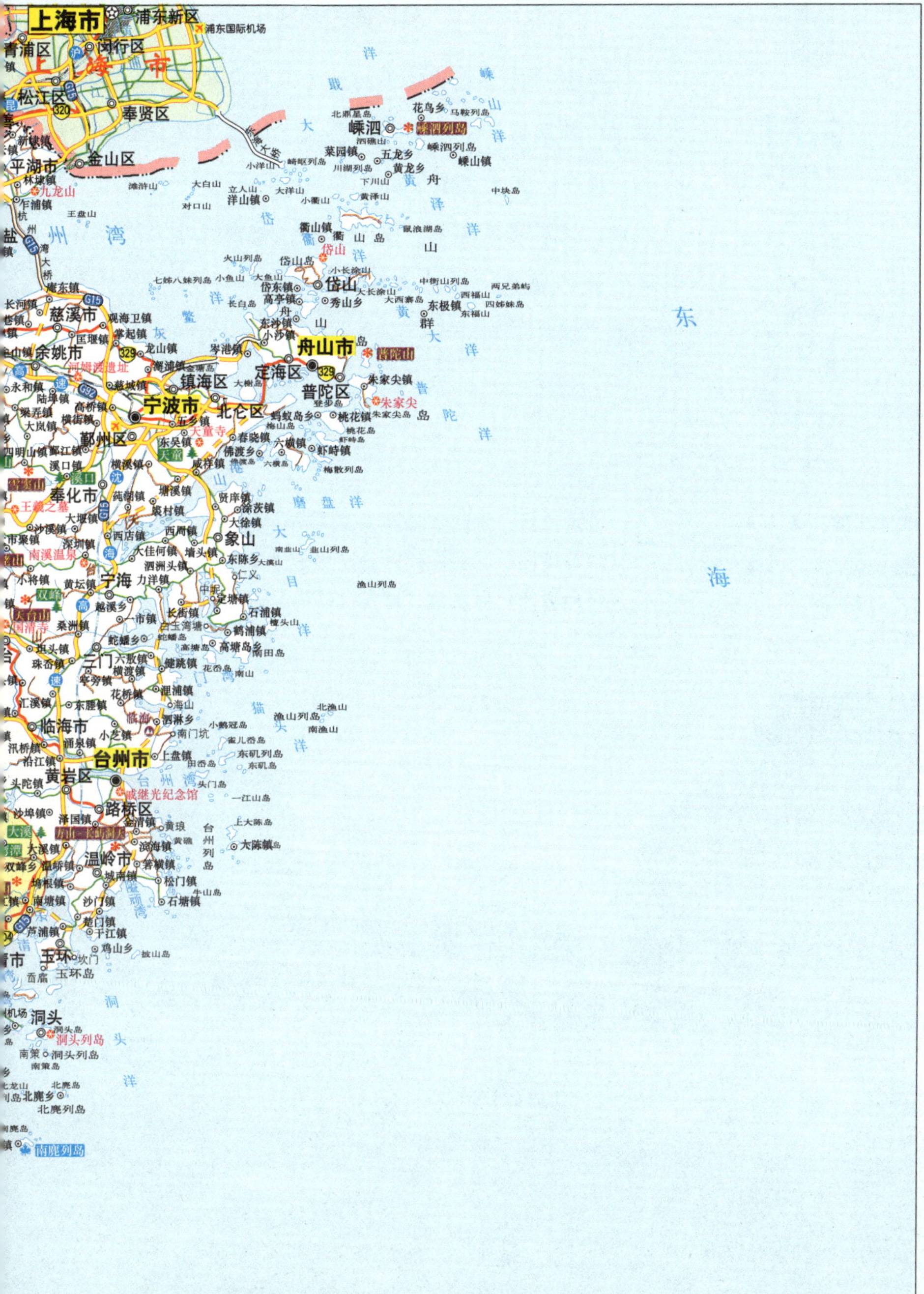
上海市
浦东新区
浦东国际机场
青浦区
闵行区
松江区
奉贤区
金山区
平湖市
九龙山
乍浦镇
州
湾
大
桥
东
海
嵊泗
花鸟乡
嵊泗列岛
菜园镇
五龙乡
黄龙乡
嵊山镇
洋山镇
衢山镇
衢山岛
岱山
岱山岛
岱东镇
高亭镇
秀山乡
东极镇
舟山市
普陀山
定海区
普陀区
朱家尖
桃花镇
虾峙镇
六横镇
慈溪市
余姚市
河姆渡遗址
镇海区
宁波市
北仑区
鄞州区
天童寺
奉化市
王羲之墓
象山
宁海
石浦镇
三门
临海市
台州市
黄岩区
路桥区
戚继光纪念馆
温岭市
大陈镇
玉环
玉环岛
洞头
洞头列岛
北麂列岛
南麂列岛

德夯苗寨

推荐指数： ▲▲▲

交通指数：▲▲▲

美食指数：▲▲

住宿指数：▲▲

解读德夯苗寨

德夯，苗语为“狭小的地方”或“美丽的峡谷”。由于山势跌宕，绝壁高耸，形成了许多断崖、石壁、峰林、瀑布。德夯苗寨位于德夯风景区的核心，苗寨依山而建，民居飞檐跷角，造形奇特，格调鲜明。附近有著名的流纱瀑布，据说该瀑布的落差达216米，雄踞全国之最。

地理位置： 湖南省湘西土家族苗族自治州吉首市。

推荐理由： 深藏在武陵山脉中部的美丽苗寨。

特色看点： 吊脚楼、瀑布、天问台。

天问台

我不知该怎样去描述那个去往德夯的茵茵春日。如果说凤凰的小雨总有着一抹淡淡的哀怨的愁，那德夯的小雨则是孕了层潺潺的幽碧的情。雨在德夯和凤凰呈现出两种不同的状态，一种坦荡旷达，一种含蓄忧伤。

我坐在温暖的车上，沿着峒河的汩汩溪水逆流而上，望着窗外雨丝划过小溪上的影子，我知道我的心依旧在惦念凤凰，那个我初次相识时雨中的朦朦凤凰。雨在窗外轻散地飞舞着，是谁偶然拉开了一小条窗缝，我和雨的表情不期而遇了。凤凰的雨有着慵懒闲散的情态，而飘洒到了德夯的清流、溪石、稻田、翠鸟、娇花嫩草、云团白雾上时，就转为了活泼清朗的容貌，仿佛是个长不大的小姑娘，总想在大人面前互换角色，好让大人们猜不透她的哪颗心是扮演的，哪颗心又是与生俱来的。我吮着雨身上的味道，我知道窗外掠过的光阴在轻柔曼舞着，也知道渺渺光阴就要停在了将要逝去的边缘。

进到德夯苗寨，光溜溜的石板路弯弯曲曲向前方延伸。一片浓雾笼罩下的是个依山傍水、高低错落的小寨子，她在那里静卧小憩着。寂静中，寨旁翠色

小桥流水人家

接龙桥餐馆
接龙桥
欢迎您来

的娇嫩植物显得鲜亮可人，而那上面正有只蜘蛛在一方小小天地里静静地编织情网，我蹲下来痴迷地看了很久它在网中默默等待的样子。

穿过了石拱小桥，溯溪而上，田间的一条小路蜿蜒而过。脚边青郁的田野里注满了水，一簇簇生机勃勃的秧苗娇嫩又轻盈，鸟儿站在树梢溪间欢畅春天，偶有扎着绑腿、穿着对襟衣的村民赶着牛儿经过，映着的影子滑过春日的田垅。我大口大口吸着空气里的清新，偶然路过我身旁的人一定会觉得我很贪婪吧。反正此处已无信号，手机早成了块比废铁还没用的东西，干脆就关机吧。山水自有清音，也就无所谓身外的累赘之物了，也更无所谓时间了。这里的花开草长是一种时间，羊羔儿咩咩地叫着是一种时间，阳光洒在清涧里是一种时间，一只旺财煞有势气地汪汪跑来是一种时间，鸟儿啁啾是一种时间，水鸲看到有人偷窥忽地飞走也是一种时间，抚面的风带走愁绪后散落下的惬意青春是一种时间，用清甜的溪水拍拍满是汗水的脸旁是一种时间，寥无人迹的四野孤峰孑立是一种时间，我的呼吸又轻又薄是一种时间，云儿漫过一个又一个山头是一种时间，老牛脖子上挂着叮当的铃儿回家是一种时间，偶然听到“我从没注意过这些微观的细节”又是一种时间……手机、手表这些可以用来证明僵硬教条的时间桎梏，被我当然地抛弃了。

沥沥的细雨，时而似云，忽而像雾，浅唱低吟的缭绕在脸颊耳畔，柔柔的妙处就在无晴却有情。与那条飞飘的银色玉带擦身而过，再走不远就是山尽头的天问台了。那个寂寞屈原曾仰望祈问荒天的地方，是个有些迷离的缈缈仙处，我不知那是否就是传说中的地老天荒，我想那时我的一个小小身体在这积蓄已久的苍翠中淹没去了不知何方的天际。“走啦，走啦！”那是一班要毕业的学生正在招呼同伴的声音，把我拉回了真切的现实中。

渐渐的，浓稠的云朵漫过了两侧的断崖，再无好景致可赏的我，开始惦记起山那边流纱瀑布腾挪的仙姿了，那条银练有着怎样的清音和如何的容貌呢？我幻想着，于是随着鸟儿飞翔的翅膀，不一会儿就回到了山下的广场。穿过一排卖各式琳琅旅游商品的木屋，沿着石板路旁的青青秧苗的指引，溪水哗哗地带着路，跌宕的嵯峨山势做我的监护人，雨丝也不再发髻间纠缠恼人了。不一会儿，在翠色欲滴的密林里，那瀑布轻灵飘逸，洁白无暇，宛若仙女所织的一匹轻纱，便飘飘洒洒落入眼前那一汪碧绿的潭水中，点点轻溅的水花又好似打碎了仙女孤芳赏影的镜。

伴着静谧安宁的清溪，再次回到山下的寨子，此时已是一片朦胧中了。深一脚，浅一脚，找到一处还未歇业的小店，围坐在吊脚楼上，一盘腊肉，几个柴蛋，一份野菜，接着半斤米酒后，全然不知今宵酒醒何处了。隐约一阵铿锵的苗鼓从寨子的另一端传进耳边，恍惚仙乐伴着熊熊篝火，小伙子在卖力打鼓，姑娘们在翩翩起舞……我在一片喧哗打破了山野的寂静中，住进了一户吱呀作响的吊脚楼。半睡半醒间，雨中的一切如梦如幻。

小贴士/TIPS

交通：在吉首火车站旁有去往德夯的旅游专线车，20分钟一班，行程40分钟左右。

门票：100元。

作者手记：

1．景区内有三条以瀑布为主的游览线路，分别是玉带瀑布、流纱瀑布和夯峡瀑布群。

2．大多数游客都是白天游览流纱瀑布晚上回吉首，夜幕降临，寨子就会回复宁静，住在寨子里最能感受到田园的恬静。寨子里客栈不少，价格便宜，条件一般。

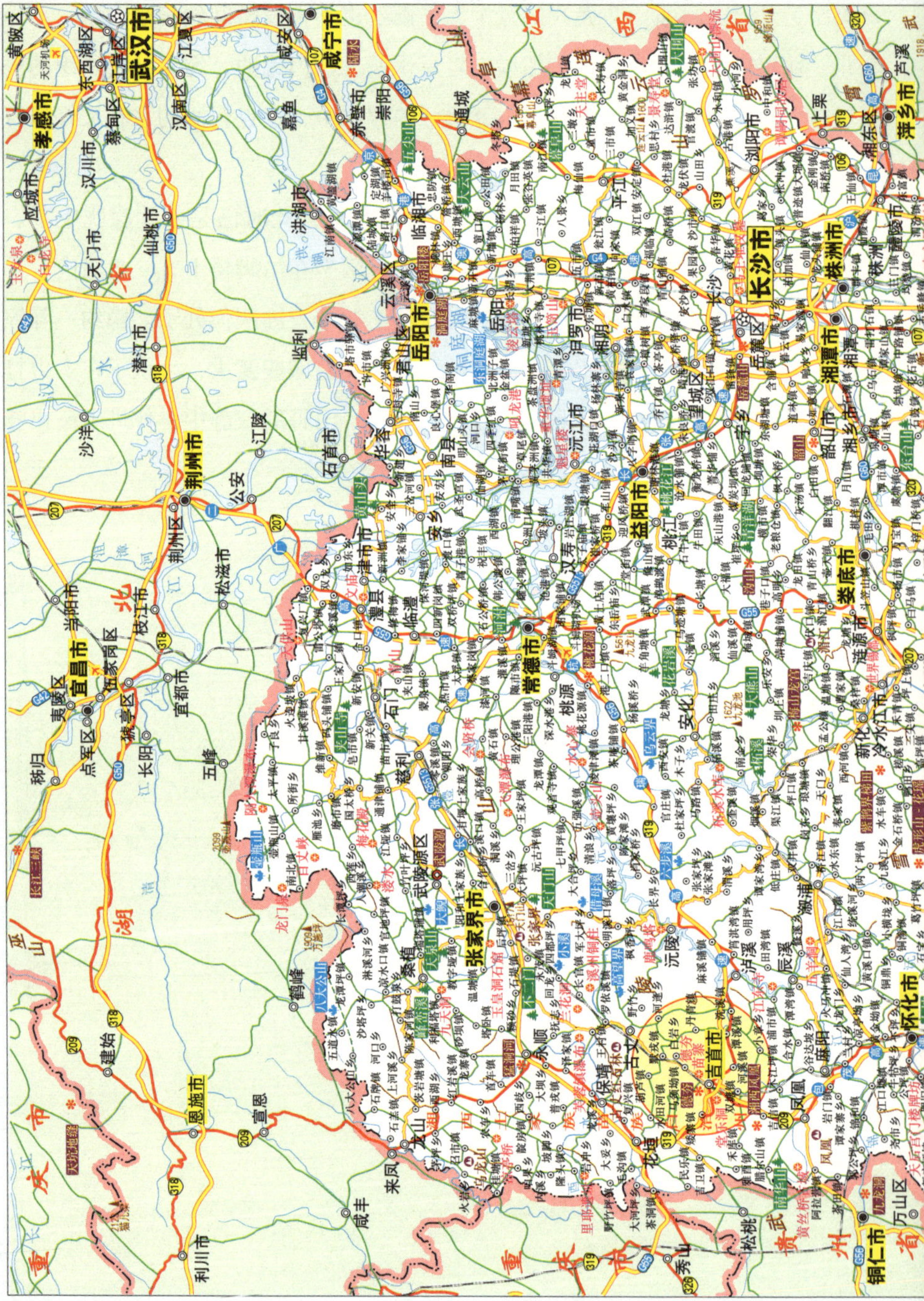
武汉市
咸宁市
孝感市
荆州市
宜昌市
岳阳市
长沙市
株洲市
湘潭市
益阳市
常德市
张家界市
娄底市
怀化市
吉首市
恩施市
铜仁市
萍乡市

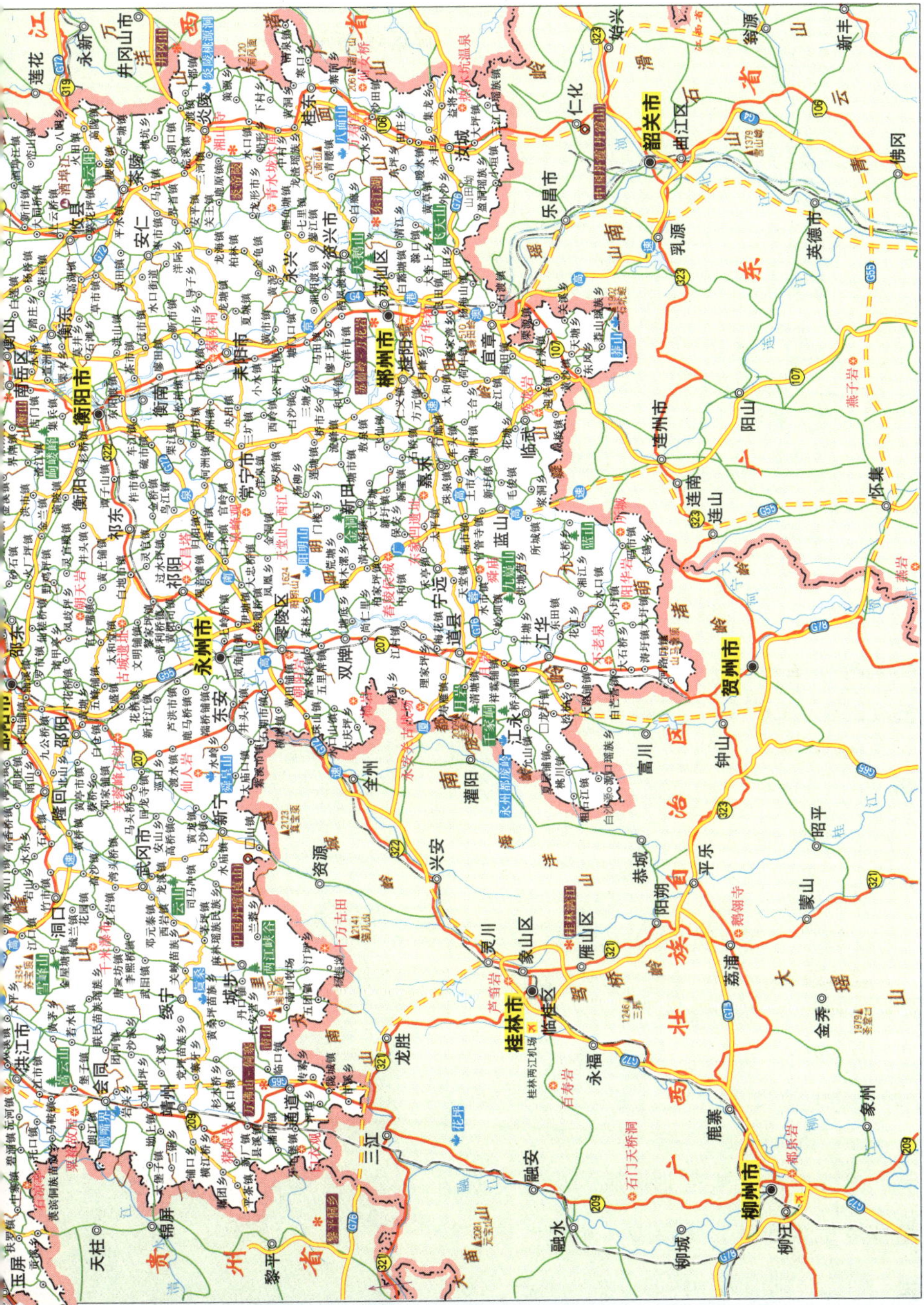
衡阳市
郴州市
永州市
桂林市
柳州市
贺州市
韶关市
邵阳
零陵区
东安
新宁
全州
兴安
灵川
阳朔
平乐
恭城
富川
钟山
连州市
乐昌市
仁化
乳源
英德市
阳山
怀集
连南
连山
宜章
临武
嘉禾
蓝山
宁远
道县
江华
江永
新田
祁阳
祁东
常宁市
耒阳市
安仁
攸县
茶陵
炎陵
桂东
汝城
资兴市
永兴
苏仙区
北湖区
南岳区
衡南
衡东
衡阳
武冈市
洞口
隆回
绥宁
城步
通道
靖州
会同
洪江市
锦屏
天柱
黎平
三江
龙胜
融安
融水
鹿寨
柳江
柳城
永福
临桂区
象山区
雁山区
荔浦
蒙山
昭平
金秀
象州
资源
灌阳
井冈山市
永新
莲花
始兴
翁源
新丰
佛冈
曲江区
广西壮族自治区
广东省
贵州省
江西省

罗布人村寨

推荐指数：▲▲▲

交通指数：▲▲

美食指数：▲▲

住宿指数：▲▲

解读罗布人村寨

罗布人村寨位于沙漠深处的塔里木河畔。这里生活着中国最独特的部族——罗布人，他们原本生活在罗布泊地区，后迁移至此。他们的寿命如同挺拔的胡杨，百岁老人多不胜数，八九十岁仍身强体壮，甚至还有过百岁的新郎倌。

地理位置： 新疆维吾尔自治区巴音郭楞蒙古族自治州尉犁县。

推荐理由： 探访沙漠中的神秘部族，领略大漠胡杨的壮美。

特色看点： 民居点、沙漠、胡杨。

在塔里木盆地东北边缘的尉犁县墩阔坦乡塔里木河畔，坐落着一个集沙漠、胡杨、河流、湖泊为一体的自然、生态、民俗

旅游区——罗布人村寨。古老神秘的罗布人是一个由多种族、多民族融合而成的部族，他们说着维吾尔语的三大方言之一。原本世代生活在罗布泊地区，逐水而居，捕鱼为生，结庐为室。快乐勇敢、坚毅长寿的罗布人居住在简朴的草棚中，吃着用红柳串烤出的鱼。他们的寿命如同挺拔的胡杨，百岁老人多不胜数，八九十岁仍身强体壮，甚至还有过百岁的新郎倌。据说罗布人普遍长寿是因为他们长年以塔里木河以及沙漠海子里营养丰富的鱼为主食，这也难怪历史上的罗布人曾经用海子作为陪嫁或是衡量家庭财富的标准。仅此一点已经足够吸引四面八方的游人。

○ 罗布人麻扎

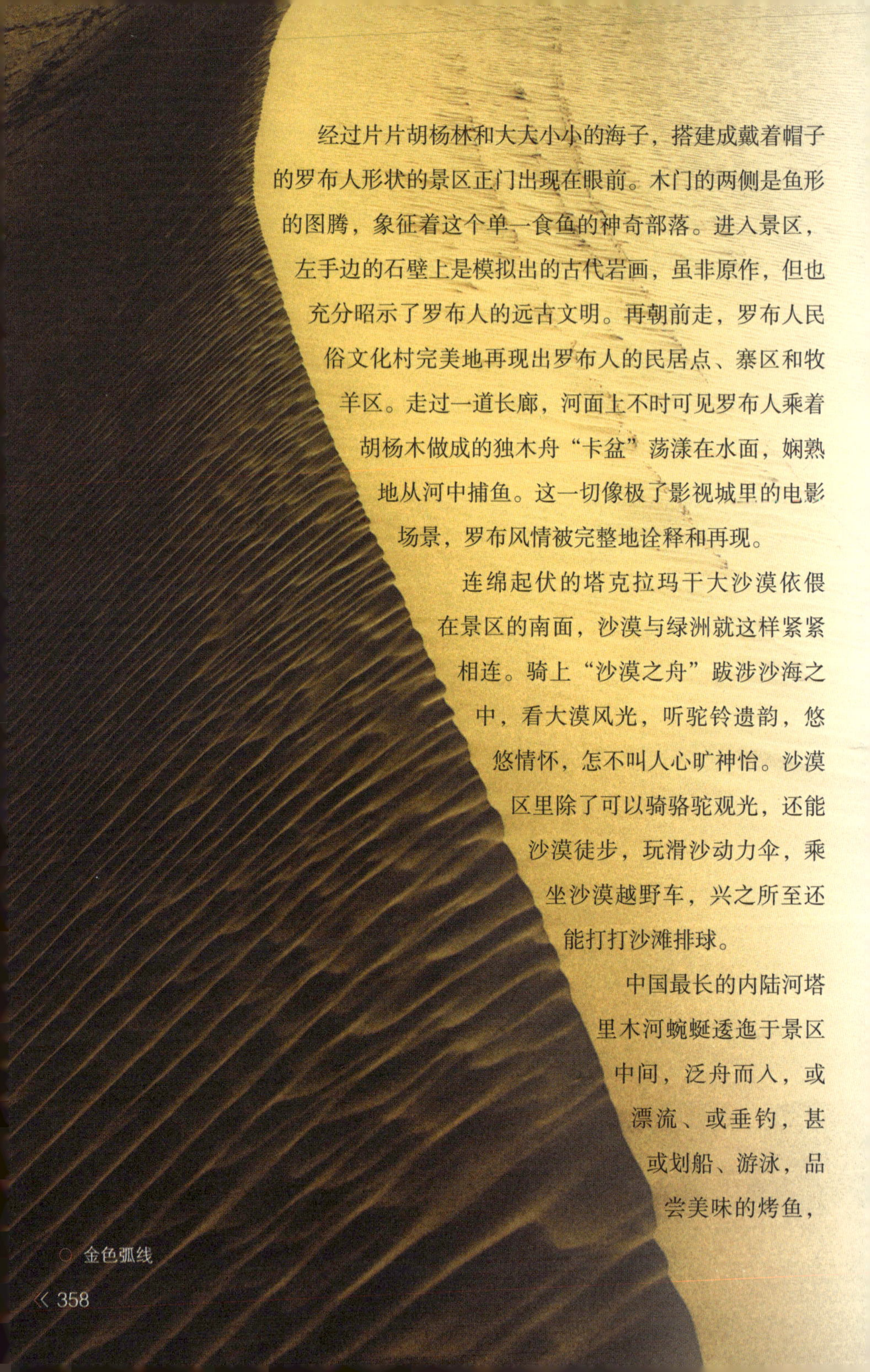

经过片片胡杨林和大大小小的海子，搭建成戴着帽子的罗布人形状的景区正门出现在眼前。木门的两侧是鱼形的图腾，象征着这个单一食鱼的神奇部落。进入景区，左手边的石壁上是模拟出的古代岩画，虽非原作，但也充分昭示了罗布人的远古文明。再朝前走，罗布人民俗文化村完美地再现出罗布人的民居点、寨区和牧羊区。走过一道长廊，河面上不时可见罗布人乘着胡杨木做成的独木舟“卡盆”荡漾在水面，娴熟地从河中捕鱼。这一切像极了影视城里的电影场景，罗布风情被完整地诠释和再现。

连绵起伏的塔克拉玛干大沙漠依偎在景区的南面，沙漠与绿洲就这样紧紧相连。骑上“沙漠之舟”跋涉沙海之中，看大漠风光，听驼铃遗韵，悠悠情怀，怎不叫人心旷神怡。沙漠区里除了可以骑骆驼观光，还能沙漠徒步，玩滑沙动力伞，乘坐沙漠越野车，兴之所至还能打打沙滩排球。

中国最长的内陆河塔里木河蜿蜒逶迤于景区中间，泛舟而入，或漂流、或垂钓，甚或划船、游泳，品尝美味的烤鱼，

○ 金色弧线

怡然自得。秋天，景区内外片片金黄，那是千年不死的原始胡杨林一年一度生命的燃烧和绽放。

从罗布人村寨出来的那个傍晚，我们游兴正浓，又驱车去了喀尔曲尕。天黑时，路边的一家罗布人热情地接待了我们。尽管语言不通，但是同吃同住、平等相待、尽情欢歌、一醉方休的那个星夜是罗布人留给我的最美记忆。

○ 百岁罗布老人

如今，很多收费的景点早已变得商业气息浓重，原始景观荡然无存。但在景区四周往往又能寻到残存的最质朴的原生态风貌。我想，罗布人村寨正是这样一处所在。因为，这里有真正的罗布人聚居地——喀尔曲尕。

小贴士 / TIPS

交通： 可从库尔勒市内团结路上的市客运站乘坐班车到达尉犁县，再包车前往。也可在库尔勒参加旅行社的罗布人村寨一日游散客团。

门票： 20元。

作者手记：

1. 罗布人长寿茶园里经常有一位身着白衣的罗布人，号称百岁老人，与游客合影要收费，属作秀项目。另外，景区内还有骑骆驼、沙漠越野车、划卡盆、沙疗、动力三角翼等收费娱乐项目。
2. 在景区内登沙山时最好穿着高帮鞋，正午时要避免赤脚踩在沙子上，因为沙漠地表的温度有时高达70度，很容易灼伤脚。
3. 罗布人村寨名气在外，但它只是一个人造景区。要想与现实中的罗布人接触、看罗布人的真实生活，还得朝喀尔曲尕乡方向寻找。喀尔曲尕乡生活着很多长寿的罗布老人。

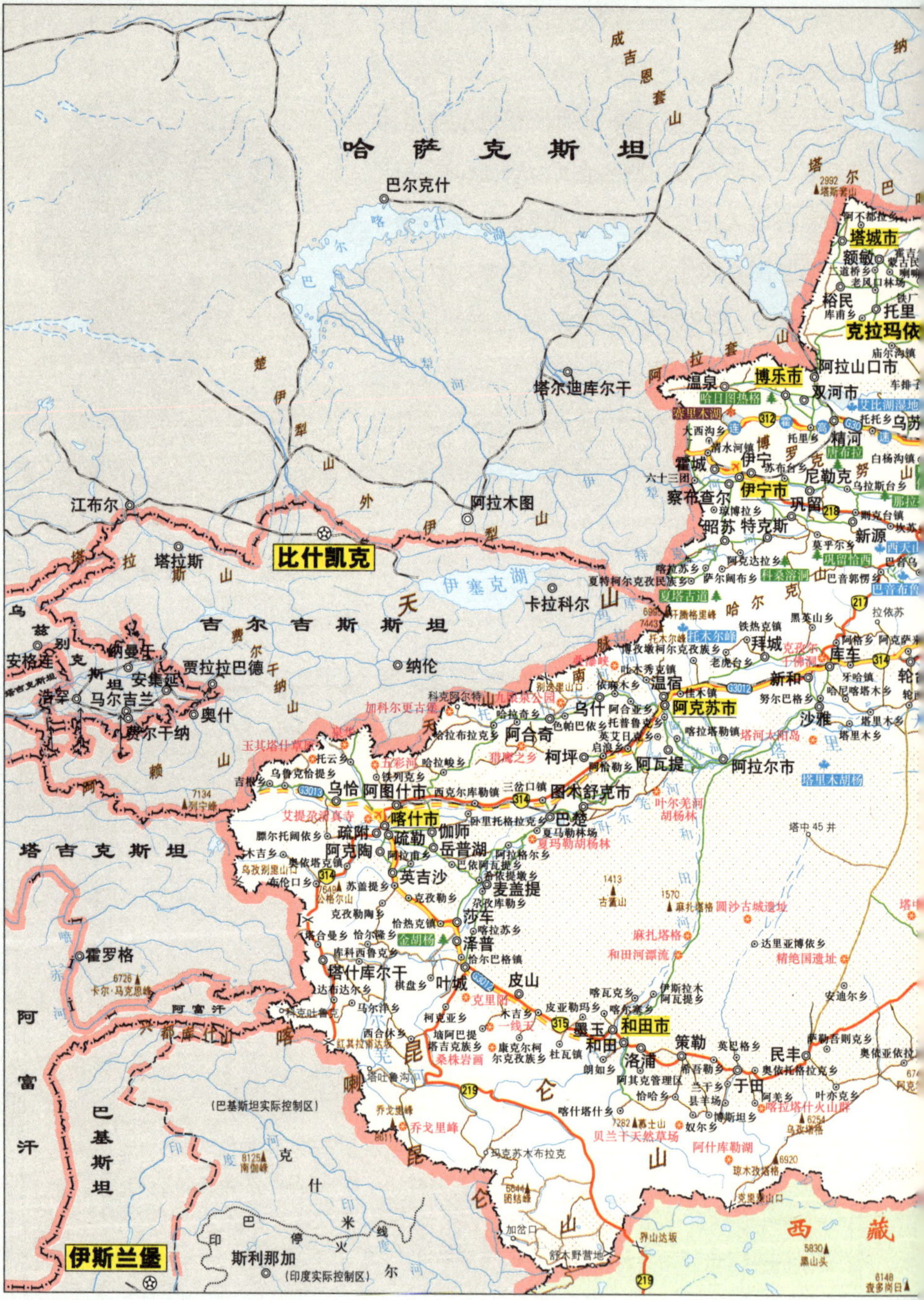

哈萨克斯坦
成吉思套山
巴尔克什
巴尔喀什湖
塔尔迪库尔干
阿拉木图
江布尔
比什凯克
塔拉斯
塔拉斯山
伊塞克湖
卡拉科尔
天山
吉尔吉斯斯坦
乌兹别克
安格连
纳曼干
安集延
贾拉拉巴德
马尔吉兰
浩罕
奥什
费尔干纳
纳伦
塔吉克斯坦
霍罗格
阿富汗
巴基斯坦
伊斯兰堡
斯利那加
（巴基斯坦实际控制区）
（印度实际控制区）
兴都库什山
喀喇昆仑山
昆仑山
西藏
塔城市
额敏
裕民
托里
克拉玛依
阿拉山口市
博乐市
温泉
双河市
精河
赛里木湖
霍城
伊宁
伊宁市
察布查尔
巩留
尼勒克
昭苏
特克斯
新源
哈尔克山
拜城
库车
新和
温宿
阿克苏市
乌什
阿合奇
柯坪
阿瓦提
阿拉尔市
沙雅
图木舒克市
巴楚
乌恰
阿图什市
喀什市
疏附
疏勒
伽师
岳普湖
阿克陶
英吉沙
麦盖提
莎车
泽普
叶城
皮山
塔什库尔干
墨玉
和田市
和田
洛浦
策勒
于田
民丰
塔里木胡杨
叶尔羌河胡杨林
夏玛勒胡杨林
金胡杨
塔中45井
麻扎塔格
和田河漂流
圆沙古城遗址
精绝国遗址
乔戈里峰
贝兰干天然草场
阿什库勒湖
慕士塔格峰
公格尔山
克里阳
一线天
桑株岩画
玉其塔什草原
加科尔更古堡
九眼泉公园
托木尔峰
艾提尕清真寺
塔河太阳岛
314
315
219
312
217
218
G3012
G3013

乌列盖
乌里雅苏台
科布多
蒙
古
阿尔泰
巴彦洪戈尔
额德伦格山
阿勒泰市
哈巴河
布尔津
吉木乃
福海
北屯市
富蕴
青河
和布克赛尔
乌尔禾区
白碱滩区
五彩城
魔鬼城
石河子市
呼图壁
五家渠市
阜康市
吉木萨尔
奇台木垒
玛纳斯
昌吉市
米东区
乌鲁木齐市
天山天池
达坂城区
乌鲁木齐
托克逊
吐鲁番市
鄯善
哈密市
巴里坤
伊吾
和静
和硕
焉耆
博湖
库尔勒市
尉犁
罗布人村寨
楼兰古城
雅丹地貌
米兰遗址
罗布泊野骆驼
若羌
且末
阿尔金山
敦煌市
鸣沙山·月牙泉
莫高窟
瓜州
玉门市
嘉峪关市
酒泉市
金塔
阿克塞
肃北
德令哈市
天峻
乌兰
都兰
格尔木市
诺木洪遗址
玛多
曲麻莱
治多
可可西里
黄河源
甘
肃
省
青
海
省
内蒙古自治区
自
治
区

○ 湛蓝的天幕下

地理位置：西藏自治区阿里地区普兰县。

推荐理由：圣湖玛旁雍措边的美丽小村，一个真正的世外桃源。

特色看点：圣湖风光、藏族风情。

基乌村

解读基乌村

位于圣湖玛旁雍措湖畔。这是一个宁静的尚未被商业大潮湮没的小村，到此一游的人很多，但真正停留住宿的游客却很少。在这里可以观圣湖晨昏，体验藏家住宿，还可去附近的基乌寺转转。

推荐指数：▲▲▲▲

交通指数：▲

美食指数：▲

住宿指数：▲

班车自狮泉河满载而来，中途到了塔钦，满车乘客呼啦啦下了大半。下午三点多的烈阳下，我在塔钦小镇的十字路口等了一个多钟头，终于顺利搭上狮泉河前往普兰的班车，居然还有空位坐。

司机一路磨磨蹭蹭，在路口售票处和巴嘎数次停车，下货上人，直到下午4点才驶入巴普公路。走着走着，路边突然出现一片天蓝色的湖面，背后映衬着雪山皑皑，美丽至极！翻上几个缓坡，然后又缓缓下坡，班车沿着玛旁雍措向前行驶，竟然不知不觉就直接进了基乌村——运气很好，司机正好送几个当地人进村，我连买门票的地方都没看见就进了村子，着实意外。

下车的路边就有好几家看起来颇为简陋的房子，还都挂着“宾馆”的招牌。其中一家门口停了好几辆汽车，走进去一问，竟被告知客满——奇怪，这个地方看上去非常清静，居然还会客满！走去旁边另一家，年轻的藏族小伙热情把我们迎进屋内，房间虽然狭小简陋，但里面光线亮堂，床单雪白，看着还挺干净。这家有个温暖的大客厅，几个人正在里面喝茶聊天，我一下就被这个客厅吸引住了；最最关键，这里居然有电，白天也有电（主人说是太阳能发电）！我简直震惊了，来之前就对基乌村的情况有所了解，知道这里条件有限，心里也做好了吃苦的思想准备，没想到比我想象好多了。在塔钦白天也没电可用，就此而言，这的条件可比塔钦还强呐。

于是，我们住进了这家名为“楚成旅馆”的藏族民居，如此简陋的投宿之处居然有这样一个听起来颇为浪漫的名字，相当有趣的反差——我想起那个爱拍卿卿我我爱情电影的导演，好像是叫马楚成？

与其说这是一家旅馆，还不如说就是他们自家辟出了几间作为客房。这是快乐和谐的一家人，男主人就是刚才引领我们的藏族小伙，年轻帅气，能说简单的普通话，比比划划交流起来不成问题，女主人几乎不会汉语，总对我们腼腆含笑，他们的女儿是一个乖巧伶俐的小姑娘。除此以外，家中还有几位成

黄昏时分的湖岸和云彩

○ 基乌村背靠神山，面朝圣湖

员，男主人的妹妹是个活泼的藏族姑娘，经常跟女主人叽叽咕咕聊着悄悄话；还有一位猜不出身份，不知是否男主人的哥哥。

稍事休息后，我们迫不及待前往湖边拍照。幽蓝，深邃，宁静，壮美，玛旁雍措毫不吝惜展现出她的绝美容颜。待到黄昏时分，又爬上高高的基乌寺，冈仁波齐和圣湖夕阳美得叫人叹息。直到太阳落山，天色已黑，我们才恋恋不舍地回到楚成旅馆。

基乌寺傍晚的狂风吹得人肝胆俱寒，走进小屋的一瞬间，禁不住浑身酥软——那温暖太舒服了！宽敞的客厅里面坐满人，有男有女，有老有少，主人一家正其乐融融地喝茶唱歌。我们也坐下休息，连猜带蒙地跟他们聊大，那位不知身份的大哥趴在小桌上认真地写着什么，后来总算看明白了，人家是在写歌——大哥作为主角执笔，其余人（女主人和妹妹）在旁附和着哼唱几句，还不时还停下来热烈讨论，我猜大约是在讨论这里该怎么写那里该怎么唱。写歌的男人几乎完全不会汉语，写着写着就冲我们憨笑，然后叽里呱啦说几句不懂的藏语，冷不丁还从怀中摸出iphone放起藏歌，让人忍俊不禁。

不过，我们的肚子开始抗议起来，中午在塔钦吃过简单午饭，这可又是大半天了呀："老板，有什么可吃的呢？"我终于不好意思地发问。男主人愣了一下，像是突然才想起我们需要吃饭，挠着脑袋想了半天，冒出一句："面条行不行？"在这个地方，我们本也没指望有什么大鱼大肉，何况此刻饥肠辘辘，有什么不行的，只要填饱肚子就行。

客厅温暖极了，坐在靠椅上面，喝着酥油茶，听着他们哼唱藏族歌曲，我感觉睡意也阵阵袭来。好在没多久，高压锅就把面条做好，我本以为他们一家也该吃饭了吧，结果却没见他们有一丝吃饭的意思。男主人盛出两大碗面条，里面混着哨子和大白菜，我们饿得发慌，稀里呼噜很快吃完一碗，面条虽然简单，味道倒也不差。男主人见我们吃得痛快，乐呵呵地把高压锅端到面前，让我们自己再盛一碗——好大一锅面条，这是准备给我俩吃的分量吗？！

男主人不知从哪又端出一口高压锅，里面黑乎乎一锅，也看不清究竟什么东西，指着对我俩说："辣椒，要不要？"我心想，黑乎乎的，这是什么辣椒？主人盛情难却，于是稀里糊涂舀了一大勺到面碗，拌匀后一尝，耶，好香啊！吃起来像是红烧鸡肉，里面似乎混有切成很小块的青笋、土豆、魔芋、鸡块和干辣椒。边吃边忍不住暗暗发笑，这么好吃的东西，咋不早点端出来呐！不知是真的美味还是确实肚子太饿，我俩很快又消灭一碗面条。

肚子饱了，屋内又暖和，我们懒洋洋地靠在客厅"沙发"上休息，浑身舒服极了。写歌告一段落，这家人又开始在客厅折腾新买的音响和麦克风，你几句我几句，几个人试来试去，其乐融融，相当欢乐。

第二天，我们没有早起，又睡了个自然醒。或许因为前晚的神湖夕阳已经美到极致，我不相信还能有比那更美的时刻——当然，这也是为自己偷懒开脱的借口。当我们醒来时，阳光已经洒满小屋。

走进客厅，主人一家全在，阳光斜斜映照进屋内，光线十分美好，忍不住拿起相机帮他们拍全家福。这是一个隆重的时刻，女主人和妹妹拿出梳子和镜子开始梳妆打扮，小女孩也被妈妈要求重新梳头，姑嫂俩还要求多照几张，各

○ 女主人给绵羊喂牛奶

种合照，各种欢乐，多么开心的时刻。

看看时间还早，我们又去往湖边拍照。回来的时候，已经中午一点多。吃完饭请主人算账，小伙子又犯难了，呵呵。正好这时女主人回来，两人站到旁边叽叽咕咕商量一阵，看来对这个真是很没数。我们心里有些暗暗发笑，终于，男主人不好意思地说：35块好不好呀？——咳，我们两人吃了两顿饭，每人每顿10块钱总该要的嘛！

从前一天下午4点多到基乌村，到第二天下午3点离开，我们呆在基乌村的时间刚好整整1天。在这里住宿的游客很少，或许跟这里简陋的住宿条件有关，没有宾馆，也没有餐馆，只有藏民的自建房屋兼旅馆，当然也别想卫生间和淋浴了。但比起游人泱泱的塔钦小镇，基乌村更像一个真正的世外桃源。这一天，我们远离尘嚣，看过最美的圣湖黄昏，度过最宁静最温暖的时刻。

一家人在客厅写歌唱歌

小贴士/TIPS

交通： 狮泉河和拉萨均有到普兰的班车，每日一趟，半途在基乌村下车即可。若从塔钦前来，可在塔钦的十字路口等狮泉河－普兰班车，大约下午2～3点在塔钦上车，车程1小时左右。

门票： 神山圣湖联票200元（包括玛旁雍措和岗仁波齐）。

作者手记：

1. 多数人是从塔钦搭车前往，上车时跟司机说好要去基乌村，运气好的话，碰上司机正好进村接人，就可以免掉200元的门票（这个票是和塔钦通用），查票的地方就在进村的公路上。记得跟司机要个电话，如果你的下一站是普兰或狮泉河，离开时也可搭这趟班车，还可以让他进村来接。
2. 基乌村是个尚未商业化的小村，食宿条件比较简陋。截至本书作者考察时，村里没有单独的宾馆，只有藏族家庭旅馆提供住宿，无卫浴设施，房间还是比较干净，收费通常为每人50元。村里也没有餐馆，吃住都在藏家，在这样偏远的地方，价格也不算贵。不过，作者离开时，已看见村里在大兴土木修建房屋，或许没两年，泱泱人潮就会来到这里。
4. 很多人在基乌村匆匆而过，拍几张到此一游照就算完成任务，从而错过基乌寺和圣湖的美妙晨昏。强烈建议在基乌村住上一晚，慢慢感受这里的美好和宁静。
5. 在基乌村一定不能错过基乌寺。基乌寺位于村旁一座小山顶上，建筑布局仿效布达拉宫，据说莲花生曾在寺内洞穴打坐修行。这里是俯看圣湖和岗仁波齐日落的绝佳位置。山顶比较陡峭，注意安全，以免滑倒摔伤。
6. 在基乌村还可以享受温泉，进村公路旁就有一家温泉浴室，价格50元/人。

塔里木盆地
塔克拉玛干沙漠
和田市
墨玉
洛浦
策勒
于田
民丰
新疆维吾尔自治区
昆仑山
喀喇昆仑山
可可西里
羌塘
日土
噶尔县
札达
普兰
革吉
改则
措勤
尼玛
仲巴
萨嘎
昂仁
吉隆
拉孜
萨迦
定日
日喀则
谢通门
聂拉木
定结
班公湖
班公措
玛旁雍措
冈仁波齐峰
托林寺
古格
扎江寺
萨嘎寺
萨迦寺
冈底斯山
青藏
马拉雅山
喜马拉雅山脉
尼泊尔
加德满都
印度
久姆拉
巴雷利
苏尔凯德
博克拉
布德沃尔
勒克瑙
坎普尔
戈勒克布尔
达尔彭加
比拉德纳格尔
孙萨里
德里久加
恰布拉
穆扎法尔布尔
法扎巴德
安拉阿巴德
江布尔
法塔赫布尔

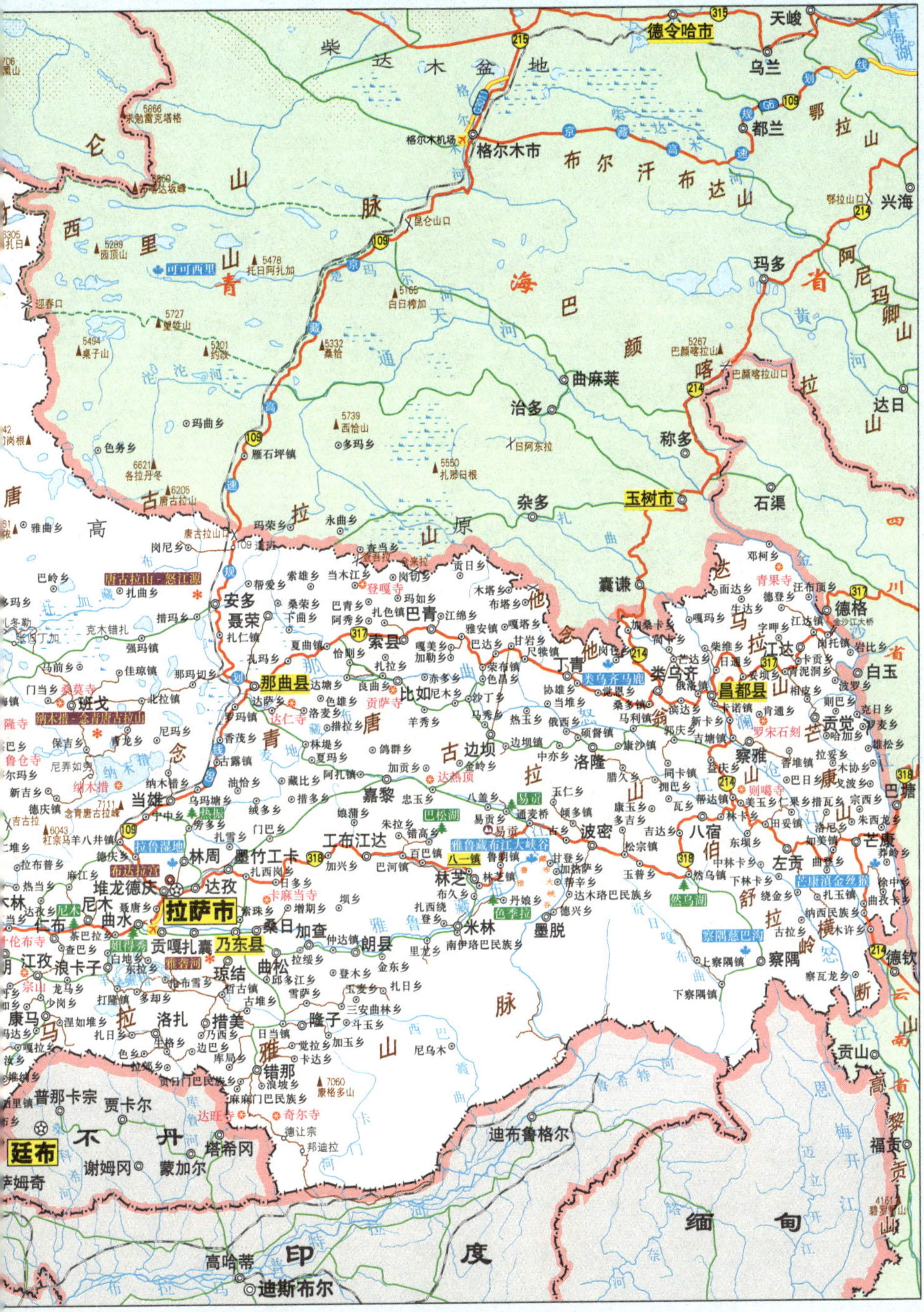
德令哈市
天峻
青海湖
柴达木盆地
乌兰
都兰
格尔木机场
格尔木市
布尔汗布达山
鄂拉山
兴海
昆仑山口
可可西里
青
海
巴颜喀拉山
玛多
阿尼玛卿山
曲麻莱
治多
称多
达日
杂多
玉树市
石渠
囊谦
唐古拉山
安多
聂荣
那曲县
索县
巴青
比如
丁青
类乌齐
昌都县
江达
德格
白玉
贡觉
察雅
边坝
洛隆
八宿
芒康
巴塘
左贡
班戈
当雄
嘉黎
工布江达
林芝
波密
林周
墨竹工卡
达孜
堆龙德庆
拉萨市
尼木
曲水
仁布
贡嘎
扎囊
乃东县
桑日
加查
朗县
米林
墨脱
察隅
德钦
贡山
浪卡子
琼结
曲松
措美
隆子
洛扎
错那
江孜
康马
纳木错
羊卓雍错
念青唐古拉山
喜马拉雅山脉
冈底斯山
不丹
廷布
印度
缅甸
迪布鲁格尔
迪斯布尔
高哈蒂
福贡
雅鲁藏布江

○ 彭家寨全景

地理位置： 湖北省恩施土家族苗族自治州宣恩县沙道沟镇。

推荐理由： 藏于武陵山区的古老寨子，远离现代繁喧的世外桃源。

特色看点： 土家族吊脚楼、凉亭桥。

彭家寨

解读彭家寨

坐落在武陵山北麓、观音山之下，是武陵山区土家聚落的典型选址，以其完美而集中的吊脚楼群而享誉中外。当年彭氏家族看中此地，考虑到这里多是坡地，建房不得不以吊脚之高低来适应地形之变化，经几代人的建设，终形成大规模的土家吊脚楼群。

推荐指数：▲▲▲

交通指数：▲▲

美食指数：▲▲

住宿指数：▲

陶渊明笔下的桃花源，“土地平旷，屋舍俨然，有良田、美池、桑竹之属。阡陌交通，鸡犬相闻。其中往来种作，男女衣着，悉如外人。黄发垂髫，并怡然自乐。”如此美好安宁的生活场景，不知引发多少高人隐士寻古探秘之情。然而这一切只是诗人理想的虚构，现实中的桃花源或许根本就不存在。

历史上的武陵郡却确实存在，大致相当于今天湖南省的常德市一带，如今这里还有以桃花源命名的景区。若干年前，看过《乡土中国》系列里的一本名为《武陵土家》的书，方知武陵山区其实涵盖了湖北、湖南、贵州、重庆三省一市交界的范围，如今大部分是土家族的聚居之地。书中的文字和图片都引人入胜，于是携书前往，想去一探究竟。

直至成行，方知路途之艰难，即使从最近的县城出发，也往往要转好几趟车才能到达一处景点。一早从宣恩县城乘中巴到沙道沟镇，然后搭乘俗称“蹦蹦”的摩的，一路颠簸直到中午时分才终于到达彭家寨。这可是在交通已经四通八达的当代，相较1500多年前的晋太元中，不可同日而语。然而或许正因为其僻处一隅，一路天是湛蓝的，山是翠绿的，水是清澈的，竟似一点不受现代污染，到觉得自己是闯入这片宁静之地的不速之客了。

相传很久以前，一对年轻夫妇为完成先辈遗愿，不惜长途跋涉寻访先人旧址。到武陵山北麓之时，发现此处两山对峙、小河流淌、竹木繁

茂、桃花盛开，正是他们苦苦寻觅之处。无奈眼前河水阻隔，焦急万分之中，忽见一道闪电划破长空，河中徐徐升起团团云雾，一座小木桥在时隐时现，夫妇携手在雾霭之中渡桥过河，从此在这繁衍生息，他们就是彭家寨彭姓族裔的祖先彭怀伞及其妻杨氏。不见有传说中的小木桥，只见一座晃晃悠悠的吊桥，

钥匙头式土家民居

○ 屋脊上的堆瓦造型

连接起寨子和外界的唯一通道。当然那并非神仙所赐予，而是出自土家巧匠之手。

走过吊桥，迎面是一片高低错落的吊脚楼，掩映在葱翠的竹木之间，一幅人与自然和谐的景象。吊脚楼是土家民居的代表，和规整方正、中轴对称的北方四合院不同，它并不拘于某种特定的格局，而是依山就势，以吊脚之高低来适应地形之变化，不仅满足了居住需要，而且集形体美、空间美、层次美、轮廓美于一身。难怪《武陵土家》一书的作者、中国古建筑专家、华中科技大学教授张良皋先生，在考察恩施州古建筑后对彭家寨赞不绝口，并咏诗赞叹："未了武陵今世缘，贫年策杖觅桃源，人间幸有彭家寨，楼阁峥嵘住地仙"。

不知是由于农作原因，还是年轻人都外出打工去了，村子里难得碰上几个人。这家贴着大红的双喜、金字的对联，估计是刚办完婚事，日子过得挺红火。那家挂满红艳艳的辣椒、金灿灿的包谷托，场坝里还晒满黄橙橙的稻谷，看来今年收成不错。偶尔见到几个小孩子在追逐打闹，一派天真烂漫，不知愁为何物。村口古老的凉亭桥里，坐着两位纳凉的老人，虽然语言交流有点不便，但分明可以感受到他们的那份友善和好客，恐怕也不亚于陶渊明笔下桃花源人之对武陵渔夫吧？

由于交通不便、消息闭塞，彭家寨至今仍养在深闺人未识，不过即使如桃花源中人语“不足为外人道也”。然而对此世外桃源一般的人间美景，谁又真能忍住不对外界大加宣扬呢？

小贴士/TIPS

交通：从宣恩或来凤县城乘中巴到沙道沟镇，然后再打摩的前往。由于寨子没有直通班车，最好包车来回，否则有可能要走一段土路才能坐上车。

门票：无

作者手记：

1．寨子尚未开展旅游业，餐饮、住宿等接待设施比较缺乏。

2．这里十分安静，即使黄金周前往，也不会有多少游客。

陕西省
四川省
重庆市
湖南
安康市
十堰市
神农架林区
宜昌市
恩施市
利川市
恩施土家族苗族自治州
张家界市
常德市
丹江口市
老河口市
襄阳市
荆门
当阳市
枝江市
松滋市
宜都市
长阳
五峰
巴东
秭归
兴山
保康
南漳
远安
房县
竹山
竹溪
郧西
郧县
白河
旬阳
平利
岚皋
镇坪
紫阳
汉阴
石泉
宁陕
镇安
城口
巫溪
巫山
奉节
开县
云阳
万州区
建始
鹤峰
宣恩
咸丰
来凤
龙山
黔江区
酉阳
永顺
桑植
慈利
石门
澧县
津市市
临澧
武陵源区
武陵区
桃源
汉寿
夷陵区
点军区
伍家岗区
猇亭区
茅箭区
张湾区
谷城
西峡
淅川
内乡
邓州市
武当山
武当山古建筑群
神农架
神农顶
长江三峡
天坑地缝
七姊妹山
八大公山

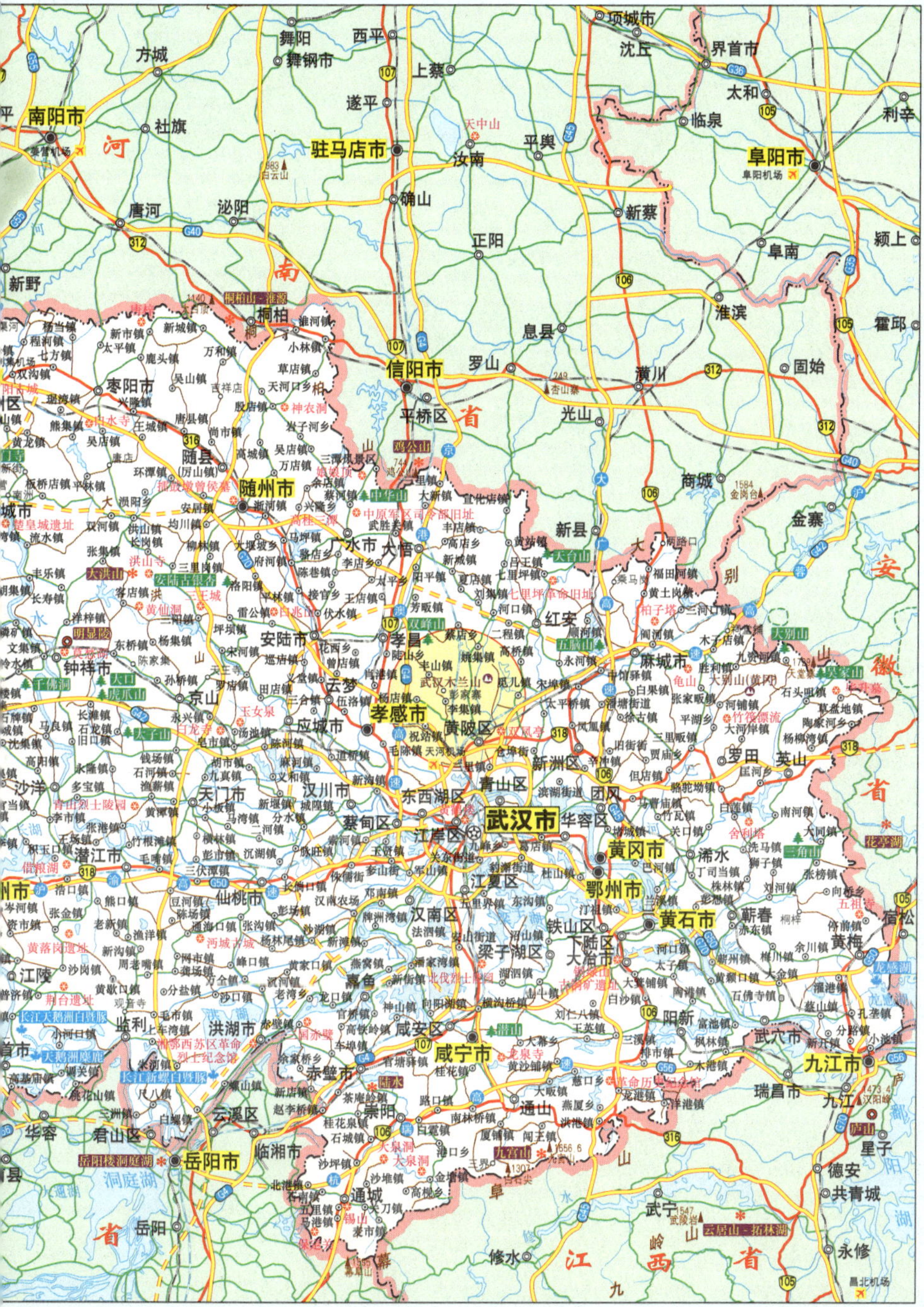
南阳市
方城
舞阳
舞钢市
西平
上蔡
项城市
沈丘
界首市
太和
临泉
利辛
阜阳市
遂平
驻马店市
汝南
平舆
新蔡
社旗
唐河
泌阳
确山
正阳
颍上
阜南
新野
桐柏
信阳市
罗山
息县
淮滨
潢川
固始
霍邱
平桥区
光山
商城
金寨
新县
枣阳市
随县
随州市
广水市
大悟
红安
麻城市
罗田
英山
安陆市
孝昌
孝感市
云梦
应城市
京山
钟祥市
天门市
汉川市
黄陂区
新洲区
武汉市
东西湖区
蔡甸区
江岸区
青山区
洪山区
江夏区
华容区
团风
黄冈市
鄂州市
浠水
蕲春
黄石市
黄梅
宿松
大冶市
下陆区
铁山区
阳新
武穴市
九江市
瑞昌市
咸宁市
咸安区
嘉鱼
赤壁市
崇阳
通山
通城
洪湖市
监利
仙桃市
潜江市
沙洋
江陵
华容
君山区
岳阳市
临湘市
云溪区
岳阳
修水
武宁
德安
共青城
永修
星子
九江
湖
北
河
南
省
安
徽
江
西
大别山
武汉木兰山
明显陵
桐柏山-淮源
鸡公山